VGB

Wie immer, meiner Ilse

FRITZ HIPPLER

KORREKTUREN

Zeitgeschichtliche Spurensuche, einmal anders

VGB-Verlagsgesellschaft Berg

Internationale Standard-Buchnummer
ISBN 3 86118 040 5

1. Auflage 1994

Satz: VGB
Gedruckt in Deutschland

INHALTSVERZEICHNIS

VORWORT

Dieses wird mein letztes Buch sein, das ich geschrieben habe. Das erste war meine Doktorarbeit, die das Glück hatte, durch den Berliner Verlag Junker und Dünnhaupt auf den Büchermarkt zu kommen. Das war 1934. Ich schrieb es in Heidelberg, meiner geistigen und seelischen Wahlheimat.

Hier hörte ich die Vorlesungen großer Professoren wie Jaspers, Gundolf, Radbruch, Anschütz und vor allem Arnold Bergsträßer, der dann mein Doktorvater wurde.

Hier diskutierte und stritt ich mich mit den sozialistischen und kommunistischen Studentenführern Martin Hörz, Boris Goldenberg und Richard Löwenthal, mit denen ich bis zu deren Tode in den Achtziger Jahren eng verbunden blieb. Nicht das Dritte Reich, sondern der Krieg unterbrach unsere Kontakte. Sie lebten wieder auf, als ich, mit über 70, einige zeitkritische Schriften herausbrachte. Obgleich das Schicksal uns alle viel gelehrt hatte, diskutierten wir wieder miteinander, kontrovers wie in alten Tagen. Wenn auch versöhnlicher, ja freundschaftlicher im Ton; skeptischer in der Argumentation und in den Zielen. So wir solche noch hatten...

Meine Mit- und Gegenstreiter von einst sind nicht mehr. Die Streitgespräche führe ich immer noch. Und wo wohl lieber als in Heidelberg?

Sie brachten mich auf die Idee, dieses Buch zu schreiben: ohne Rücksicht auf den im Schwange befindlichen Zeitgeist zu notieren, was ich an wichtigen Stationen der von mir erlebten Zeitgeschichte beobachtet und erfahren habe. In den Streitgesprächen wirbeln die Themen naturgemäß unsystematisch und anachronistisch durcheinander. Aus ihnen filtere ich im 1. Kapitel einige Leitsätze, um die sich in den folgenden Kapiteln biographische, historische und politische Fakten und Entwicklungen kristallisieren.

"Wer die Alleinschuld Deutschlands am 2. Weltkrieg bezweifelt, zerstört die Grundlage der Nachkriegspolitik."

(Prof. Theodor Eschenburg)

"Eine Frage für Volksschüler. Kein Kampf zwischen zwei gleich starken Mächtegruppen kann entstehen, wenn nicht beide Teile wollen."

(Egon Friedell, floh 1938 vor Hitler in den Selbstmord.)

"Je mehr man Weltgeschichte miterlebt, um so klarer wird die Erkenntnis: Immer sind überall alle schuld."

(Hans Weigel, floh 1939 vor Hitler in die Emmigration.)

"Was jedermann für abgemacht hält, verdient am meisten, untersucht zu werden."

(Georg Christoph Lichtenberg)

"Wo alle verurteilen, da muß man prüfen. Wo alle loben, da muß man prüfen."

(Konfuzius, Gespräche)

So lasset uns denn bezweifeln und prüfen!

(Fritz Hippler)

I. TEIL
AUF DEM WEGE IN DIE NEUNZIG

Übrigens: schon vor zweieinhalbtausend Jahren kannte man das Philosophieren spazierengehenderweise und gab ihm einen besonderen Namen, es war die peripatetische Schule. Nennen wir also das folgende:

1.) "Peripatetische Streitgespräche"

Obgleich nun schon lange schnellen Schrittes auf dem Wege in die Neunzig, pilgere ich doch jedes Mal wieder hinauf zum Heidelberger Schloß. Jedes Mal wieder, wenn ich in Heidelberg bin, also mindestens einmal im Jahr. Ich liebe diese Stadt und diesen Weg und vor allem den Blick vom Schloß über die Dächer der Altstadt hinein in die Rheinebene bis zu den blauen Hügeln der Hardt. Ich liebe diese Landschaft und die vielen Menschen darin, denen ich begegnet bin und verbunden war, in Freundschaft, in Liebe, im Studium; singend, trinkend und fechtend - in der gleichen Angst und Sorge, die uns ob der Wirtschaftsnot, ob der Aussichtslosigkeit um 1930 alle bedrückte. Und ich liebe auch alle Erinnerungen, freudige, wie 1936, als ich im "gereiften" Alter von 27 Jahren das 550jährige Bestehen der Universität mitfeierte; leidvolle, wenn ich von lieben Menschen Abschied nehmen mußte; sentimentale, beim Wiedersehen nach langen Jahren der Unterbrechung durch Krieg und Gefangenschaft; und nicht zuletzt ihr gleichzeitiges Wachwerden und Durcheinanderwirbeln in besonders bewegenden Momenten meines Dortseins.

Oft begleiten mich junge Studenten, die sich, weil im stolzen Besitz des Abiturs, für allwissend haltend, aber trotzdem immer eine Unmenge Fragen vorzubringen haben. Das gilt selbst für die

Naturwissenschaftler, die ja eigentlich meinen, daß, im Gegensatz zur Vergangenheit, die Alten heutzutage mit Rat und Erfahrung nicht mehr dienlich sein könnten. Das gilt aber auch für viele sogenannte Geisteswissenschaftler, die von Technik zu wenig verstehen, um sie überschätzen zu können; die dafür noch des naiven Glaubens sind, Geist und Charakter des Menschen lasse sich nach Plan bestimmen und ändern. Hieraus entspinnen sich dann endlose Gespräche über Gott und die Welt, die auch der fortgeschrittenste Wissenschaftler nicht zu einem rationalen Abschluß bringen kann. Wer könnte verstehen oder auch nur erklären, warum der gnädige und barmherzige liebe Gott es trotz seiner Allmacht und Allwissenheit nicht vermag, seine Geschöpfe vor Leid und Schmerz zu bewahren. Der Streit um die Theodizee, um die Rechtfertigung Gottes, führt uns ja heute noch zu den gleichen und unlösbaren Fragen, Problemen und Widersprüchen wie im frühen Mittelalter.

Ich erzähle dann immer wieder, wie ich 1930 als 21 Jahre alter Student den Neckar aufwärts gegangen bin, zum Benediktinerkloster Stift Neuburg, wo mich Graf Neipperg, der weithin angesehene Abt, immer freundlich empfing und anhörte. Wenn er auch meine ketzerischen Fragen nicht so beantwortete, wie ich es stets gehofft, so hatte er doch aus dem Fundus seiner klassischen Bildung viele Hinweise und Ratschläge für die Lebenspraxis parat. Noch mehr solcher Weisheiten hörte ich wenige Jahre später aus dem Munde des großen Chirurgen und Biologen August Bier. Aber sie kamen aus derselben philosophischen Ecke, der des Dunklen Heraklit. Hatte dieser das große Geheimnis der Theodizee auch genau so wenig enthüllen können wie irgendeiner der namhaften Kollegen, die ihm folgten, so lockte er doch viele Geheimnisse aus der Verhüllung sogenannter Selbstverständlichkeiten. Die ganz zu verstehen übrigens oft auch das Durchmessen einer großen Lebensstrecke voraussetzten.

Welchem jungen Menschen sagt es schon viel, daß niemand zum zweiten Mal in denselben Fluß steigen kann? Oder daß alles fließt? Oder daß der Streit (nicht der Krieg) der Vater aller Dinge ist? Oder daß alles relativ ist: nämlich groß oder klein, giftig oder heilsam nur jeweils in Verbindung oder im Vergleich mit etwas anderem? Daß relativieren überhaupt die Grundlage jedes richtigen Urteils ist? - Ihr Jungen schimpft auf die desolate Welt heutzutage (also um 1930), sagte der Abt. Und ich muß Euch recht geben, vergleiche ich sie mit meiner Jugendzeit. Wie sehr aber würde Euch ein Bürger Heidelbergs um Eure Gegenwart beneidet haben, als Ludwig XIV. ab 1689 seine Heere zu den Raubkriegen in die Pfalz ausrücken ließ... Dieser Vergleich gefiel uns besonders gut, da wir wußten, daß Frankreich unser Erbfeind war. Alles fließt, glücklicherweise können heutige Jungen über diese Erbfeindschaft nur noch lachen.

Pfarrer mit Flasche

Öfter noch war ich beim evangelischen Pfarrer Emil Streng in Waldwimmersbach zu Gast. Der hatte es weniger mit der Theodizee oder sonstigen theologischen Hirngespinsten im Sinn. Dafür um so mehr mit Kirchenzucht und praktischer Seelen- und Armenfürsorge. Er wachte darüber, daß in seiner Gemeinde niemand hungerte und fror, daß jeder Arbeitslose sein Auskommen fand, daß die wenigen Reichen im Dorfe ihre Geldtaschen offen hielten. Seine Gottesdienste waren proppenvoll, nirgends wurden die frommen Lieder mit mehr Kraft und Begeisterung gesungen. Nirgendwo sonst aber auch die Kampflieder der Nazis. Denn Streng war ein begeisterter Gefolgsmann Adolf Hitlers.

Kein Wunder, daß meine jungen Begleiter hierbei immer besonders hellhörig werden. Ein Abt, der von französischen Raubkriegen spricht; ein frommer, fürsorglicher Pfarrer gar, der sich zu Hitler bekennt und der trotzdem für politischen Frieden in seiner Gemeinde sorgt, das sind alles Sachen, die sich in gängige Klischees nicht schicken wollen. Hierher paßt dann schon eher, daß Pfarrer Streng dem Alkohol mehr zusprach als ihm bekam; daß ein drittes Glockenläuten in der Morgenfrühe oft hinausgezögert wurde, bis der Pfarrherr den kurzen Gang zur Kirche angetreten hatte. Ein Nazi als Säufer ist leicht vorstellbar wie überhaupt jede Paarung mit anderen üblen Eigenschaften. Meine Begleiter sehen mich erstaunt an, widersprechen aber nicht. Sie haben es ja auch nicht anders gelernt. Etwas verlegen werden sie, als ich ihnen sage, daß der Pfarrer sich oft mit der Flasche über die Schmerzen hinwegzuretten versuchte, die ihm die schweren Verwundungen aus dem großen Krieg bereiteten.

Lob des Irrtums

Und genau in diesem Zusammenhang bringe ich eine andere Weisheit an, die mir der Abt des Kosters und der Professor Bier eindringlich vermittelt haben. Beide übrigens, nachdem sie damals meine jugendlich begeisterte Entschlossenheit, niemals Kompromisse einzugehen, mit heiterer Gelassenheit zur Kenntnis genommen hatten. Sie beide rieten mir dringend an, allen Entscheidungen aus dem Weg zu gehen, die von mir ein ENTWEDER-ODER verlangen. Denn meist liege das Richtige im heraklitischen SOWOHL ALS AUCH. Man denke nur an die berühmten Beispiele von Bogen und Sehne oder von Schloß und Schlüssel, von denen jeder Teil nur dann sinnvoll existiert, wenn er am oder im anderen wirken kann. Ja, nicht einmal die Wahrheit steht als absolutes ENTWEDER dem ODER der Nichtwahrheit gegenüber, etwa dem Irrtum, der Lüge, der Illusion usw. Auch der Irrtum kann seinen Sinn haben, entspringt er doch mit der Wahrheit oft einer Quelle: Deswegen man oft dem Irrtum nicht schaden darf, weil man zugleich der Wahrheit schadet (Goethe). Zuviel Wahrheit ist daher manchmal gar nicht erstrebenswert: dumm und grausam zugleich, wer dem Todkranken die reine Wahrheit sagt. Und was die Illusion angeht, so nannte Jung sie die vielleicht wichtigste Lebensform, eine seelische Tatsache von höchster Bedeutung .

Alle diese Weisheiten klingen zunächst sehr abstrakt und theoretisch. Sie waren und sind dennoch von großer praktischer Bedeutung. Ich veranschauliche dies meinen Zuhörern am Beispiel des Antisemitismus , der vielleicht besser Antijudaismus hieße. Der läßt bekanntlich an den Juden kein gutes Haar; er betrachtet sie als unser Unglück und ist nicht gewillt, positive Ausnahmen anzuerkennen. Daß eine derartige Entweder-oder-Haltung zu völlig unhaltbaren Bewertungen und tragischen Klassifizierungen führen muß, dürfte wohl einsehbar sein, da jedes Pauschalurteil sich als Prokrustesbett für den Einzelmenschen erweisen muß. Wer wüßte das besser als wir Deutschen selbst, die wir bereits 1919 in Versailles zu dem Eingeständnis erpreßt worden sind, die größten Verbrecher gegen die Menschheit und gegen die Freiheit der Völker gewesen zu sein. Welcher Titel uns dann mit und nach dem Zweiten Weltkrieg für immer angehängt wurde.

Antisemitismus als Gefühlsmischung

Mit diesem Hinweis auf eine seltsame Koinzidenz, als eine scheinbare Folge tiefer Wesensähnlichkeit zwischen Juden und Deutschen lasse ich es zunächst einmal bewenden. Wie ich auch immer wieder betone, daß der Antisemitismus in jenen Dreißiger Jahren und in der Anfangszeit des Dritten Reiches keine bestimmende Rolle gespielt hat. In meinen Gesprächen stellte ich immer wieder fest - übrigens auch bei französischen und englischen Studenten - daß man sie antisemitischer Einstellung bezichtigen könnte. Sie streiten das anfangs immer ab, müssen es, in die Enge getrieben, endlich zugeben. Wenn ich ihnen schließlich auch immer konzediere, daß ihre inkriminierten Bemerkungen nicht Ausdruck eines echten Antisemitismus seien, sondern einer Gefühlsmischung aus Skepsis, Ironie, Anmaßung, Pessimismus, aggressiver Empfindsamkeit, Neid und Minderwertigkeitsgefühl. Eine Mischung, die damals auch uns erfüllte, die sich sowohl rational auflösen läßt, die sich aber auch zu echtem Antisemitismus amalgamieren kann, wenn beide Seiten es so wollen. Indessen spare ich mir dieses so leidensvolle Thema für eine besondere Gelegenheit auf, um stattdessen zunächst einmal klarzumachen, was uns Junge damals wirklich bewegt hat, und was uns Deutsche heutzutage genau so bewegen muß. Nämlich:

Es ist das schon 1919 in Versailles über uns Deutsche gefällte und seit dem Militärtribunal von Nürnberg wiederholte Verdammungsurteil, das uns die Alleinschuld an den letzten beiden Weltkriegen zuweist. Hier ist das Echo der Jungen zunächst meist zurückhaltend. Aber wir haben den Krieg 1939 doch angefangen, sagen sie. Wollen Sie etwa sagen, daß Deutschland ohne Schuld ist? -

Nein , antworte ich, nur hat das Herumreiten auf unserer Alleinschuld zur logischen Voraussetzung, daß alle anderen kriegführenden Staaten frei von jeglicher Schuld wären. Da hiergegen niemand etwas einwenden kann, wendet sich das Gespräch von der Voraussetzung auf die Folgerung: Gewiß, aber genau so, wie die Zuweisung von Alleinschuld sich nach 1919 in Luft aufgelöst habe, werde es mit der von 1945 geschehen. Wer spricht denn heute noch ernstlich davon? - Wollen die Jungen mich trösten? Wissen sie nicht, daß sich nach 1919 alle Parteien des Deutschen Reiches emphatisch gegen diesen Spruch zur Wehr gesetzt haben, argumentativ unterstützt von fast allen maßgebenden Staatsmännern unserer früheren Gegner? Und daß es bereits nach kaum einem Jahrzehnt keinen ernstzunehmenden Historiker mehr gab, der noch von deutscher Alleinschuld sprach. Wohingegen gegenwärtig fünf Jahrzehnte vergangen sind, während derer und nach denen alle Welt, einschließlich der Deutschen, diese Schuldthese bejahten...

Feindcharakter maßgeschneidert

Na, so wendet man zögernd ein, war der Zweite Weltkrieg nicht auch ein ganz anderer als der Erste? - Sicherlich, da ja nach Heraklit alles fließt, also auch anders wird. Wenn auch die treibenden Kräfte und Motive so anders wieder nicht gewesen sind. Ich verspreche, hierauf im Zusammenhang ausführlich zurückzukommen. Vorerst aber möchte ich noch darauf hinweisen, daß die vorherrschende Alleinschuldthese, da sie ja mit historischen Fakten nicht bewiesen werden kann, mit Hilfe einer Spezialideologie in den Rang der Offenkundigkeit erhoben wird, die mit historischen Fakten zu widerlegen als "extremistisch" geächtet ist. Diese Ideologie versucht, historische Fiktionen durch anthropologischen Leim zu festigen, nämlich durch die ständig wiederholte Behauptung, die Deutschen seien genuin aggressiv, kriegslüstern, zu grausamen Exzessen geneigt, von bösen Dämonen getrieben. Den Deutschen werden also ganz spezifisch negative Eigenschaften zugerechnet, die sie nicht nur politisch, sondern auch genetisch aus der Gemeinschaft aller Menschen ausgrenzen.Nichts ist leichter, als hierfür Beweise zu sammeln. Denn unter Achtzig Millionen Menschen finden sich überall in der Welt notwendigerweise auch Hunderttausende von Strolchen, Räubern, Gewalttätern und Mördern, von Dummköpfen, Perversen, Anormalen, Sadisten, Idioten und sonstigen Psychopathen. So in Deutschland, so in jedem Erdteil, so in allen Nationen. Selbst ein Schwachkopf ist in der Lage, bei einigermaßen schlechtem Willen täglich immer wieder aufs Neue zu beweisen, daß die von alters her als allen Fremden gegenüber besonders offen und gastfreundlich bekannten und gerühmten Deutschen in Wahrheit wahre Ausländerfeinde und Fremdenhasser und selbstverständlich auch Antisemiten seien. Wenn man nun derartige Beweise aus Deutschland recht häufig und besonders groß vorstellt, entsprechende Bilder aus der übrigen Welt aber zurückhält, lassen sich am laufenden Bande Gelegenheiten schaffen, die Deutschen zu Reue und Buße, zu Mahnwachen und Lichterketten, zu Zerknirschung und Wiedergutmachung aufzurufen.

Und vor allem nützt diese Schuldthese allen übrigen Staaten als eine unerschöpfliche Manövriermasse, um die latente Dauergefahr zu kennzeichnen, die jederzeit durch erneute deutsche Alleinschuld explodieren kann.

Während man überall auf dieser Erde die Einwanderung allzu vieler fremder Menschen fürchtet und nach Möglichkeit einzuschränken trachtet, verübelt man den Deutschen eine solche Reaktion. Nicht einmal Überfremdung darf er das nennen; progressive Deutsche erklärten diese Bezeichnung sogar zum Unwort des Jahres 1993. Wobei sie in der Hitze des Gefechtes nur übersahen, daß dieses Unwort ausgerechnet ihrer eigenen Mitte entstammt: Laut Bundestagesprotokoll prangerte nämlich Frau Hamm-Brücher eine solche Überfremdung an. Wenn freilich auch nicht im Zusammenhang mit Deutschland, sondern mit Tibet, das von 300 000 chineischen Soldaten überfremdet worden war. ...Warum wohl ausgerechnet wir Deutschen uns dieses Wortes nicht bedienen sollen? - Nun, läßt es sich nicht herrlich brandmarken als eine Ausdrucksweise, die für deutschen Fremdenhaß besonders typisch ist? -

Sind die Kölner wasserscheu?

Nein, ich vergesse weder Mölln noch Rostock, nicht Hoyerswerda oder Lübeck. Derartige Mordgreuel geschehen in anderen Ländern nicht seltener; sie werden untersucht und bestraft, wobei auch eines oder mehrere der maßgeblichen Motive benannt und beschrieben werden. Nirgendwo sonst aber reduziert man sie auf Fremdenfeindschaft als einen konturlosen Oberbegriff, der allen asozialen und kriminellen Handlungen innewohnt. Nirgendwo verwandelt man diesen Oberbegriff in eine nationalspezifische Unart.

Und ich frage: Nennt Ihr eigentlich die Kölner wasserscheu? Auf die überraschten und befremdeten Blicke erkläre ich: Natürlich nicht. Wie jeder Mensch wissen auch die Kölner, wie wichtig Wasser ist. Dennoch fürchten sie immer wieder das Hochwasser des Rheins. Gehen ihm mit allen Kräften zuleibe, halten es fern, dämmen es ein, pumpen es aus... — Die Jungen lachen, ich sage: Ihr lachtet mit größerem Recht, wenn alle diese deutschfeindlichen Vorwürfe und Unterstellungen nicht immer der Wurzel unserer Alleinschuld entsprießen würden. - - Immer wieder sehen die Jungen schnell ein, daß nur der einzelne Mensch, die Gemeinschaft, eine Stadt oder eine Landschaft selbst imstande sein kann zu bestimmen, was ihnen bekömmlich oder was ihnen schädlich ist. Daß sich ein ZUVIEL nie absolut, sondern nur im Vergleich, also nur relativ bestimmen läßt, die Jungen wissen es, wenn nicht von Heraklit, so vielleicht vom Zwerg Perkeo im Heidelberger Schloß, der einst das Riesenweinfaß innerhalb von fünfzehn Jahren bezwungen hatte. Freilich, dieses Faß, seit Generationen und noch heute von aller Welt besucht und besungen, war und ist nur die Alternative zu ledernen Ideen , die Perkeo verachtete, da im Grund doch alles nur Nebel, Rauch und Dampf sei.

Ist man, auf dem Wege in die Neunzig, auch oft geneigt, sich Perkeos Weisheit zueigen zu machen, so bedeutete das doch nichts anderes als schmähliche und feige Kapitulation trotz eigener Erfahrungen und besseren Wissens. Sicherlich ist es keine Leistung , so alt geworden zu sein. Dennoch kann meine gegenwärtige Altersgruppe hierzulande und drum herum ohne Übertreibung für sich in Anspruch nehmen, Ohren-, Augen-, Lebens- und Zeitzeuge von mehr umstürzenden Ereignissen und bedeutsamen Entwicklungen gewesen zu sein, als jemals ein entsprechender Kreis davor.

Ein Lebenspensum in Zeitaltern

So machen meine jungen Begleiter immer wieder respektvolle Gesichter, wenn sie mein bisheriges Lebenspensum anhören: Neun Jahre gute, alte Kaiserzeit, fünfzehn Jahre gebeutelte Weimarer Republik; zwölf Jahre Aufstieg und Absturz des Dritten Reiches, fast fünfzig Jahre Wiederaufbau unserer Bundesrepublik. Daneben und dahinter unzählige kleine und zwei große Weltkriege, in denen ich meine Großeltern, Vater und Mutter, alle Verwandten, fast alle Freunde und Kameraden, Heimat, Wohnung und Besitz verloren habe, zu schweigen von Hohen Ideen, Idealen und Perspektiven, von bitteren Erfahrungen im Kriegsgeschehen, in Gefangenschaft und Internierung... Darüber und während dessen die ungestüme Verwandlung der Welt durch Elektronik, Radio und Fernsehen, durch Computer und Speichertechnik, den Erdball schrumpfen, seine Bewohnerzahl explodieren lassend; Zeichen des Segens setzend und mehr noch Signale drohenden Untergangs.

Im Ganzen also eine wahre Überfrachtung mit verschiedenartigstem Geschehen in unübersichtlichen Richtungen, zu unvorhersehbaren Tendenzen und Zielen, sofern von solchen überhaupt die Rede sein kann. Alles in allem ein Wahnsinnsspiel der Menschheit, so alt wie diese selbst. Nur viel gegensätzlicher, verbreiteter, unmenschlicher als je zuvor, viel hektischer, lauter und schriller.Oder scheint das nur so? So fragt der erfahrene und lebenskundige Skeptiker, der weiß, daß die Species Mensch sich seit Paradieseszeiten nicht verändert hat und sich vermutlich im Kern auch nicht verändern kann.

Der jugendliche Idealist hingegen behauptet, es besser zu wissen; er verweist auf die stolze Entwicklungslinie, die uns Menschen von der Erfindung des Rades bis hin zur Beherrschung des Mikrochips geführt hat.

So münden derartige Gespräche immer wieder in Entweder-Oder-Fragen. Im Hinzielen auf letzte Dinge, erste Ursachen und höchste Ziele. Und ich bemühe mich zu erklären, daß hierfür die Evolution unser Gehirn nicht hat entstehen lassen. Es sollte ja nicht der Schlüssel zu der Wahrheit sein, sondern nur die Krükke zum Überleben. Und hierzu gehört in erster Linie, sich jeweils über seine gegenwärtige Befindlichkeit Klarheit zu verschaffen; wozu jedenfalls auch die Erinnerung gehört, wie es zu dieser Gegenwart gekommen ist. Da Menschen nur eine kurze Lebenszeit haben, übergeben sie ihre Erinnerungen an die nachfolgende Generation, möglichst nahtlos, unverfälscht, kontinuierlich. - -

Hier gibt es meist Gegenworte: Tradition verschöne immer, entspreche also nicht der Wirklichkeit. Dem kann ich nicht widersprechen, empfinde es aber nur als Schönheitsfehler, der nichts bedeutet, weil er jeder Tradition anhaftet; beiderseitig mit demselben Faktor multipliziert, bleibt sich jede Gleichung gleich.

Wie aber steht es mit maßlosen Übertreibungen, die bei einem Volk in Nationalismus ausarten, beim einzelnen in Größenwahn? Hatte es bei uns nicht einmal geheißen: Am deutschen Wesen wird die Welt genesen! - - Gewiß, und heißt es nicht auch heute noch Gods own Country oder La grande NATION oder das Auserwählte Volk oder Das Reich der Mitte ... - Wie also, wenn überhaupt, ließe sich die Tradition dazu bringen, das rechte Maß in der Selbstdarstellung nicht zu überschreiten? - Sehr einfach: durch allgemeines Innewerden des altbiblischen Wortes, das der Herr in seinem Herzen sprach: . . Das Dichten und Trachten des menschlichen Herzens ist böse von Jugend auf. (Mose, 8, 21).Aber zugleich auch sehr schwer, denn kaum ein Mensch wird dieser Weisheit wirklich inne. Indessen geht es in unserer deutschen Gegenwart ja auch primär nicht um die Schaffung neuer, sondern um die Korrektur falscher Tradition. Und da wären wir wieder bei dem Thema, das die Welt vergiftet und uns Deutsche aus einer gesittet und friedlich lebenden Menschheit ausgrenzt: die Alleinschuld!

Wehret den Anfängen?

Meine jungen Begleiter glauben zu wissen, warum die Welt den Deutschen diese Alleinschuld immer erneut mahnend vorhält. Sie tut es ja nicht, um uns zu ärgern, sondern nur, um zu verhindern, daß die Deutschen ihren Nationalismus noch einmal so gewaltsam austoben wie in den Dreißiger Jahren.Wenn ich diese Töne höre, verläßt mich meine Gelassenheit. Dieser scheinbar besorgte Appell Wehret den Anfängen! , der so tut, als sei er der einzig folgerichtige Rat in letzter Stunde und geschöpft aus umfassender Kenntnis, tiefstem Verstehen und höchster Erleuchtung, wird zwar immer erneut vom Staatsoberhaupt bis hinunter zu den billigsten Gazetten wiederholt, ist aber, bei Lichte betrachtet, eine nichtssagende, geschichtswidrige und lebensfeindliche Formel: Welche Art von Anfängen ist gemeint, wielange fangen sie an und wann enden sie? Sollen die Menschen etwa gar nichts mehr anfangen...?

In Wirklichkeit ist diese Pseudowarnung ja auch nur eine Tautologie. Im Rückblick auf alte Alleinschuld sollen wir uns vor neuer Alleinschuld besonders in Acht nehmen. Sollen also nicht wiederholen, was da um 1933 begonnen hatte: Waren das nicht deutsche Stimmen, die Hitler die Mehrheit verschafften, die emphatisch die Deutschlandhymne intonierten, die Heilrufe erbrausen ließen oder Wir wollen den totalen Krieg...?

- War das wirklich alles so einfach? Könnte man das alles ernstlich an der nächsten Straßenecke wiederholen? Müßten hierfür nicht vielmehr unendlich komplizierte Kombinationen unendlich vieler politischer, ökonomischer, gesellschaftlicher, psychologischer, historischer und sonstiger Gegebenheiten als Voraussetzug für eine solche Wiederholung geschaffen werden? Könnte die Herstellung solcher Kombinationen mutatis mutandis nicht genau solche Effekte in den USA haben, wie solches ja denn auch von namhaften US Historikern und Psychiatern als durchaus möglich eingeschätzt worden ist.

Gewiß, Ihr Jungen habt über alle diese Themen im Fernsehen viel viel vernommen, in Büchern viel gelesen. War das nicht oft sehr einseitig? Ich freue mich daher immer wieder, wenn Ihr mich als noch lebendigen Zeugen wenigstens anhört. Zum Dabeisein sagte kein Geringerer als Goethe, der in seinem Leben oft genug lebendiger Zeuge vieler historischer Begebenheiten gewesen ist:

... hierdurch bin ich zu ganz anderen Resultaten und Einsichten gekommen als allen denen möglich sein wird, die jetzt geboren werden und die sich jene großen Begebenheiten durch Bücher aneignen müssen, die sie nicht verstehen... -

Zeitzeugenschaft einseitig?

"Aber", so gibt ein Nachdenklicher unter den Jungen zu bedenken, "schweben Sie als Zeitzeuge nicht auch Ihrerseits in der Gefahr, einseitig zu sein?" - Das muß ich unumwunden zugeben. Ist aber Einseitigkeit immer nur eine Gefahr? Läßt sich eine verschlossene Tür anders öffnen? Was tue ich, um das Gleichgewicht einer Waage herzustellen? Nein, Einseitigkeit ist nur eine Gefahr, wenn sie monopolistisch, ununterbrochen zu Gunsten (oder zu Ungunsten) einer Seite, gehandhabt wird. Daß dies hinsichtlich der Alleinschuld seit 1919 zu unseren Ungunsten geschehen ist und daß dies auch weiterhin geschieht, ist Tag für Tag den Medien zu entnehmen. Ist es da überhaupt noch möglich, so etwas wie Gleichgewichtigkeit herzustellen? Und inwieweit kann ein Zeitzeuge Vertrauen beanspruchen, der ja den wenigsten Begebenheiten seiner Zeit persönlich beigewohnt hat? - -

Dieses Manko teilen alle Zeitzeugen, auch die der Gegenseite. Nur bietet diese Gegenseite alle ihre Beweismittel, also auch ihre Zeitzeugen, zugunsten einer These auf, die schon prima facie im höchsten Maße unwahrscheinlich ist. Warum? Sie widerspricht der biologischen Erkenntnis, daß sich die Menschen in ihren Grundtrieben weder wesentlich unterscheiden noch unterschiedlich ändern. Eine höchst moderne Erkenntnis übrigens, die mit alter Bibelweisheit völlig übereinstimmt. Eine Erkenntnis überdies, die aus der Jahrmillionen alten Geschichte einer viele Milliarden zählenden Menschheit gefiltert worden ist.

Wie unendlich unwahrscheinlich ist demgegenüber eine These, kraft derer einem winzigen Partikel dieses Menschenheeres, nämlich uns Deutschen, im Aspekt nur weniger Jahrzehnte aus diesen Millionen Jahren, spezifisch negative Eigenschaften zugeordnet werden? Eigenschaften, die durch unsere Gene bedingt sein müßten und die in ihrer Negativität den Gegenpol zur übrigen Menschheit darstellen würden.

Wir Deutsche wären damit, wenigstens auf Zeit, als "genetisch Böse" der Gegenpol zur übrigen Menschheit. Alles in allem eine Konstruktion, die unsere biologische Ausgrenzung zur tatbestandsgemäßen Voraussetzung hernimmt, um unsere völkerrechtliche und außenpolitische Ausgrenzung zu rechtfertigen. Eine Betrachtungsweise also, die im schlimmsten Sinne des Wortes rassistisch ist, darüber hinaus weltfremd und abstrus. Eigentlich unbegreiflich, daß die These von der Alleinschuld sich bis zum heutigen Tage behaupten kann. Begreiflich wird das nur, wenn man erkennt, wer sie in die Welt gesetzt hat und am Leben erhält. Es ist der viel genannte, nie erkannte Zeitgeist!

2.) *Masken des Zeitgeistes*

Was ist das eigentlich?

Zeitgeist - ein Begriff, so schwer zu fassen, als griffe man mit bloßen Händen nach einem Aal. Und doch greift immer wieder jeder nach dem Zeitgeist, wenn auch nicht immer im gleichen Sinne. Manche umbuhlen ihn, manche bestreiten seine Existenz, manche riechen in ihm die Ausdünstung der Gosse. Aber niemand hat ihn uns bislang mit klaren Worten vorstellen können.

Obgleich die Mahnung Jahrtausende alt ist, daß vor den Werken die Worte stimmen und hierzu ihre Bedeutung festgelegt werden müßte.Versuchen wir das aber bei der Wortmixtur Zeitgeist , so sehen wir uns bei diesem Definitionsparcours sofort aus dem Sattel gehoben. Das fängt schon mit der Zeit an: ist damit die Beinahe-Ewigkeit des Urknalls angesprochen oder jenes Weilchen, das sich der Nervöse zur Selbstbesinnung nie gönnt, oder etwa nur die Hundertstel Sekunde des Olympiasiegers? - Selbst der gelehrte Kirchenvater Augustin antwortete: Wenn ich gefragt werde, was Zeit sei, weiß ich es. Will ich es aber erklären, so weiß ich es nicht. -Nicht einfacher tun wir uns mit dem Geist : ist damit

Gott gemeint oder doch wenigstens der Heilige Geist? Oder ist es der Wind, ist es das Pneuma, der Spiritus, ist es der Geist des Weines oder gar nur der Fusel? Ist es der Wesensgehalt, der Charakter, das Temperament oder ist es die Vernunft oder das Unterbewußtsein oder das Gemüt oder ein Gespenst oder eine Mischung aus allem?

Sicher ist nur: seit Ernst Moritz Arndt uns 1806 diesen Begriff zum ersten Mal unter dem Namen Zeitgeist vorgestellt hat, ist dieser sehr verschiedenartig interpretiert worden: der Historiker Johannes Scherr bedichtete ihn als hundertarmigen Riesen , der die Mächtigen von den Thronen fegt; Scherr war als 48er Revolutionär Kämpfer gegen Fürstenwillkür. Johann Wolfgang von Goethe nannte ihn im Grunde der Herren eigener Geist, in dem die Zeiten sich bespiegeln ; die Sinnesweise, die besonders hervortritt, sich der Menge bemächtigt und in dem Grade triumphiert, daß eine entgegengesetzte sich in die Enge zurückziehen und für den Augenblick im stillen verbergen muß . - Goethe war Staatsminister und Freund eines Fürsten. Hegel sagte in seiner Geschichte der Philosophie: den Zeitgeist erkennen, hieße, ihn entthronen; wenn das Rätsel der Sphinx gelöst sei, stürze sich die Sphinx vom Felsen...

Wie entsteht er?

Da er nicht verrät, was er eigentlich sei, wollen wir fragen, wie er überhaupt zustandekommt. Sicherlich war er in früheren, im weitesten Sinne vordemokratischen, Zeiten die vorherrschende Kraft, vom Hordenführer bis zum König und zur Aristokratie, die bestimmte, was gedacht und getan werden solle, was richtig sei und wohin die Marschrichtung zu führen habe. Zeitgeist aber im modernen Sinn als ein Meinungspotential, das die konkrete gesellschaftliche Entwicklung begleitet und, in Zustimmung oder Ablehnung, manchmal sogar souverän zu sein scheint, hat sich damals noch nicht entfaltet: Wer hätte ihn tragen sollen? Der bei weitem größte Teil der Bevölkerung bestand aus Untertanen, die unter dem Joch der eigenen Hörigkeit zu fronen hatten. Sie fragten nicht, und niemand fragte sie, welche Meinung sie über die

Gedanken, Pläne und Befehle ihrer Herren hätten. Sie lebten nach den Geboten des Herrn.

Erst mit der Säkularisierung, mit der Demokratisierung und Egalisierung begannen Bewußtsein und Interessen der Individuen eine Rolle zu spielen und in rätselhafter Interdependenz ein Eigenleben zu führen, das bald als Zeitgeist oder auch als öffentliche Meinung getauft wurde. Was immer wir hierüber denken mögen, so ist ihre ungeheure Bedeutung für die menschliche Gesellschaft unbestreitbar. Ist aber ihre gegenwärtige Existenz, ihr tatsächliches Wirken auch so rühmlich, so emanzipatorisch, so geistig souverän, wie ihre Entstehungsgeschichte es uns vorzugaukeln scheint?

Sehr bald zeigte sich, bis in die jüngste Zeit hinein, durch exakte wissenschaftliche Experimente und Messungen immer wieder bestätigt: nur 20% aller Menschen sind in der Lage, ihre eigene Meinung zu behaupten, und harter Kern eines Zeitgeistes zu sein, während 80% dahin tendieren, sich einer abweichenden Meinung anzupassen; und das sogar auch dann, wenn sie dabei wissentlich einen Irrtum übernehmen müssen. Sie nehmen lieber einen Irrtum in Kauf, als daß sie sich von ihrer Umgebung isolieren; sich gar, wegen ihrer Abweichung, einer Kritik oder einer Mißbilligung aussetzen.

Daß nicht nur arme Menschen, dumme oder geistig beschränkte, sich gegen allen Augenschein, ja wider besseres eigenes Wissen, dem Druck der abweichenden allgemeinen "Meinung" unterwerfen, sondern daß auch mächtigste Würdenträger und sehr kluge Wissenschaftler darauf bedacht sind, sich der herrschenden Auffassung anzuschließen, zeigte uns der dänische Dichter Hans Christian Andersen in seinem unsterblichen Märchen, DES KAISERS NEUE KLEIDER.

Diese Zustimmung durch Schweigen (nach Elisabeth Noelle-Neumann: Schweigespirale) bewirkt ein Meinungsklima mit der Tendenz eines steigenden Konformitätsdrucks, sagt aber nichts darüber aus, ob die endlich erzeugte öffentliche Meinung das Falsche oder das Richtige darstellt; ob sie also vox dei oder vox Rindvieh ist. Hegel sagte: Wer, was seine Zeit will und ausspricht, ihr sagt und vollbringt, ist der große Mann der Zeit. Und nur der wird den Mut aufbringen, dies zu sagen und zu vollbringen, der nicht fürchtet, sich zu isolieren. Genau so wirkt die Schweigespirale, wenn sich eine Wende oder ein Umschwung vollzieht.

Launen des Zeitgeists

Das klassische und zugleich ehrwürdigste Beispiel für einen solchen Umschwung sind das HOSIANNAH und das CRUCIFIGE, das zu Jesu Christi Lebensende von derselben Masse skandiert wurde. Ähnliche Wendungen bot uns die Geschichte noch oft. Manchmal bildeten sich aus der Begegnung desselben historischen Geschehens mit verschiedenartigen Persönlichkeiten divergierende Zeitgeister, die sich dann noch lange um ihre Legitimation streiten mußten. Oft sprach dann die Nachwelt das letzte Wort, beziehungsweise deren Nachwelt das allerletzte.

Besonders markante Beispiele für mehrhaft extremes Umschlagen des Zeitgeistes im Laufe sogar einer einzigen Generation bieten uns Napoleon und Hitler. Rekapitulieren wir beide:

Napoleon im Zeitgeist

N a p o l e o n , Kind der französischen Großen Revolution, weckte, meist ungewollt, durch seine tollkühnen erfolgreichen Eroberungszüge die bislang schlummernden nationalen Freiheitsgefühle der unterworfenen Völker, deren Fürsten ihn bekämpften, ihm huldigten, sich von ihm erhöhen, erniedrigen und wieder absetzen ließen, um ihn am Ende dann unschädlich zu machen.

Nach seiner Niederlage in der Völkerschlacht zu Leipzig auf die Insel Elba verbannt, gelang ihm die triumphale Heimkehr nach Paris, und das erneute Umschlagen des Zeitgeistes.

1815, nach Waterloo, schlug er abermals um, der geächtete Napoleon wurde nach St. Helena deportiert, wo er nach sechs Jahren starb. Allerdings wurde er nach neunzehn Jahren im Triumph nach Paris heimgeholt und unter der Kuppel des Invalidendoms in einem Ehrensarkophag beigesetzt. Hier gedenken seiner noch heute in höchsten Ehren die Franzosen von links bis rechts.

Hier haben sich die jeweils herrschenden Zeitgeister erholt, denen es in jenen kurzen Jahrzehnten ziemlich schwindelig geworden sein muß.

Immerhin war das derselbe Mann, der Metternich angeschrieen hatte: "Ein Mann wie ich schert sich wenig um das Leben einer Million Menschen," (dabei schleuderte er seinen Hut in die Zimmerecke). Und: "Es kann mir den Thron kosten, aber ich werde die Welt unter seinen Trümmern begraben." Und es war derselbe Mann, den Heinrich von Kleist für einen verabscheuungswürdigen Menschen gehalten hatte, "für den Anfang alles Bösen, und das Ende alles Guten; für einen Sünder, den anzuklagen die Sprache der Menschen nicht hinreicht und angesichts dessen den Engeln einst am jüngsten Tag der Odem vergehen wird. ... einen der Hölle entstiegenen Vatermördergeist, der herumstreicht in dem Tempel der Natur und an allen Säulen rüttelt, auf welchen er gebaut ist... ... gegen den man Krieg führen müsse, auch, wenn alles unterginge und kein Mensch, Weiber und Kinder eingerechnet, am Leben bliebe... die Städte verwüstet und das Land verheert... . Und gegen den es nur heißen dürfe: Schlagt ihn tot! Das Weltgericht fragt euch nach den Gründen nicht." Und es war derselbe Mann, der ab 1815 auf Jahrzehnte von aller Welt Blutsäufer und Menschenschlächter, Völkertyrann und Geißel der Erde geschimpft wurde. Von aller Welt? Das wäre falsch.

Goethe ist in seiner Bewunderung für Napoleon nie wankend geworden. Er dichtete: "Ich kann mich nicht bereden lassen, macht mir den Teufel nur nicht klein. Ein Kerl, den alle Menschen hassen, der muß was sein."

Selbst 1813 noch sagte er zu Körner: Der Mann ist euch zu groß! und 1815 zu Boisserée: "Der größte Verstand, den je die Welt gesehen." Für ihn stand er als übermenschliche Urgewalt jenseits von Gut und Böse, sei er "aus der Moralität heraus ".

In einem Spottgedicht stellt er Held Napoleon vor Gottes Thron, wo der Teufel sein langes Strafregister vorrägt, bis Gottvater ihn unterbricht:

"Wiederhole nicht vor göttlichen Ohren,
Du sprichst wie die deutschen Professoren.
Wir wissen alles, mach es kurz.
Am Jüngsten Tag ists nur ein. ..."

Kein Geringerer als Heinrich Heine trieb mit Napoleon einen förmlichen Totenkult und beschwor die Treue seiner toten Grenadiere. Friedrich Nietzsche sah in ihm die Fortsetzung der Renaissance: Die Deutschen aber "haben mit ihren Freiheitskriegen Europa um den Sinn, um das Wunder von Sinn in der Existenz Napoleons gebracht" und sind damit schuld an der Verewigung der Kleinstaaterei Europas .

Zum Schluß noch ein Zitat aus der Nachbiedermeierzeit: In seinen Jugenderinnerungen eines alten Arztees berichtet Adolf Kussmaul, wie sein Vater ihn wegen seines Napoleon-Hasses zurechtgewiesen habe: "Hättest du mit eigenen Augen das unglaubliche politische und wirtschaftliche Elend gesehen, worin wir damals steckten, so würdest du über Napoleon anders urteilen. Das Heilige Römische Reich war aus tausend Lappen und Läppchen zusammengeflickt. Am buntesten und abscheulichsten am Oberrhein. Hier saßen, hohl aufgeblasen im stolzen Gefühle ihrer Reichsunmittelbarkeit, aber in jämmerlich zerlumpten Gewändern, die Glieder und Stände des Reichs durcheinander; Herzöge und Fürsten, Grafen und Freiherrn, gefürstete und ungefürstete Äbte und Bischöfe samt dem Deutschen Ritterorden, freie Städte und Städtchen, das reichsunmittelbare Dörfchen Hammersbach nicht zu vergessen..."

Und nach einer Aufzählung des wirtschaftlichen Elends, des anarchischen Durcheinanders verschiedener Währungen, Maß- und Gewichtseinheiten, Zöllen, Abgaben und Gerechtsamen: "Ich bin kein schlechterer Patriot wie Du, aber wir Alten bewahren Napoleon ein dankbares Andenken. Nur seine eiserne Hand vermochte den Besen zu führen, der den Augiasstall des Heiligen Römischen Reiches ausfegte. Ich lasse mir ihn nicht schelten, auch nicht die Franzosen; ohne sie gäbe es in Süddeutschland keine Verfassungen..."

Hitler im Zeitgeist

Mehr als ein volles Jahrhundert später ist Adolf Hitler ein ebenso breites Spektrum völlig entgegengesetzter Äußerungen der "Zeitgeister" zu eigen, mit ebenso radikalen Wandlungen und Bocksprüngen.

So schrieb bereits 1923 der damals 68 Jahre alte englische Kulturphilosoph Houston Stewart Chamberlain in einem Brief an den 34 Jahre jüngeren Hitler folgende erstaunlichen Worte, die man heute wohl nur mit Kopfschütteln zur Kenntnis nehmen kann:

"... Sie sind ja gar kein Fanatiker... vielmehr möchte ich Sie als den Gegensatz von einem Fanatiker bezeichnen. Der Fanatiker erhitzt die Köpfe. Sie erwärmen die Herzen. ... Trotz Ihrer Willenskraft halte ich Sie nicht für einen Gewaltmenschen. Daß Sie mir Ruhe gaben, liegt sehr viel an Ihrem Auge und an Ihren Handgebärden. Ihr Auge ist gleichsam mit Händen begabt, erfaßt den Menschen und hält ihn fest. ... sie haben den Zustand meiner Seele mit einem Schlage umgewandelt. ... Daß Deutschland in der Stunde seiner höchsten Not sich einen Hitler gebiert, das bezeugt sein Lebendigsein..."

Immerhin Worte eines hochgeistigen Mannes, der damals von Hitlers aufgehendem Stern nichts hat ahnen können.

Ähnlich urteilte Winifred Wagner, Richard Wagners Gralshüterin in Bayreuth, wenige Tage nach dem mißglückten Hitlerputsch: ... (Adolf Hitlers) "Persönlichkeit hat, wie auf jeden, der mit ihm in Berührung kommt, auch auf uns einen tiefen, ergreifenden Eindruck gemacht, und wir haben begriffen, wie ein solch schlichter, körperlich zarter Mensch eine solche Macht auszüben fähig ist. Diese Macht ist begründet in der moralischen Kraft und Reinheit dieses Menschen..."

Etwa zur selben Zeit sah Carl Zuckmayer in ihm einen "heulenden Derwisch, den Fanatismus seines Auftretens, das Brüllen und Kreischen, mit biedermännischen Brusttönen gepaart..."

Etwas später Klaus Mann, der ihn als Tischnachbarn beobachtete und dessen Schnurrbärtchen ihn an Chaplin denken ließ, hätte er nicht "die fleischige gemeine, ja abszöne Nase, die mich sofort als das garstigste und am meisten charakteristische Detail der Hitlerischen Physiognomie beeindruckt hatte... ein bösartiger Spießer mit hysterisch getrübtem Blick in der bleich gedunsenen Visage.Nichts, was auf Größe oder auch nur auf Begabung schließen lassen könnte..."

Oder Kurt Tucholsky: "dieses 'ich' ist überhaupt nicht da. Den Mann gibt es gar nicht; er ist nur der Lärm, den er verursacht..."

Der berühmte britische Journalist Vartlett schwärmte hingegen von Hitlers großen braunen Augen, so groß und so braun, daß man ihretwegen in eine lyrische Stimmung verfallen könnte, wenn man eine Frau wäre.

Der Dichter Jules Romains entdeckte in ihm Wesenszüge, die ihm aus der Geschichte bekannt waren: Alexander der Große, Caesar, Napoleon!

Alphonse de Chateaubriand enthüllt aus Hitlers Gesicht vier Wesenszüge: "Durch die besondere Höhe der Schläfen einen hohen Idealismus; durch den Bau der harten, forschenden Nase eine bemerkenswerte Schärfe der Intuition; durch den Abstand der Nasenflügel von den Ohren eine Löwenkraft... Der vierte Wesenszug ist seine grenzenlose Güte..."

Der ehemalige britische Premier aus der Zeit des Ersten Weltkrieges Lloyd George:

"Er ist noch mehr als ein König in einem monarchistischen Staat. Er ist der George Washington Deutschlands, der Mann, der seinem Land die Unabhängigkeit von allen Bedrückern gewann."

Winston Churchill Ende 1937: "Man kann Hitlers System verabscheuen und dennoch seine patriotische Leistung bewundern. Wenn unser Land besiegt würde, hoffe ich, daß wir einen ebenso bewundernswerten Vorkämpfer finden, der uns wieder Mut gibt und uns auf unseren Platz unter den Nationen zurückführt."

Wurde und wird Hitler als Oberster Befehlshaber der Wehrmacht oft genug zum halbgebildeten böhmischen Gefreiten abqualifiziert, so steht dem gegenüber, was eine engsten Mitarbeiter vor dem Internationalen Militärtribunal in Nürnberg aussagten:

Feldmarschall Keitel erklärte, "in welcher für den Laien und für den Berufsoffizier fast unvorstellbaren Form Hitler Generalstabswerke, Militärliteratur, taktische, strategische und operative Studien studiert und ein Wissen auf militärischem Gebiet besessen hat, das nur als staunenswert bezeichnet werden kann... daß er über Organisation, Bewaffnung, Führung und Ausrüstung sämtlicher Armeen und aller Flotten der Erde so unterrichtet war, daß es unmöglich war, ihm auch nur einen Irrtum nachzuweisen."

Generaloberst Jodl nannte ihn eine "Führerpersönlichkeit von ungewöhnlichem Ausmaß. Sein Wissen und sein Intellekt, seine Rhetorik und sein Wille triumphierten letzten Endes bei jeder geistigen Auseinandersetzung gegenüber jedermann. In einer seltenen Weise mischten sich bei ihm Logik und Nüchternheit im Denken, Skepsis mit einer ausschweifenden Phantasie, die sehr oft das Kommende erahnte, aber auch sehr oft irreging."

Dies bestätigten auch die bedeutendsten Militärsachverständigen der Welt, z.B. Captain Liddell Hart:

"Kein Stratege der Geschichte hat sich geschickter als er die Absichten seiner Gegner zunutze gemacht - - der Gipfel der Geschicklichkeit in der Kriegsführung."

Und General Fuller:

"Hitler war als taktischer Theoretiker genau so hellseherisch, wie er als Politiker scharfsinnig war..."

Sebastian Haffner, vor Hitler nach England emigriert, schrieb summarisch:

Hitler hatte sich ohne Zweifel als ein Ausbund an Willenskraft, Energie und Leistungsstärke erwiesen. Als eine Leistungskanone größten Kalibers.

Und Joachim Fest, Herausgeber der FAZ, überlegte:

"Wenn Hitler 1938 einem Attentat zum Opfer gefallen wäre, würden nur wenige zögern, ihn einen der größten Staatsmänner der Deutschen, vielleicht den Vollender ihrer Geschichte, zu nennen."

Jedes dieser divergierenden Urteile hat einmal einer Facette des Zeitgeistes, der Einsicht eines Zeitgenossen, entsprochen. Heute hören und lesen wir nur noch Verdammungsurteile. Aus diesem Grunde überwiegen die positiven unter den soeben angeführten Stimmen. Nur so war die große Spannweite darstellbar, in die sich Zeitgeister entfalten können, von den Zwanziger bis in die Vierziger und späteren Jahre.

Zwischenbemerkung

Für argwöhnische Geister aus Staatsanwaltschaften und Verfassungsschutzämtern: Die Nebeneinanderstellung Napoleon - Hitler ist weit davon entfernt, die Phantasie der Leser etwa zu dem

Denkschritt zu provozieren, auch Hitler werde dermaleinst analog zu Napoleon triumphal in einen Invalidendom zurückgeholt werden. Hatten sich die Zeitgeister noch im 19. Jahrhundert ab und zu selbständig machen können, so haben sie im 20. diese Fähigkeit mehr und mehr verloren.

Massenwahn im Kriege

Es bedarf keiner näheren Erklärung, daß und warum im Zeichen der Elektrizität und vor allem der modernen Medien die Rolle des Zeitgeistes immer wichtiger wurde. Immer schneller konnte er erzeugt und verbreitet, konnte er in Intensität und Modifizierbarkeit dem Bedarf angepaßt werden. Darum wurde er besonders wichtig in Zeiten des Umbruchs, der Revolution, des Krieges. Schon seit Jahrhunderten beobachtet die Menschheit, mit welcher Skrupellosigkeit die kriegführenden Parteien der jeweiligen Gegenseite die übelsten Greueltaten zur Last legen; und wie die Nichtbeteiligten dies glauben und weiterverbreiten oder wenigstens billigend anhören.

Auch hier wirkt die Meinungsspirale, indem sie selbst das Unwahrscheinlichste schluckt. Erleichtert wird das Schlucken dadurch, daß den feindlichen Greueltaten die hehrsten, edelsten Motive der eigenen Seite gegenübergestellt werden. Erinnert sei hier z.B. an den amerikanischen Sezessionskrieg 1861/5, den die Staaten des Nordens gegen die des Südens entfesselten, um die hier angeblich entrechteten und ausgebeuteten Neger zu "befreien". Und daran, daß diese durch den damaligen Zeitgeist akzeptierte "Wahrheit" erst Jahrzehnte später durch die Romanklassiker ONKEL TOMS HÜTTE und VOM WINDE VERWEHT weltweit ins rechte Bild gerückt werden konnte. Auf weitere Beispiele kommen wir noch in späteren Kapiteln.

Die scheinbar komplizierte Frage, wie es möglich sei, auch das offensichtlich Unglaubhafteste glauben zu machen, ist durch ein einziges Wort zu beantworten: MASSENWAHN ! - Unter diesem Titel rückte Kurt Baschwitz bereits in den Zwanziger Jahren diesem Phänomen mit einem Buch wissenschaftlich zuleibe.

Er führt es, kurz gesagt, auf den "eigenen moralischen Selbsterhaltungstrieb" und die "Verantwortungsgemeinschaft" mit Gleichgesinnten zurück, die beide dahin tendieren, wider alle Vernunft, desto mehr an das Böse bei anderen zu glauben, je nagender das unbewußte Gefühl eigener Schuld oder moralischer Schwäche ist. Die zugrundeliegenden Wahnideen sind, wie Karl Jaspers bereits 1913 erkannte, dadurch gekennzeichnet, daß ihr sachlich meist unmöglicher Inhalt mit besessener und völlig unbeeinflußbarer Gewißheit glaubhaft wird. Sie wurzeln um so tiefer, je länger sie dazu Zeit hatten.

So hatte z. B. die französische Tatarennachricht von 1870, wonach die Deutschen das Straßburger Münster zerstört hätten, wegen der Kürze des Krieges noch keinen Massenwahn entfachen können.

Um so ärgere Formen nahm er im ersten Weltkrieg an. Hier meldete man die Kathedrale von Reims als zerstört (obgleich sie bis heute unversehrt geblieben); außerdem hätten die deutschen Hunnen Babies und Kindern die Hände abgehackt und die Brunnen der Dörfer vergiftet. Deutsche U-Boote machten angeblich Jagd auf "friedliche Passagierschiffe", wie z. B. die LUSITANIA.

Die Leichen der eigenen Soldaten verarbeiteten sie zu Fett und Seife. Der Wissenschaftler Bérillon konstatierte, der "barbarische Menschenschlag der Deutschen" habe einen "durchdringenden Geruch... viel unangenehmer als der der Neger." Und Thomas Mann berichtete von einem General Levy, der es nach Berührung mit einem Deutschen "als Reinigung (empfinde), seine Hände in einen Topf mit Kot zu stecken".

Selbst noch nach Kriegsende, bei der Übergabe der deutschen Hochseeflotte am 23. November 1918, ereiferte sich Admiral Sir David Beatty, alle englischen Soldaten mögen sich beim Umgang mit einem deutschen Seemann daran erinnern, "daß er überhaupt kein Seemann ist, überhaupt kein Mann, sondern nichts als ein mordender Schuft. Ich warne Sie daher: lassen Sie in Ihrem Innersten keine Gefühle des Mitleids aufkommen, nichts als Verachtung sollte Ihr Sinnen erfüllen...; denkt bloß an die Grausamkeiten..., die Schändlichkeiten..., die sie an unseren Frauen und Kindern verübt..., an die tausenderlei feigen Taten...; sie sind keine ehrenhaften Gegner und keine ritterlichen Feinde..."

Diese Vokabeln des Massenwahns gehen 1919 nahtlos über in den Text der "Mantelnote" zum Friedensvertrag von Versailles, in der namens "der Gesamtheit der zivilisierten Welt" Deutschland "für das größte Verbrechen gegen die Menschheit und gegen die Freiheit der Völker" verantwortlich gemacht wird, desgleichen "für die rohe und unmenschliche Art", auf die er geführt worden ist, für den U-Boot-Krieg, "eine Herausforderung von Seeräubern an das Völkerrecht", für die barbarische Behandlung von Kriegsgefangenen, "vor welcher die Völker unterster Kulturstufe zurückgeschreckt wären."

Wie überhaupt der Massenwahn von Versailles des Jahres 1919 Vorstellungen und Vokabeln des Internationalen Militärtribunals von 1945/6 (IMT) vorweggenommen hat; nur hieß es hier "Hitler und der NS", während es dort "Kaiser Wilhelm und Preußen" geheißen hatte.

Wir haben inzwischen einen Zeitsprung gemacht; aus der noch verhältnismäßig "rückschrittlichen" Zeit des Ersten in die wesentlich "fortschrittlichere" des Zweiten Weltkrieges. Wie wir noch näher ausführen werden, sind diese beiden Kriege als die zeitliche Einheit eines neuen Dreißigjährigen Krieges zu verstehen. vor allem sollten sie auch so verstanden werden, wie z.B. Winston Churchill des öfteren kundtat.

So knüpften vor allem die anglo-amerikanischen Zeitgeist-Gestalter unter der Tarnung wissenschaftlicher Psychoanalyse an die Parolen und "Erkenntnisse" der Massenwahn-Macher des Ersten Weltkrieges unbekümmert an.

Lord Vansittart, der Chefberater der britischen Regierung, kriminalisierte z.B. in seinem "Black record" die gesamte deutsche Geschichte, indem er von Karl dem Großen und Kaiser Barbarossa über Friedrich den Großen und Bismarck, aber auch Adam Müller, Novalis, Fichte und Görres usw. "nachwies", daß die Deutschen nie etwas anderes im Sinn gehabt hatten als die Versklavung der Welt. - War dies alles auch kein "Nachweis", so war es doch ein Vorwand für jede Gewissenlosigkeit.

Als der spätere Verfassungsschutzpräsident John sich bei Sefton Delmer, dem Chef der englischen Greuelpropaganda während des letzten Krieges zur Mitarbeit meldete, begrüßte ihn dieser zwar sehr herzlich, schärfte ihm aber auch für seine kommende Propagandaarbeit sehr nachdrücklich ein:

"... daß wir jeden, auch den schmutzigsten Trick anwenden, der sich nur denken läßt. Jeder Griff ist erlaubt, je übler, um so besser, - Lügen, Betrug, alles..."

Ewige Reeducation

Später ging es nur noch um die lückenlose Überleitung der Greuelpropaganda aus der Kriegszeit in die Zeit des sogenannten Friedens. Der Zeitgeist blieb der gleiche. Sein Erzeuger wurde nur umgetauft und hieß nach 1945 "Reeducation". Daß er noch heute lebendig ist, beweisen die zahlreichen Presseerzeugnisse, Filme und TV-Produktionen vor allem aus England und den USA, in denen "die Deutschen" sowohl verächtlich gemacht wie auch zu Schreckensgespenstern aufgeblasen werden.

Über Motive, Etappen und Prozeduren dieser Reeducation, die mit den Zielen der vormaligen Entnazifizierung identisch war, ist inzwischen so viel veröffentlicht worden, daß ich mir hier nähere Einzelheiten sparen kann. Ich verweise vielmehr auf Caspar von Schrenck-Notzings tiefgründige Darstellung CHARAKTERWÄSCHE.

Nun gibt es noch viele Deutsche, die meinen, es gäbe schon lange keine Reeducation mehr. Stellvertretend für viele spreche eine besonders gewichtige Stimme, nämlich die des Historikers Golo Mann, der mir noch 1988 zu diesem Thema schrieb: "Um des Himmels Willen, in welchem Jahre leben wir denn! Im Jahre 46 oder im Jahre 88? Ist seither denn gar nichts geschehen? Geht die "Umerziehung", die ein völlig oberflächlicher, keine zwei Jahre dauernder Unfug war, immer noch weiter...?"

Er wie alle Zweifler lese in den Lebenserinnerungen des weltbekannten Völkerrechtslehrers Friedrich Grimm dessen Begegnung mit einem hohen Offizier des Contre-espionnage-Bureau, der Greuelpropaganda "als die entscheidende Waffe in diesem Kriege" bezeichnete und sagte: "damit haben wir den totalen Sieg erfochten." Als Grimm erwiderte, nun sei es Zeit, diesen Kampf einzustellen, widersprach der Offizier:

"Nein! Jetzt fängt es erst richtig an. Wir werden fortfahren, jahraus, jahrein! Wir werden diese Propaganda noch steigern; bis in der Welt der letzte Funke der Sympathie für Deutschland ausgelöscht, und das deutsche Volk selbst so restlos zerknirscht sein wird, daß es sich nie wieder erheben kann".

Prof. Grimm hörte hier "im Frieden" nichts anderes, als was auch Sefton Delmer in Kriegszeiten häufig genug verlautbart hatte:

"Wir werden diese Greuelpropaganda fortsetzen, wir werden sie steigern, bis niemand mehr ein gutes Wort von den Besiegten nehmen, bis alles zerstört sein wird, was sie etwa noch in anderen Ländern an Sympathien gehabt haben, und sie selber so durcheinander geraten sein werden, daß sie nicht mehr wissen, was sie tun."

"... wenn sie selbst beginnen, ihr Nest zu beschmutzen, in eilfertiger Bereitschaft, den Siegern gefällig zu sein, ist der Sieg vollständig. Endgültig ist er nie, Umerziehung bedarf sorgfältiger, unentwegter Pflege wie englischer Rasen..."

Der bedeutendste US Journalist seiner Zeit, Walter Lippmann, führte die Zielsetzung bis zur letzten Konsequenz:

"Erst wenn die Kriegspropaganda der Sieger Eingang in die Geschichtsbücher der Besiegten gefunden hat und von der nachfolgenden Generation auch geglaubt wird, kann die Umerziehung als gelungen angesehen werden."

Neue Experimente

Als endgültig gelungen wäre sie natürlich erst dann anzusehen, hätte sie die Deutschen von all den Anlagen und Trieben befreit, die sie angeblich von allen übrigen Menschen unterscheiden und die ihre Verbrechen zu so einmaligen machen. Wenn sie sich also nicht mehr so leicht zu blindem Gehorsam verführen ließen, aus dem heraus sie auch vor unmenschlichsten Grausamkeiten nicht zurückschreckten - - nicht nur als einverständige Zuschauer, sondern auch als Beihelfer und Haupttäter.

Es erscheint nach mehr als einem halben Jahrhundert äußerst zweifelhaft, ob eine solche “Befreiung” überhaupt möglich ist. Nicht nur, weil die Zahl der Verbrechen wie auch der kriminelle Wille wie auch die offenbar gewordene Grausamkeit bei allen Nationen einander ziemlich ähnlich sind. Sondern, was sehr viel wichtiger ist: weil an verschiedenen US-Universitäten Aufsehen erregende Experimente übereinstimmend bewiesen haben, daß alle Menschen, ungeachtet ihrer Rasse und Hautfarbe gleiche Reaktionen zeigen, wenn man sie den gleichen Bedingungen konfrontiert. Trotz umfangreichen wissenschaftlichen Schrifttums über eine große Zahl von Experimenten weise ich hier in Kürze auf drei hin, zu denen nur seelisch und körperlich gesunde US-Studenten, unvorbestraft und aus gutem Haus, als Versuchspersonen herangezogen wurden:

1. Um zu beweisen, wie schnell in Haftanstalten die “Entmenschlichung” fortschreitet und das Aufsichtspersonal seine Macht zu mißbrauchen beginnt, sollten Studenten mit verteilten Rollen 14 Tage in einem Scheingefängnis leben. Entgegen den Anweisungen spielte das “Aufsichtspersonal” seine Rolle nur allzu “erfolgreich”, nämlich “lebensnah”, spontan brutal. Einige “Häftlinge” mußten daher schon in den ersten Tagen mit schweren depressiven Störungen und psychosomatischen Erkrankungen ins Spital verlegt werden. Das Experiment als Ganzes wurde bereits nach sechs Tagen abgebrochen.

Wie suggestiv und prägend eine “Rolle”, mit den dazugehörigen Attributen wie Uniform usw., sich auf das gesamte Verhalten auswirken kann, berichtete übrigens der SPIEGEL (H. Karasek) in einem Artikel über Charly Chaplin und dessen Film “Der große Diktator”:

“... Chaplins Mitarbeitern fiel auf, wieviel schroffer und unleidlicher er war, sobald er die Uniform Hynkels (=Hitlers) anhatte. Einmal, als er, in Hynkels Uniform, in Beverly Hills Auto fuhr, beschimpfte er mit ungewohnter Aggression einen anderen Autofahrer, hielt dann inne und bemerkte lachend, wie sehr doch eine Uniform auch den Charakter dessen verändere, der sie trage...”

Nun wieder zurück zur Wissenschaft:

2. Um darzutun, wie schnell die Studenten zu Folterern werden können, hatten sie einer Versuchsperson (VP), wenn diese

falsche Antworten gab, "Stromstöße" zu versetzen, die laut Skala in 30 Stufen von 15 auf 400 Volt verstärkt werden konnten. Die Studenten mußten glauben, diese Stromstöße seien echt, die VP sitze abgeschirmt im Nebenzimmer und müsse sie dort über sich ergehen lassen. Denn mit der Zeit ging ihr (in Wirklichkeit von Schauspielern vorher aufs Band gebrachtes) schmerzvolles Stöhnen in lautes Schreien und Brüllen über, dann in ermattendes Winseln, man möge die Folterqualen stoppen. Aber ungerührt steigerten 62 % der Studenten weiter bis zur höchsten Stufe.

Nach Prof. Eysenck, der das Experiment leitete, scheint die halbe Bevölkerung Nordamerikas "entweder sadistisch oder psychopathisch oder beides" zu sein. Ähnliche Versuche in Rom, Südafrika, Australien, München brachten noch höhere Ergebnisse.

Auch der US Historiker John Toland berichtet über Stanley Milgrams Experiment, dieses habe den Beweis erbracht, "daß blinder Gehorsam keine speziell deutsche Eigentümlichkeit ist. Bei seinen Experimenten zeigte sich, daß nur 35 % der Versuchspersonen es ablehnten, ihren Mitmenschen Schmerzen zu verursachen. Die Mehrheit gehorchte der Stimme der Autorität. Der Vietnam-Krieg und in gewisser Weise auch die Watergate-Affäre haben erwiesen, daß es sich wirklich so verhält."

3. Um zu zeigen, "daß in jedem ein Faschist steckt", wurde eine Hochschulklasse in "Disziplin und Gemeinschaftsgeist" eingeübt und dafür "begeistert".

Durch ständig zu wiederholende Sprechchöre STÄRKE DURCH DISZIPLIN usw., durch gerade Haltung, Exaktheit, Grußrituale, Anreden, Symbole, Abzeichen, durch hierarchische Gliederung und gegenseitige Kontrolle wurde die Klasse zu einer "elitären Gemeinschaft" geformt, deren Beispiel bald auf die ganze Schule übergriff.

Der Leiter überzeugte alle, daß die von ihnen erzeugte Welle bald das ganze Land mitreißen und zu einer allgemeinen Erhebung führen werde.

Um so tiefer war die Enttäuschung aller Teilnehmer, als ihnen diese Übung zum Abschluß als Experiment vorgestellt und gesagt wurde, daß auch sie alle "gute Nazis" geworden wären...

Tief waren auch Bestürzung und Betroffenheit der wissenschaftlichen Welt, als sie von diesen Experimenten Kenntnis erhielt. Doch daran war sie selbst schuld, hatte sie doch genau das Gegenteil dessen erwartet, verkündet und erhofft, was uralte Menschheitserfahrung, biblische Weisheit und neue Forschung gelehrt hatten:

Wir Menschen sind allzumal Sünder. Keiner ist verdammt, keiner ist auserwählt. Keiner ist gefeit, einmal sagen zu müssen: "Das Böse, das ich nicht will, das tue ich."

Daß auch alle "besseren Einsichten", daß Reue und Buße, daß Aufklärung und Zivilisierung auf die Dauer keinen Wandel bewirkt haben und wohl leider auch in Zukunft nicht bewirken werden, erkannte schon Jakob Burckhardt:

"Alle politische Größe ist mit den furchtbarsten Verbrechen erkauft worden. Der Friede ist nur eine kleine Atempause bis zum nächsten Völkermorden."

Unsere Beispiele bestätigen weiterhin, daß fast jeder durchschnittliche Mensch auf gewünschte Ziele und Zwecke hin beeinflußbar ist und manipuliert werden kann, wenn er dem Einfluß von Bedingungen ausgesetzt wird, wie sie in den angeführten Experimenten geschildert wurden. Sind diese doch nichts anderes als sachlich, örtlich und zeitlich begrenzte "Zeitgeist-Spezialitäten".

Noch ein letzter Hinweis: alle diese Experimente wurden inmitten einer offenen, freiheitlichen Gesellschaft mit Versuchspersonen durchgeführt, denen bewußt war, daß sie an einem Experiment teilnahmen und daß sie jederzeit die Freiheit hatten, ohne Sanktionen zurücktreten zu können. Daß sie dies nicht taten, läßt ahnen, um wieviel stärker der Sog derartiger "Zeitgeist-Faktoren" auf echte Zeitgenossen einer totalitär bestimmten Umwelt gewirkt haben muß.

Heraklit contra Zeitgeist

Eingangs habe ich in "peripatetischen" Streitgesprächen mit jungen Zeitgenossen versucht, an einige Probleme heranzuführen, die heutzutage für Alt und Jung von brennendem Interesse sind; die aber trotzdem meist zum Urbestand von Menschheitskonflikten und daraus abgeleiteten Erkenntnisen gehören. So z.B. Heraklits Lehre, daß alles fließt, daß alles relativ und daß Streit der Vater aller Dinge ist.

Vom sogenannten Zeitgeist haben wir erfahren, daß er wohl immer ein Geschöpf unklarer Vaterschaft ist, meist verächtlich und wegwerfend apostrophiert, insgeheim aber stets mit Bangen und Beflissenheit respektiert. In seiner Verstärkerfunktion folgt er der Heraklitischen Dynamik, die er selbst mit dem Fortschreiten der Kommunikationstechnik zu nie geahnter Stärke steigert.

Nur modifiziert er diese Dynamik, da er sonst seine eigene Existenz aufgeben müßte. Welche noch so starke Macht hätte auch Bestand, wenn alles fließt und relativ ist? Darum verfälscht und verabsolutiert er seine eigenen Positionen zu "unanfechtbaren Wahrheiten" gegen die er keinen, außerhalb derer er aber auch "Streit" zuläßt.

So proklamierte er als unbestreitbar die Alleinschuld des deutschen Volkes an den beiden Kriegen und am Massenmord an den Juden. Positionen also, die in pseudologischer Einseitigkeit die gesamte nichtdeutsche Menschheit entlastet und damit zu ihren Verfechtern gewonnen haben. Gegen diesen international vorherrschenden Zeitgeist, weltweit technisch verfestigt in den Infrastrukturen und Zentren der Kommunikationsindustrie, anzukämpfen, scheint aussichtslos zu sein. Aber das scheint nur so, allein die Zeit wird erweisen, daß auch beim Zeitgeist alles fließt und verfließt. Mit diesem Buche will ich dabei helfen, etwas relativieren, Tabus bestreiten, kritisch reflektieren...

Die nachfolgenden "Perioden des Lebens" mögen zeigen, daß dies durchaus legitim ist. Denn ich habe es ja auch schon früher getan. - - Nein, nicht immer, ich war kein Querulant und auch kein Selbstmörder. Auf dem Wege in die Neunzig * haben mich sogar mehrere "Zeitgeister" gebeutelt. Bei offenbaren Ungerechtigkeiten habe ich allerdings immer widersprochen. Warum sollte ich es jetzt unterlassen?

*3.) Perioden des Lebens**

Gute alte Zeit: Weltkrieg Nummer 1

Ich kam am 17. August 1909 zur Welt. Im Sternzeichen des Löwen. Rund 123 Jahre, nachdem Friedrich der Große am gleichen Tage seine Augen geschlossen hatte. Mein Geburtsort war Niederschönhausen, das zehn Jahre nach meiner Geburt von Groß-Berlin vereinnahmt und zu dessen nördlichstem Vorort wurde. Dieses Kaff hatte ein Schloß, in dem Friedrich des Großen Gemahlin Elisabeth Christine ihre einsamen Jahre verbrachte, mit Ausnahme des Jahres 1760, da "russische Mordbrenner das Schloß plünderten". Ab 1945 sollten hier die deutschen Statthalter dieser Mordbrenner residieren.

Geboren wurde ich in den sogenannten Beamtenhäusern, deren Bau zur selben Zeit vollendet wurde. Das waren 27 zweistökkige Hauseinheiten aus rotem Backstein, die, umgeben von Rasenflächen, Blumen, Hecken und Kiefern, das Halbrund einer ruhigen Privatstraße umstanden. Bewohnt von aktiven und pensionierten Beamten, war dieses Bauwerk das Stein gewordene Symbol für Frieden und Geborgenheit, im übrigen noch heute ein Vorbild für fortschrittliche Wohnblockgestaltung.

Entladungen des Zeitgeistes

In dieser Idylle explodierte vor meinen Augen eine kleinere Orgie von Massenwahn. Es war in den ersten Augusttagen 1914, als der Erste Weltkrieg begann. Ich spielte gerade auf dem Balkon unserer Parterrewohnung, als sich davor plötzlich aufgeregte

---

* Wenn ich mich im folgenden Kapitel mit "Perioden des Lebens" vorstelle, so erfordert das den Rückgriff auf meine Autobiographie, wie ich sie zum Teil in meinem Buche DIE VERSTRICKUNG beschrieben habe (Mehr Wissen Verlag Düsseldorf 1981). Ihm habe ich einige Begebnisse und Impressionen zum Teil wörtlich entnommen. F.H.

Menschen zusammenrotteten, laut schreiend und rufend, drohend Arme und Fäuste schwingend. Was wollten sie?

An der rechten Seitenwand des Balkons hatte mein Vater eine große Weltkarte befestigt und diese dekorativ mit kleinen Fähnchen in den jeweiligen Landesfarben verziert. Darunter natürlich auch die von Frankreich, England und Rußland, unseren Feinden seit wenigen Tagen. Und die sollte mein Vater sofort entfernen. Sonst wäre er ein Vaterlandsverräter.

Als er versuchte, sich zu erklären, wurde der Pöbel noch aufgeregter, schlug mit Knüppeln gegen unsere Blumenkästen und klingelte an der Haustüre. Kurzentschlossen riß mein Vater Weltkarte und Fähnchen von der Wand und warf sie hinaus.

Er zitterte am ganzen Körper. Meine Mutter konnte ihn nicht beruhigen. Selbst unsere friedlichen Nachbarn meinten, wir hätten die Fähnchen nicht so lange stecken lassen dürfen. Die elterliche Erregung über diesen rätselhaften Ausbruch kollektiver Feindseligkeit durchzitterte mich noch lange Zeit.

Dann packte mich ein ähnliches und doch ganz anderes Massenphänomen: Mein Vater mußte in den Krieg ziehen. Meine Mutter und ich begleiteten ihn beim Ausmarsch seines Bataillons.

Fast erdrückte uns die Menschenmasse, die im gleichen Schritt und Tritt mit den Soldaten marschierte. Im gleichen Takt mit dem Wumm, wumm, wummwummwumm der großen Pauke, mit den Militärmärschen und den aufbrandenden patriotischen Liedern. "Oh Deutschland hoch in Ehren" - "Stolz weht die Flagge schwarz-weiß-rot" - "Fest steht und treu die Wacht, die Wacht am Rhein..."

In einer hektischen Besessenheit sangen alle mit, schrien alle HOCH und HURRA. Tief bewegt schrie auch ich und zog meine Mutter an der Hand. Sie solle doch auch mitsingen. Doch sie schüttelte nur den Kopf, und ihre Lippen zitterten.

Ganz schlimm wurde es auf dem Bahnhof, als der Zug hinausrollte, und alle winkten und sangen:

"In der Heimat, in der Heimat, da gibt's ein Wiederseh'n!" Da weinte meine Mutter ganz erbärmlich, und mir wurde weh ums Herz. So hatte mich auch diese Masseneruption im Innersten gepackt und zugleich mit einer Lauge von Angst, Wehmut und ahnungsvoller Betroffenheit imprägniert.

Ich konnte damals noch nicht wissen, daß ich eine Karambolage mit dem "Zeitgeist" gehabt hatte, der sich damals mit gewaltigerer Spontaneität geäußert hatte, als er das 25 Jahre später beim nächsten Kriegsausbruch tun sollte.

Kindliche Illusionen

Für meine kindliche Phantasiewelt war dieser große Krieg nur ein geheimnisvoller Hintergrund für aufregende Geschichten und wilde Verfolgungsspiele. Angeregt durch illustrierte Kinderheftchen, in denen ungeheuer starke blonde Biedermänner in deutschen Soldatenuniformen schwarzhaarigen "Franzmännern" mit dunklen Spitzbärten gegenüberstanden, mit blauen Jacken und roten Hosen. Die Franzosen, immer grausam und hinterlistig, dazu weit in der Überzahl, wurden regelmäßig von den blonden Riesen überwältigt und gefangengenommen. Niemand wollte beim Spiel ihre Rolle übernehmen. Mir wurde sie erst gar nicht zugemutet. Ich hatte die Kommandorolle, da ich wegen meines großen Kopfes als einziger die Soldatenmütze des Vaters tragen konnte, die der Schwarzen Totenkopfhusaren. Zu meinem Leidwesen wollte mein Vater bei unseren Spielen nie mitmachen oder uns wenigstens vom "echten" Krieg erzählen. Er bekomme selten genug Urlaub und wolle nicht an den Krieg denken, sagte er. Wir sollten froh sein, daß wir nichts damit zu tun haben. So machten wir uns auf unsere Weise ein Bild vom echten Krieg. Wir sammelten Postkarten mit den Bildern des Kaisers und seiner Heerführer, nicht zuletzt auch mit denen der uns liebbefreundeten, verbündeten Türken, Bulgaren und Österreich-Ungarn...

Oder mit dem Bild vom "letzten Mann", einem deutschen Matrosen, der mit seinem Schiff untergeht, die Reichskriegsflagge dem feindlichen Schlachtschiff trotzig entgegenreckend.

Oder mit der "Vision des sterbenden Kriegers"; hier lag inmitten eines malerisch arrangierten Schlachtfeldes, an eine Geschützlaffette gelehnt, ein blonder Soldat in sauberer Uniform mit hochgeschlossenem Kragen, um den Kopf eine blütenweiße Mullbinde gewickelt; ein vor ihm schwebender mächtiger Adler präsentierte ihm das Eiserne Kreuz; rechts oben in die Ecke ragte visionär über Wolken das Brandenburger Tor, durch das mit wehenden Fahnen die siegreiche Armee einmarschierte...

Prunkstück meiner Sammlung: brennende Städte auf rotem Seidenpapier, das schaurig schön aufleuchtete, wenn man es gegen das Licht hielt.

Den einzigen optischen Kontakt mit der "großen, weiten Welt", vermittelte mir das "Kaiserpanorama" in Pankow. Ein großer Raum, in dessen Mitte ein übermannshoher, runder Holzturm von beträchtlichem Durchmesser stand. An ihm befanden sich in Augenhöhe fünfzig nebeneinander liegende Doppelokulare; darunter eine Stütze für die Arme, davor ein hoher Hocker, auf dem sitzend man nun die stereoskopischen Bilder aus aller Welt oder von der Front bestaunen konnte. Alle zwanzig Sekunden ertönte ein heller Glockenton, und das Rondell im Inneren des Turms drehte sich von links nach rechts um ein Bild weiter. Diese Standfotos mit Raumeffekt wirkten auf mich wie ein Stück leibhaftigen, greifbaren Lebens, das, durch Zauberbann erstarrt, jederzeit wieder erwachen konnte.

Vollendete Zauberei aber glaubte ich vor mir zu haben, wenn ich die Kindervorstellungen im Kino besuchen durfte. Weder Großmutter noch Mutter konnten mir erklären, wie zustandekam, was man da vorn auf der Leinwand sah. Sollte sich das alles dahinter abspielen? Nach einer Vorstellung wollte ich mir Klarheit verschaffen. Ich drängte mich nach vorn, seitlich an der Leinwand vorbei, fand dahinter aber nur zerbrochene und verstaubte alte Stühle zwischen einem zugemauerten Fenster und einer vernagelten Tür voller Spinnweben.

Da lobte ich mir die "lebenswahren Kampf- und Schlachtvorstellungen" im Zirkus Schuhmann, zu dem wir mit der "Elektrischen" fahren mußten. Hier taten sich gewaltige Dinge, nachdem die Jongleure, Balance- und Zauberkünstler, Dompteure und Clowns ihre Pflicht getan hatten. Nun weitete sich die runde Manege, nach hinten zur Bühne ansteigend, auf der ein richtiges Dorf stand. Dessen Bewohner tanzten und sangen mit deutschen Ulanen, bis diese, durch Trompetensignale alarmiert, von dannen ritten. Auf den nun menschenleeren Platz ritten die Franzosen ein, mit wehenden Helmbuschen, in blauen Jacken und roten Hosen. Sie schlugen die Türen ein, Fenster klirrten, die Dorfbewohner schrien. Bis endlich deutsche Ulanen nach endlosen Säbelgefechten und ohrenbetäubenden Schießereien die Franzmänner vertrieben.

Kaiserpanorama, Kinderkino, Zirkus, so bot sich uns kindlichen Gemütern "die wirkliche Welt" dar; ein- oder zweimal im Monat, ohne eine alltägliche Dauerberieselung mit damals noch unbekannten Funk- und Fernsehmedien.

Schmerzen und Sorgen

Oft genug entriß uns das rohe Leben solchen kindischen und kitschigen Illusionen. Das geschah schon Tag für Tag durch den Jammer meiner bei uns wohnenden Großmutter, die an den unsagbaren Schmerzen ihrer offenen Füße zu leiden hatte. Jede Woche fuhr der Geheimrat Struwe mit seiner einspännigen Pferdekutsche vor, um sie zu "behandeln". Grob riß er die alten Verbände ab und schmierte "Lenicet"-Salbe in die offenen Stellen. Ebenso grob wickelte er neue Binden herum. Als ich ihn vor Zorn einmal ans Bein trat, ohrfeigte er mich und verbot mir, bei seinen Besuchen dabei zu sein.

Meine Großmutter beschwichtigte mich mit einem Bonbon und seufzte, sie wolle gern alle Schmerzen ertragen, wenn nur ihrem guten Jungen nichts passiere. Ihr guter Junge war mein Vater, der nur sehr selten Heimaturlaub erhielt. Natürlich war ich viel zu jung, als daß ich die bitter nagenden Sorgen meiner Mutter und Großmutter um meinen Vater auch nur annähernd hätte nachempfinden können.

Einmal ahnte ich es, als ich beide vor unserer Wohnung mit den Nachbarn zusammen stehen sah. Die Sonne war gerade dabei, hinter dem gegenüberliegenden Kiefernwald zu versinken, die ganze Schönholzer Heide in ein tiefes Abendrot tauchend. Im Widerschein leuchteten die roten Ziegel unserer Häuser röter denn je und ließen die Frauen verstummen. In die Stille hinein sagte eine Nachbarin: "Das ist das Blut unserer Soldaten, das zum Himmel schreit!" Als seien sie Zeugen eines schrecklichen Geheimnisses geworden, gingen sie alle schweigend auseinander.

Auch mich hatte dieses Begebnis tief bewegt, denn ich wußte, was Blut war. Oft genug hatten mir die Ärzte Nasenpolypen und Rachenwucherungen herausoperieren müssen. Da es damals Betäubungsmittel nur an der Front gab und man übrigens auch mit Kindern nicht eben zimperlich verfuhr, gestaltete sich jeder dieser Eingriffe zu einem regelrechten Drama. Jedes Mal wurde ich mit liebevoller Strenge vergattert, mich wie ein "echter deutscher Junge" zu benehmen, also recht soldatisch und mutig zu sein.

Irgendwann weigerte ich mich einmal, mit meiner Großmutter in die HNO-Klinik der Berliner Charité zu fahren: "Es geschieht Dir doch gar nichts!", versuchte sie mich zu beschwichtigen. Aber ich hatte selbst gehört, wie der grobe Geheimrat Struwe angeordnet hatte, mir die Mandeln zu "kappen".

"Na schön", sagte meine Großmutter, "aber es geschieht doch nur zu Deinem Besten. Soll ich Papa schreiben, daß Du Angst gehabt hast?" Das wollte ich natürlich nicht und schickte mich drein.

Diese Operationen waren immer Donnerstags um 11 Uhr. Dann versammelte sich im Wartesaal eine große Schar jugendlicher und kindlicher Schlachtopfer mit Angehörigen, die sich bemühten, alle Ängste mit Trost und Süßigkeiten zu dämpfen.

Die blutigen Prozeduren gingen, gut organisiert, im Eiltempo vor sich. Immer zwei Kinder wurden zur gleichen Zeit operiert und wankten nach wenigen Minuten schreiend in den Wartesaal zurück. Einen Gazestreifen vor den blutigen Mund drückend, drängten sie sich um die beiden großen Waschbecken, in die sie hineinspieen und in denen sich bald ein Blutsee anstaute. Alle brüllten aus Leibeskräften, die einen vor Angst, die anderen aus Schmerz.

Großmutter sagte ungerührt: "Habt Euch nicht so, was meint Ihr, daß Euer Papa aushalten muß!"

So wurden wir Kinder nicht nur an Blut und Schmerz gewöhnt, sondern auch an Hunger. Unter dem einschneidenden Druck der britischen Hungerblockade wurden alle Lebensmittel strengstens rationiert. Fielen welche aus, so wurde hierfür "Ersatz" angeboten. Einmal während des vierjährigen Krieges wurde eine Tafel Schokolade zugeteilt. Meine Mutter nahm sie unter Verschluß und verteilte sie an Feiertagen nur in winzigen Bruchstücken.

Auf unsere drei Kartoffelkarten durfte ich wöchentlich 21 Pfund Kartoffeln heranschleppen. Einmal verlor ich sie, weil ich mit Freunden gespielt hatte. So erhielt ich von meiner Großmutter eine Tracht Prügel und später von meiner Mutter die zweite. Und sieben Tage mußten wir unseren "Drahtverhau", wie das Dörrgemüse genannt wurde, ohne Kartoffeln essen. Danach habe ich nie mehr Lebensmittel verloren.

An diesen Hungersnöten sind Millionen erwachsene und jugendliche Deutsche gestorben oder haben schwere Schäden genommen. Kaum jemand ist sich heute noch der Tatsache bewußt, daß Großbritannien diese mörderische Hungerblockade noch lange nach Kriegsende fortgesetzt hat. Noch Jahre danach durften wir uns als nun schon ältere Schulkinder in den Schulpausen vor den Suppenkesseln der Quaker und anderer karitativer Verbände anstellen, um uns wieder etwas aufpäppeln zu lassen. Doch bin ich hiermit der Zeit etwas voraus geeilt.

Auch mit den Geschenken war es während der Kriegszeit nicht weit her. Das Spielzeug war höchst einfach und billigst hergestellt und wurde oft mehrfach verschenkt. So verschwand mein Pferdestall mehrere Male Wochen vor Weihnachten, um dann am Heiligabend wieder zu erscheinen, neu bemalt und tapeziert, instandgesetzt und repariert. Auch die sechs italienischen Staniolsoldaten mit ihrem Leutnant in Bersaglieri-Uniform präsentierten sich zwei Male in frischen Farben. Und doch hätten teure und weniger einfache Geschenke kaum eine größere Freude auslösen können. Ich berichte dieses, obgleich ich weiß, daß solche Erinnerungen bei heutigen Kindern und Enkeln nur ein geringschätziges Lächeln auslösen.

"Heldentod des guten Jungen"

Mein Vater war bei seinem letzten Urlaub besonders verbittert. Gerade war einer seiner besten Freunde gefallen, nachdem ein junger Leutnant ihn zu einer völlig sinnlosen Erkundung kommandiert hatte. Das bestätigte mein Vater in seiner alten Erfahrung: "Statt einem alten erfahrenen Feldwebel die Kompanie anzuvertrauen, holt man sich einen jungen unerfahrenen Schnösel von Leutnant, der noch nie draußen gewesen ist. Und so etwas soll dann uns Familienväter kommandieren..."

Mein Vater hat nie begreifen können, warum das bißchen "bessere" Schulbildung, bewirkt durch den Zufall des wirtschaftlich besser situierten Elternhauses, den "Herren Einjährigen" so einschneidende Vorteile in ihrem Soldatendasein verschaffen sollte. Ich ahnte nicht, daß mich etwa anderthalb Jahrzehnte darauf das gleiche Problem "auf die Barrikaden" bringen würde.

Nach seinem dritten Urlaub in vier langen Kriegsjahren kam mein Vater gerade "zurecht", als am 21. März 1918 die letzte große deutsche Offensive losbrach. "Unter Führung Seiner Majestät des Kaisers und Königs", wie in der Zeitung stand.

Ein paar Tage später schrieb Wilhelm II. an seine Frau: "Ich freue mich, Dir melden zu können, daß durch Gottes Gnade die Schlacht gewonnen ist. Der Herr hat herrlich geholfen. Er wolle auch weiter helfen."

Am 25. April hieß es dann aus des Kaisers Hauptquartier. "Südlich von der Somme griffen wir Engländer und Franzosen bei und südlich von Villers-Bretonneux an. In harten Kämpfen bahnte sich unsere Infanterie den Weg durch die Maschinengewehrnester des Feindes."

Vielleicht hatten auch wir diese Notiz gelesen. Wahrscheinlich hatten wir sie überlesen; nicht ahnend, daß sie unser persönliches Schicksal betraf.

So strebte ich nichtsahnend an einem sonnigen Maimittag von der Schule nach Hause. Ich pfiff fröhlich vor mich hin, den Takt dazu klappten meine Holzschuhe. Leder gab es schon lange nicht mehr.

Als ich munter pfeifend in unsere Beamtenhäuser einbog, sahen mich einige Nachbarn so seltsam forschend an. Zwei Spielkameraden liefen in ihre Hauseingänge. Unbekümmert läutete ich an unserer Wohnung. Meine Großmutter öffnete schweigend und hinkte mir ins Wohnzimmer voraus.

Hier hockte meine Mutter zusammengekauert und zitternd in einem Sessel. Sie schien ganz klein geworden und atmete schnelle dünne Schreie aus. Ich stand vor ihr wie gelähmt und starrte sie hilflos an.

Meine Großmutter setzte sich nun auch und zeigte auf den Tisch: "Da, Dein lieber Vater ist nicht mehr." Dann weinte auch sie: "Mein Karl, der liebe Junge, warum mußte gerade er..."

Ich nahm den Brief vom Tisch. Absender: Garde-Grenadier-Regiment Nr. 5, 7. Kompanie. Auf drei Seiten teilte der Kompanieführer in sauberer Handschrift mit, daß der Sergeant Karl Hippler den Heldentod gefunden habe. Durch Kopfschuß am 24. April 1918, beim Sturmangriff auf Villers-Bretonneux. Man werde ihm ein Soldatengrab geben, sobald die Truppe wieder in diesen Abschnitt zurückgelange.

Trost der Kirche

Wenige Tage später besuchte uns der Pfarrer. Ein älterer Herr, freundlich und hilfsbereit. Meine Mutter schüttelte nur den Kopf und sah ihn nicht. Meine Großmutter empfing ihn. Sie wurde gleich sehr heftig, als er von Gottes Ratschluß sprach, demzufolge ihr Sohn den Heldentod habe sterben müssen. Die alte Frau konnte nicht einsehen, warum Gott solches für ihren Jungen und dazu für viele Tausend andere beschlossen haben sollte.

Der gute Pfarrer tat sein Möglichstes, ihr den tiefen Sinn dieses Massensterbens näherzubringen. Dieses allgemeine große Leid solle und werde die Menschheit läutern, sagte er und zuckte zusammen, als meine Großmutter verächtlich auflachte: "Hat der Allmächtige nicht andere Mittel für diese Läuterung?"

Seine Wege seien für uns Menschen nun mal unerforschlich, wir armen Menschenkinder seien zu schwach einzusehen und zu begreifen, warum die Vorsehung für uns dies oder jenes beschließe. Dies und mehr erwiderte der Gottesmann, ohne sie zu überzeugen.

Dabei hatte sie genauestens zugehört. Bis zu ihrem Tode zitierte sie in Bitternis und zorniger Ironie die Argumente, mit denen er Gott rechtfertigte.

Jedenfalls zog sie die Konsequenzen und erklärte ihren Austritt aus der Kirche. Auch nahm sie das Bild von meines Vaters heiliger Kommunion in der Herz-Jesu-Kirche in Berlin von der Wand ab. Aber sie sagte nichts, als ich es wieder hinhängte. Obgleich ihre Argumente mir sehr viel einleuchtender erschienen als die des Pfarrers.

Ich war zu jener Zeit noch zu jung und zu dumm, den unermeßlichen Hintergrund dieser seelenbewegenden Streitfrage abzuschätzen, die das Menschengeschlecht seit langen Jahrhunderten, zuletzt unter der Etikette "Theodizee", in Bann schlug und schlägt. Ungezählte Male habe ich hierum mitgestritten, mit und ohne Pfarrer, innerhalb und außerhalb der Kirche; obgleich mich mein Gefühl oft bedrängte, war der Glaube nie so stark, die Vernunft mitzureißen.

In jener Zeit, um die neun Jahre alt, hatte ich noch Wichtigeres zu besorgen, von der Schule und ihren Pflichten ganz zu schweigen. Um unsere Verpflegung zu bereichern und aufzubessern - auch Pferdefleisch war inzwischen schon eine seltene Delikatesse geworden -, hielten wir im Keller ein paar Kaninchen. Deren Futter heranzuschaffen, war meine Aufgabe.

Nun wuchs in der nahen Heide nur hartes, knochentrockenes Gras, das von den Kaninchen verschmäht wurde. Daher lauerte ich nachmittags den großen Pferdefuhrwerken der Bauern auf, die von den nördlichen Feldern in die Stadt heimfuhren. Ihnen näherte ich mich von hinten und riß mir soviel Händevoll Gras heraus, daß ich meine Eimer füllen konnte. Oft merkte das der Bauer, sprang vom Wagen und klatschte mir die Peitsche um die Ohren. Oft mußte ich daher Standorte wechseln, an denen sein Mißtrauen noch nicht geweckt war.

Die Kokarde

Bis in die Tage der Revolution trug ich die väterliche Mütze der schwarzen Totenkopfhusaren. Von ihr sollte ich die schwarzweiß-rote Kokarde entfernen, forderten ein paar Mitschüler. Da ich das nicht wollte, drohten sie mir Prügel an und jagten mich um den Schulhof unserer "Gemeindeschule". Das Eingreifen von Lehrern und das Ende der Pause bewahrten mich vor schmählicher Kapitulation.

Zur nächsten Pause war die Mütze verschwunden. Ich beklagte mich bei unserem alten Rektor, der mit dem Kopf zitterte und mich mit seinen halbblinden Augen durch seine blaue Brille anstarrte. Ein leibhaftes Symbol für die Ohnmacht der alten Zeit, beschwor er mit klagender Stimme den König von Preußen und unseren lieben Doktor Martin Luther. Meine Soldatenmütze aber sah ich nie wieder.

Kurz danach ging es einem anderen Kokardenträger viel schlechter. Von unseren Häusern sah ich da, wie, vor der Haltestelle gegenüber, ein Leutnant in Uniform aus der Straßenbahn steigt. Dort wartende Arbeiter gehen sofort mit Fäusten auf ihn los, um ihm Kokarde und Schulterstücke abzureißen. Er versucht vergeblich, sie abzuwehren und greift zur Pistolentasche. Als er stolpert, stoßen sie ihn auf das Straßenpflaster, schlagen, treten und springen auf ihn ein, bis er sich nicht mehr rührt.

Starr vor Schreck sehe ich diese bestialische Szene mit an. Die Straße ist menschenleer; niemand ist da, der helfen könnte. Niemand auch, der es wollte. Wer von den Türen und Fenstern aus zusieht, ist wohl froh, nicht selbst beteiligt zu sein.

Da naht plötzlich, von der Pankebrücke her, ein Lastauto mit Soldaten. Ehe diese sehen, was geschehen, flüchten die Gewalttäter in die Schönholzer Heide hinein. Und schon haben sich auch die guten Bürger versammelt, voller Mitleid mit dem zusammengetrampelten Leutnant, den seine Kameraden behutsam in ihr Lastauto bergen. Die Blutlache, die er hinterließ, wurde noch tagelang schaudernd betrachtet.

Bei der Katastrophe von 1945 sollten niemandem die Insignien von der Uniform abgerissen werden, obgleich sich zu dieser Zeit doch viel mehr Haß und Wut hätte angestaut haben und entladen müssen, als beim Ende des Kaiserreiches. Vorausgesetzt allerdings, die Situation von 1945 wäre damals wirklich so gewesen, wie die heutigen Medien sie uns vorstellen.

Generalstreik

Das Revolutionsgeschehen jener Tage dringt wie durch einen dichten Nebelschleier in meine Erinnerung. Am deutlichsten erinnere ich mich an jene Nacht im Winter 1919, als ich vor Angst um meine Mutter fast besinnungslos gewesen war. Seit dem "Heldentode" meines Vaters arbeitete sie in der Stadtsparkasse am Mühlendamm, also im Zentrum von Alt-Berlin.

Während sie sonst immer abends heimkehrte, wartete ich mit meiner Großmutter an diesem Tage vergebens. Dafür mehrte und verstärkte sich der Donner der Kanonen, der von der Stadtmitte her unsere Fensterscheiben erzittern ließ. Plötzlich flackerte auch unsere Gasbeleuchtung wild auf und erlosch. Großmutter entzündete ihre Petroleumlampe, die sie stets in Bereitschaft hielt, deren sonst so tröstlicher Schein uns diesmal nicht beruhigen konnte.

Endlich kam meine Mutter. Als erstes eilte sie zur Badewanne, um einen Wasservorrat zu schaffen. "Gott sei Dank läuft das Wasser", rief sie und erzählte, was es alles Neues gab:

Ab morgen sei Generalstreik, unbekannt, wielange. Bereits heute hätten die Spartakisten die "Elektrische" stillgelegt. Alle hätten zusehen müssen, wie sie auf eigene Faust nach Hause kamen. Dabei sei sicher viel passiert, denn überall werde geschossen.

Für morgen früh habe der Magistrat ein Pferdefuhrwerk bestellt, das sie und etwa zwanzig Angestellte "in die Stadt" bringen solle. Aber nur dann, wenn das "Geschieße nicht mehr so stark" sei...

Das war gewiß eine sehr fragwürdige Art der Verständigung. So fanden Großmutter und ich das Geschieße am nächsten Morgen um nichts schwächer. Wohl aber fand dies meine Mutter, da sie Angst hatte, bei Nichterscheinen ihren Arbeitsplatz zu verlieren. Trotz unseres flehentlichen Widerspruchs machte sie sich auf den Weg.

Um so mehr freuten wir uns, als sie bald wieder zurückkam. Zwar waren alle Angestellten am Treffpunkt erschienen, nicht aber das Fuhrwerk. Es hätte ja bei den heftigen Straßenkämpfen Schaden nehmen können. Eine Rücksichtnahme, die wohl auch den vorgesehenen Passagieren zugutekam. Sie ersparte ihnen das Schicksal anderer Gruppen, deren Teilnehmer Schußverletzungen oder als "Streikbrecher" Prügel erleiden mußten.

Ich habe noch oft darüber nachgedacht: Meine Mutter hätte ja nur zum Treffpunkt zu gehen brauchen, "wenn das Geschieße nicht mehr so stark sei". Wer aber sollte das abschätzen können? In keiner normalen Wohnung gab es damals ein Radiogerät, in kaum einer ein Telefon. Man mußte sich also mit vagen Eventualinformationen behelfen.

Bald aber wurden wir "elektrifiziert" und unsere Gaslampen durch elektrische ersetzt. Damit entfiel für mich eine wesentliche Erwerbsquelle. Denn seit einiger Zeit zog ich kleiner Steppke mit einigen Kartons von Haus zu Haus und verkaufte besonders haltbare "Glühstrümpfe". Über den Gashahn gestülpt, begannen sie zu leuchten, wenn man das ausströmende Gas mit einem Streichholz anzündete.

Einmal angezündete Glühstrümpfe durften nicht mehr berührt werden, sollten sie nicht zerfallen, das wußte und erlebte jeder. Nicht angezündete aber konnte man sogar auf den Boden werfen, ohne daß sie entzwei gingen. Und das wußte fast niemand, denn wer täte das denn schon? So warf ich sie zu Beginn meiner "Verkaufsgespräche" rücksichtslos auf den Boden, zum Beweise ihrer einzigartigen Strapazierfähigkeit, aber auch zum Entsetzen der Hausfrauen, die dann meist rasch meine Kunden wurden.

Meine damalige Geschäftstüchtigkeit scheint einige Gemüter tief beeindruckt zu haben. Noch viele Jahre später spottete man meiner, ich sei tüchtiger gewesen als ein Kleiderjude - was ich teils geschmeichelt, teils beleidigt zur Kenntnis nahm.

Die große Inflation

Obgleich wir alle von volkswirtschaftlichen und finanzwissenschaftlichen Zusammenhängen keine Ahnung hatten, machte es uns Sorge, daß alle Dinge fortwährend teurer wurden. Auch lasen wir in den Wochenberichten, wieviel mehr Mark ein Dollar kostete: Waren das "normalerweise" rund 4 Mark gewesen, so waren es bei Kriegsende schon 9 Mark, Mitte April 1919 schon 12,50 Mark, 1920 waren es 57 Mark und 1922 über 600 Mark.

Großmutter, Mutter und ich hörten das anfangs ziemlich gleichmütig mit an, denn niemand von uns brauchte Dollars. Bis uns klar wurde, daß damit auch alle Ersparnisse, alle Kriegsanleihen und Vorkriegsvermögen in gleichem Maße dahinschmolzen und schon zwei Jahre nach Kriegsende nur noch ein Zehntel wert waren.

Ich erlebte diesen Spuk der großen Inflation zwar nur als vierzehnjähriger Schüler, aber doch gleichzeitig als bereits unmittelbar betroffenes "Wirtschaftssubjekt". Denn seit kurzem erteilte ich Nachhilfestunden, deren Entgelt in dieser Zeit natürlich sehr oft erhöht werden mußte.

Da es ebenso peinlich wie langwierig war, jeweils in Einzelvorstößen den neuen Stundenlohn auszuhandeln, erreichte ich eine "automatische Dynamik", nämlich den am betreffenden Tage gültigen Preis für ein Brot.

Diese sehr maßvolle Regelung, Anfang 1923 noch gern akzeptiert, erwies sich nach wenigen Monaten für alle Eltern als unerschwinglich. Was der Familienvater noch mittags als Gehaltsrate bekommen hatte, war bereits am Abend nichts mehr wert. Meinen Broterwerb konnte ich somit erst nach dem Ende der Inflation wieder aufnehmen.

Dieser Wahnsinnstaumel zeigte sich mir besonders anschaulich an den Hoffnungen und Enttäuschungen meiner Großmutter. Diese war so sparsam, daß sie von ihrer winzigen Pension beinahe hätte leben können. Das "beinahe" glich sie aus, indem sie bei zahllosen Familien der Umgebung Wäsche flickte und Strümpfe stopfte. Die Inflation störte auch diese Gleichgewichtslage. Denn die vorher vereinbarten, sowieso viel zu billigen Entgelte für die Reparaturen waren während der Arbeit noch billiger geworden.

Da war der Geheime Sanitätsrat Dr. Struwe besser dran. Er fuhr einmal in der Woche in seiner Kutsche vor, behandelte meine Großmutter und verlangte jetzt von ihr, immer sofort honoriert zu werden. Aber wie sollte sie das möglich machen?

Großmutter, Mutter und Onkel berieten hin und her. Ich hörte zu, noch ohne rechtes Verständnis für die Zusammenhänge und horchte erst auf, als mein Onkel sich plötzlich ereiferte. Beiläufig hatte meine Großmutter von ihren Ersparnissen gesprochen. Uninteressant an sich. Jahr um Jahr hatte sie nie mehr als 20,- oder 30 Mark beiseite legen können. Knapp 150 Mark als Geldertrag eines Lebens, was war das schon? - Und die Zinsen? - Wieso Zinsen, da sie das Ersparte doch im Schrank aufbewahrt hatte, Stück um Stück.

“Stück um Stück?”, fragte mein Onkel.

“Ja, ich habe immer alles in goldene Zehnmarkstücke umgewechselt, es wären ja sonst zu viele Geldstücke und Scheine gewesen. So war es übersichtlicher. Und ich konnte es auch leichter im Schrank verstecken. Aber es gibt ja nichts mehr für das bißchen Geld...”

Da fuhr mein Onkel auf: “1500 Mark in Gold, dafür bekommst Du ja jetzt fast 150.000 Mark.”

Meine Großmutter schüttelte den Kopf, wieso, das Geld war doch nichts mehr wert. Und jetzt sollte man plötzlich 100mal so viel Geld dafür bekommen?

Nur langsam begriff sie, daß zwar Geld fast nichts mehr wert war, aber Gold dafür um so mehr... Nun konnte auch der Geheime Sanitätsrat befriedigt werden. Für ein Zehnmarkstück, meinte er, waren neben seinen Forderungen auch seine nächsten Besuche abgegolten. Eitel Freude und Stolz und Zuversicht.

Einmal im Monat besuchte meine Großmutter ihre alte Jugendfreundin in Berlins Landsberger Allee. Ihr erster Besuch nach der freudigen Überraschung zog unvorhergesehen ganz plötzlich eine zweite nach sich. Geheimnisvoll lächelnd offenbarte sie unserem kleinen Kreis, welchen glänzenden Coup sie gemacht hatte. Bei ihrer Freundin sei zufällig ein “Münzenliebhaber” zu Gast gewesen. Der habe ihr für die Goldstücke nicht nur die 100 Mark, sondern die 150-fache Summe angeboten. Aus reiner Liebhaberei. Wieder erregte sich mein Onkel: “So dumm wirst Du doch nicht sein. In ein paar Wochen ist das doch wieder derselbe Dreck wie alles Papiergeld...”

“Ewig wird das auch nicht weiter gehen”, belehrte ihn meine Großmutter, “außerdem habe ich auch kein gewöhnliches Papiergeld dafür erhalten, sondern lauter braune Reichsbanknoten zu 1000 Mark mit rotem Stempel und damit habe ich jetzt ausgesorgt...” Mein Onkel war fassungslos: “Papier ist Papier, und die braunen Lappen sind derselbe Betrug wie alle anderen Scheine. Geh morgen gleich zur Bank und überzeuge Dich.”

Da aber der Glaube wesentlich dazu beiträgt, das Leben der Menschen erträglicher zu machen, war Großmutters Glaube stärker als alle Vernunft. Und war es nicht auch mehr als plausibel? Auf diesen Geldscheinen stand, daß sie einmal voll in Gold eingelöst werden müßten. Und das war ja schließlich keine Versprechung von lumpigen Betrügern nach 1918, sondern von Ehrenmännern der guten alten Zeit. Die Noten trugen nämlich als Datumstempel das Jahr 1912.

Glaubte meine Großmutter auch nicht mehr an den lieben Gott, an die gute alte Zeit glaubte sie schon, denn die hatte sie ja erlebt. Ihre Hoffnung erfuhr eine gewisse Bestätigung, als noch lange Zeit danach der Geheime Sanitätsrat einen solchen inzwischen völlig wertlos gewordenen Schein annahm. Auch er war überzeugt, daß die Monarchie wiedererstehen und die von ihr ausgegebenen Reichsbanknoten zum vollen Goldwert einlösen würde.

In der Rückerinnerung haben diese Vorstellungen und Hoffnungen fast etwas Lächerliches an sich. Niemand kann sich heute vorstellen, wie und warum man einmal so naiv hatte sein können. Hat es an der Dummheit "des kleinen Mannes" gelegen? - Wohl kaum. Eher wohl an der Bösartigkeit und Phantasielosigkeit der großen: Die Sieger des Ersten Weltkrieges verlangten nämlich vom ausgebluteten Deutschland immer höhere Reparationen. Um seine "Alleinschuld" wiedergutzumachen. Da dies aber nicht in Form von Arbeitsleistung und Exportüberschüssen geschehen durfte, druckte die deutsche Notenpresse immer höhere Geldbeträge; große Schulden durch immer größere "abdeckend". Die Entwertung der Mark wucherte schnell in Millionen- und Milliarden - bis zur Billionenhöhe, an ihrem Ende stand die völlige Enteignung des deutschen Mittelstandes, der Angestellten- und Arbeiterschaft.

Damit war der Boden für radikale Parteien geebnet, für nationalistische, sozialistische, kommunistische. Und für Hitler. -

Ein Boden, der mich in jenen Jahren nicht sonderlich interessierte. Zu sehr nahmen mich die Sorgen ums tägliche Überleben gefangen. An Lektüre hatte ich vor allem, was die Schule verlangte. Und neben Karl May auch Bücher von Gerstäcker und Ganghofer, aus denen ich abends meiner Großmutter vorlas, bis sie einschlief. Ich besorgte sie aus der Volksbücherei Pankow und griff mir dabei auch Schopenhauers "Aphorismen zur Lebensweisheit", die mich schon als Schüler zu einem lebenslangen Studium seiner Philosophie verleiteten. Besonders tief beeindruckten mich Knut Hamsuns Romane, wenn sie mich auch meist ob ihrer abgründigen Seelentiefe erschauern ließen. Wohingegen ich nach Lektüre aller Upton-Sinclair-Romane alle Rankünen der kapitalistischen Ausbeuterwelt durchschaut zu haben glaubte.

Fast die gleiche "Durchschau" hätten mir Onkel Max' sozialdemokratische Zeitungen vermittelt. Aber wegen ihrer Herabsetzung deutscher Soldaten und Offiziere lehnte ich auch ihre sonstigen Aussagen ab. Selbst das vermaledeite Hakenkreuz lernte ich durch sie kennen; in ihren Karikaturen schmückten sie damit die abscheulichen Fratzen deutscher Akademiker, Corpsstudenten und Offiziere. Als Perhorreszierung deutscher 'Bürgerlichkeit' war das ein Bestandteil damaligen Zeitgeistes, wenn auch paradoxer Art; er bewirkte praktisch das Gegenteil seiner Absicht.

Chaos und Gewalt

Erste Andeutungen über Nazis

Gleich nach dem Ende der großen Inflation stand neben der allgemeinen Not die Schule mit ihren Pflichten für mich im Vordergrund. Auch lief der Nachhilfeunterricht weiter, segensreich nicht nur für meinen Geldbeutel, sondern auch für meine eigenen Schulleistungen, vermöge derer ich es beinahe zum Musterschüler gebracht hätte. - -

Wäre da nicht Hans Bartels, der Nachbarssohn gewesen, jetzt bereits im "reifen" Alter von fast 25, hatte er zwar nicht mehr in den Krieg ziehen, wohl aber Kontakte mit den Freikorps aufnehmen können. Auch am Hitlerputsch hatte er mitgemacht, im November 1923, worüber er begeistert berichtete. "Die Farben Schwarz-weiß-rot genügten den Nazis nicht mehr. Wie Sozialisten und Kommunisten hätten sie rote Fahnen. Aber mit dem Hakenkreuz auf weißem Runde." - Onkel Max lachte laut, als er das hörte: "Verrückte Spinner sind das. So etwas ist auch nur in Bayern möglich. Ist denen schwarz-weiß-rot nicht reaktionär genug? Das paßt so richtig zu dem Größenwahn, von München nach Berlin zu marschieren. Na, weit seid Ihr ja nicht gekommen..." - -

Hans Bartels verteidigte sich mit Mussolini, dessen Marsch auf Rom ja sehr erfolgreich gewesen sei. Und ein Spinner könne Hitler ja wohl auch nicht sein, nachdem hohe Richter ihm für seine Tat nur fünf Jahre Festung auferlegt und ihm "den Mut, die lautere Gesinnung und die patriotischen Motive" durch Achtungs- und Ehrenerklärungen ausdrücklich bestätigt hatten.

Was Hans offenbar noch mehr überzeugte, war, daß kürzlich so große Geister wie die Nobelpreisträger Lenard und Stark ihn als "Kulturbringergeist" gerühmt hatten. "Hitler und seine Kampfgenossen", so las er uns vor, "scheinen uns wie Gottesgeschenke aus einer längst versunkenen Vorzeit, da Rassen noch reiner, Menschen noch größer, Geister noch weniger betrogen waren." Auf mich wirkten die Worte dieser wissenschaftlichen Autoritäten, als seien sie unwiderlegliche Beweise für die Richtigkeit der Hitlerschen Ziele. Zehn Jahre später sollte mich Lenard mit seiner antisemitischen Sturheit bitter enttäuschen.

Erste Nachrichten über Juden

In diesen Jahren sprach man mehr und mehr auch von "Juden", speziell von den "Ostjuden". Diese waren seit Ende 1918 in stets steigender Zahl aus russischen und polnischen Gebieten zugewandert und hatten vor allem im Berliner Scheunenviertel Quartier bezogen.

Seltsame Geschichten erzählte man sich von ihnen. Nur wenige Wochen lebten sie angeblich hier im Scheunenviertel. Dann zögen sie um, in den feinen Berliner Westen oder in andere Großstädte. Binnen kurzem sehe man ihnen ihre Herkunft kaum noch an, so gut hätten sie es verstanden, lukrative Geschäfte zu machen und dabei deutsche Geschäftsleute zu ruinieren.

Hans Bartels wußte noch mehr: er erzählte von Ritualmorden, bei denen kleine Christenkinder geschlachtet würden; von Verschwörungen des internationalen Judentums, um sich die ganze Welt zu unterwerfen; das alles sei in den Protokollen der Weisen von Zion festgehalten und jederzeit zu beweisen. Wallstreet und Moskau, Großkapital und Bolschewisten seien Verbündete...

Alles Hakenkreuzschnack, wehrte Onkel Max ab. Aber das Gesocks von Ostjuden sollte man doch wirklich abschieben, meinte auch er. Meinten mit ihm wohl die meisten Menschen; sogar die eingesessenen Juden, wie ich es auch bald selbst erleben sollte.

Vom rechten Turnerleben

Neben dem begeisterten und begeisternden Hans Bartels war da noch Griegel, ein ehemaliger Kompaniekamerad meines Vaters. Ihn hatte es nach Berlin verschlagen, nachdem die Polen ihn aus seiner schlesischen Heimat vertrieben hatten. Als Feldwebel entlassen, war er jetzt sozusagen hauptberuflicher Freikorpsmann und überall im Einsatz, wo etwas los war. War er in Berlin, so begleitete ich ihn in den Turnverein, in dem er meine Jugendriege leitete.

Als ich ihm einmal unter dem Eindruck Bartelscher Berichte vom Hitlerputsch vorschwärmte, winkte er überlegen ab.

Dieser Außenseiter gefährde nur die gemeinsame vaterländische Sache; außerdem könne der in Norddeutschland, geschweige denn in Berlin, nie Fuß fassen. Er, Griegel, wollte mir etwas anderes vorschlagen, und zwar nächsten Samstag im Bürgerpark Pankow.

Heute aber ging's nochmal rund in der Turnhalle, zu der wir sonst von der Schule aus marschierten, in Reihen zu vieren, streng nach dem rechten Flügel- und dem Vordermann ausgerichtet, immer wieder ein neues mehrstrophiges Turnerlied singend. Wie in jenen Jahren überhaupt gemeinsames Singen das Leben aller Gemeinschaften beflügelte und beseelte. Dann übten wir an Reck und Barren; einer hinter dem anderen wartend und nach der Übung uns wieder hinten anreihend.

Turnlehrer Schmalischs persönliches Ideal war der Turnvater Jahn, über den er uns viel zu lesen gab. Ein Heftchen hieß "vom rechten Turnerleben"; es warnte uns eindringlich vor Tabak und Alkohol, vor Selbstbefriedigung und Geschlechtskrankheiten, vor den bösen Franzmännern im allgemeinen und ihrer Fremdenlegion im besonderen. Ein rechter Turner sei vor allen diesen

Gefahren gefeit. Aber auch nur ein Turner und nicht etwa ein Sportler. Wer in den Sportverein Pankow eintrat, galt ihm als eine verlorene Seele, auf dem Wege, unentrinnbar endgültiger Verderbtheit anheimzufallen.

Zum "Deutschen Tag"

Am nächsten Samstag begleitete ich Griegel in den Bürgerpark. Die schmetternde Militärmusik einer Regimentskapelle hatten wir schon in den Beamtenhäusern vernehmen können, wie immer, wenn der Wind von Süden her wehte. Diese Kapelle spielte an allen Sonn- und Feiertagen, um Gäste in das riesige Gartenlokal zu locken.

Heute war hier ein großes Kameradschaftstreffen des schwarzweiß-roten* "Stahlhelm, Bund der Frontsoldaten", mit Frauen, Jugendlichen und Kindern. Hier konnten "Familien Kaffee kochen" und ihren eigenen Streuselkuchen dazu essen; die Männer tranken ihr Bier, nahmen die Kinder mit zur Schießbude und zur Luftschaukel. Gegen Abend sprach ein älterer Offizier, markig und laut, wie er es gewohnt war. Und das hieß, da es ja noch keine Mikrophone gab: um so mehr Abstand, je größer "die Einheit der Zuhörer" war; also auch um so lauter und um so größere Pausen nach kleineren Satzfetzen einlegend, auf daß Hall und Echo sich gelegt, bevor neue Worte hinausgestoßen wurden. Das Ganze hörte sich aus weiter Ferne an wie das Gebell eines kräftigen, aber kurzatmigen Hundes; in der Nähe wirkte diese Kommandosprache auf alle Hörer wie die Stimme ihres Herrn, mitreißend, bezwingend, unwiderlegbar. Nach dem Deutschlandlied stieg die Stimmung brüderlich-heiterer Gemeinsamkeit noch weiter an. Sie packte mich so, daß ich ohne Zögern "Ja" sagte, als Griegel mich fragte, ob ich nicht in den "Scharnhorst" eintreten wolle. Zwar wäre ich lieber Jungstahlhelmer geworden, mit einem

* Die Farbe aller "national" Gesinnten, die das "Schwarz-rot-gold" der Republik als "Schwarz-rot-mostrich" verhöhnten.

Schwert als Anstecknadel, aber dazu mußte man leider schon volle 17 Jahre alt sein. Dafür durfte ich mich einer größeren Gruppe junger Männer anschließen, die unter Griegels Führung, dicke Eichenstöcke in der Hand, den nächtlichen Bürgerpark durchkämmten, da angeblich Kommunisten in größerer Zahl gesichtet worden sein sollten. Während vom Restaurationsgarten her ein vielhundertfaches Ruf- und Stimmengewirr zu uns drang, manchmal von Marschmusik überlagert, durchstreiften wir sorgfältig das dichte Buschwerk unter den alten Baumgruppen, jederzeit auf einen Zusammenstoß gefaßt.

Das prickelnde Gefühl lauernder Gefahr steigerte sich noch, als plötzlich "Das große Original-Schlachtenfeuerwerk" begann, mit dem ohrenbetäubenden Krachen und Bersten von Bomben und Raketen. Für mich junges Gemüt die akustisch vollendete Abrundung eines echten Kampf- und Kriegserlebnisses, wenn wir am Ende auch unverrichteter Dinge zurückkehrten, nachdem wir niemanden hatten aufscheuchen können als einige Liebespaare.

Bei den Frontschweinen

Am nächsten Freitag schleppte mich Griegel mit in das Vereinslokal, wo die Ortsgruppe Pankow des "Stahlhelm" samt ihren Jungmannen tagte. Die sorgenvollen Bedenken meiner Mutter hatte Griegel zerstreut; das Geschimpfe von Onkel Max nur kurz abgeschnitten: "Sei Du ruhig, Du warst nicht mit draußen, Du kannst gar nicht mitreden..."

Im großen Vereinszimmer fanden wir schon an die hundert Mann versammelt, vom jüngsten "Scharnhorstler" bis zum ältesten "Frontschwein".

Alle trugen graue Windjacken oder gar alte Uniformen, Koppel und Schulterriemen darübergeschnallt, sowie eine Militärmütze mit Lederschirm. Über der schwarz-weiß-roten Kokarde saß das Zeichen des "Stahlhelm". Beim Kommen oder Gehen stak diese Mütze allerdings in der Innentasche des Zivilmantels. Und den trug jeder, um die Uniform zu tarnen. Denn auch in Pankow gab es dunkle Straßen und rote Gegenden. Wer da als

Stahlhelmer erkannt wurde, hatte nichts zu lachen. Die meisten trugen daher auch immer einen dicken Eichenstock mit sich, einige auch einen Gummiknüppel oder eine Stahlrute.

Die Umgangsformen waren streng militärisch. Beim Erscheinen des Ortsverbandsführers schrie einer laut "Achtung!", alles sprang von den Plätzen auf und erstarrte. Dann erfolgte "Meldung an Herrn Hauptmann!" Dann: "Weitermachen!". Und ein gemeinsames Lied, Melodie:

"Ich bin ein Preuße, kennt Ihr meine Farben":

"Wir fragen nicht nach Würde, Rang und Titel, nicht nach Partei, nach Bildung, Geld und Gut. Uns gilt der Staatsrock wie der Maurerkittel, wir seh'n dem Mann ins Herz und auf den Mut..."

Dann ein Vortrag aus Preußens großen Tagen oder aus dem Weltkrieg, da Deutschland "gegen eine Welt von Feinden..." Erinnerungen unter dem Motto "Kamerad, weißt Du noch?" Griegel sah mich an: "Dein Vater wäre auch hier..."

Ich war etwas zweifelhaft, aber trotzdem bewegt von allem, was ich hier erlebte. Es war wie eine Brücke zur scheinbar heilen Welt meiner frühen Kindheit.

Einer setzte sich ans Klavier und intonierte, alle sangen mit: "Oh Deutschland hoch in Ehren / Du heil'ges Land der Treu..."

Mannhaft unterdrückte ich meine Rührung; das war ja eines der Lieder, das in den Berliner Straßen gesungen wurde, als mein Vater in den Krieg zog. Klang es jetzt nicht wie eine Huldigung an ihn?

Natürlich weiß ich heute, daß dies Lied ein bombastischer Kitsch ist. Insofern unterscheidet es sich allerdings in nichts von ähnlichen patriotischen Liedern anderer Völker, die sich davon genauso anrühren lassen. Auch hat das Gemüt eines jeden, selbst des radikalsten Kämpfers gegen den Kitsch, einen verborgenen Winkel, wo die ihm gemäße Art von Kitsch ein gern gesehener Gast ist.

Nach dem Lied dann noch Bemerkungen zur Tagesordnung: "Kriegsopferversorgung, eine Schande, wie schlecht die Novemberrepublik für die Witwen und Waisen unserer gefallenen Kameraden sorgt. Hier werden die nationalen Parteien Abhilfe schaffen."

Diese tieferen Zusammenhänge hatte ich so noch nie gesehen. Daß die Hinterbliebenenrente meiner Mutter weniger als dürftig war, hörte ich zu Hause seit Jahr und Tag. Aber, daß die Novemberregierung es war, die sie so niedrig hielt, das empörte mich. Tröstlich, daß hier die nationalen Parteien zur Hilfe kommen würden... Auf dem Heinweg fragte mich Griegel: "Wann willst Du nun eintreten?" 16 Jahre alt und der Tatsache bewußt, meinen Lebensunterhalt selbst zu verdienen, sagte ich: "Nächste Woche". Eine Windjacke anzuschaffen, war kein Problem, sie ersparte mir sogar einen neuen Mantel für Schule und Alltag. Mit wenigen Handgriffen, Koppel und Mütze, konnte ich mich jeweils in einen perfekten Scharnhorstmann verwandeln.

"Schlagt die Faschisten..."

An einem der nächsten Sonntage fuhr unser Ortsverband nach Weißensee. Vom ältesten Frontkämpfer bis zum jüngsten Jungmann des "Scharnhorst" waren wir etwa 100 Mann, also zahlreich genug, unsere Uniform offen zu tragen. Die Straßenbahn samt ihren Anhängerwagen gehörte uns.

An der Schönhauser Allee stiegen drei Männer zu, die an ihrem Abzeichen als Angehörige des "Reichsbanners Schwarz-rotgold" zu erkennen waren. Es war dies der Kampfverband der republiktreuen Parteien, insbesondere der SPD. Das muntere Geplauder verstummte plötzlich. Finstere und hämische Blicke richteten sich auf die drei Männer, die ihrerseits auf überlegene Distanz machten. Eine seltsame Spannung hatte sich im Straßenbahnwagen ausgebreitet, seit das Stichwort "drei Reichsbananen" durchging.

Plötzlich sagte der Stahlhelmer Hermann, einer der wenigen Arbeiter des Verbandes: "Lach nich so dreckich, sonst hau ick Dia eins in die Fresse!" Dabei schob er sich ganz dicht an die drei heran. Diese sahen schweigend aus dem Fenster. Das paßte unserem Kameraden nicht. Mit weit geblähter Brust versuchte er, einen Reichsbannermann wegzuschieben, der sich seinerseits fest an den Halteriemen klammerte.

Ehe es zu Weiterungen kommen konnte, ertönte plötzlich eine helle, kommandogewöhnte Stimme: "Kamerad Hermann sofort zu mir!"

Unser aggressiver Kamerad atmete aus und stand stramm: "Jawohl, Herr Leutnant!" Sofort drängte er sich zu Leutnant Hardt, dem Führer unserer Scharnhorstgruppe und baute sich vor ihm auf. Leutnant Hardt sah ihn starr an, die hellblauen Augen wirkten hinter der Hornbrille wie immer unnatürlich groß: "Bitte mir unbedingte Disziplin aus. Gewalt nur gegen Gewalt. Klar?" - "Aba der Hund hat mir mit son dreckijen Lachen anjesehen..." "So etwas übersieht man einfach, verstanden? Können ja durchs Fenster gucken!"

Von der Endhaltestelle der Straßenbahn am Antonplatz ging unsere Gruppe, lang auseinander gezogen, auf dem linken Bürgersteig der Hauptstraße. Ich lief hinter Freund Griegel her, der sich mit Leutnant Hardt unterhielt. Plötzlich sah ich nach links in eine Straße hinein. An deren Ende, hinten rechts, war es mir, als schauten zahlreiche Köpfe hervor. Ich rief Griegel eine Warnung zu. Leutnant Hardt überschaute die Lage mit einem Blick und trieb uns zur Eile. Es war zu spät.

Sowohl aus der Nebenstraße, die wir soeben gekreuzt, wie aus der folgenden vor uns drangen dichte Menschenmassen auf uns ein. Unsere Gruppe wurde im Nu von vorn und hinten attackiert. Griegel rannte mit mir über die Straße auf den anderen Bürgersteig und in ein Haustor hinein. Mehrere Männer mit den grauen Jacken des RFB (Roter Frontkämpferbund) stürmten uns nach.

Griegel wurde in die Ecke gestoßen und mit Fußtritten bearbeitet. Ich versuchte, mich zu wehren, indem ich mit meinen Fäusten blindlings um mich schlug. Die RFB-Leute lachten und einer feuerte mir einen Faustschlag mitten ins Gesicht, daß ich glaubte, meine Nase platzt. Ich war sehr benommen und blutete sofort ziemlich stark. Während sie mich Elendsbild in Ruhe ließen, traten sie weiter mit stumpfer Wut auf Griegel ein.

Da tönten plötzlich von der Straße her Trillerpfeifen und erregte Schreie durch das Haustor. Polizisten stürzten herein und schlugen mit Gummiknüppeln auf uns ein. Die Roten Frontkämpfer türmten davon. Draußen auf der Straße sammelten sich die ziemlich ramponierten Stahlhelmer, vor der johlenden Masse durch dichte Polizeikordons geschützt.

Kamerad Hermann, der sich mit besonderer Bravour geschlagen haben sollte, sah aus, als sei ihm nicht das Geringste geschehen. Der Überfall war so recht nach seinem Herzen gewesen, hatte er doch nun endlich Gewalt gegen Gewalt setzen können. "Die haaks vielleicht jejehm", lachte er befriedigt.

Ich meldete mich bei Leutnant Hardt, dessen Uniform stark lädiert war. Seine Hornbrille war zerschlagen, er trug dafür ein Gestell, das mit Gummibändern hinter den Ohren befestigt war. Er rannte mit mir zum Haustor, hinter dem ich ihm Griegel meldete.

Hier waren schon Sanitäter am Werk, die den Ohnmächtigen auf einer Bahre zum Rettungswagen bringen wollten. Über das Polizeirevier sollten wir uns später nach seinem Verbleib erkundigen. Draußen mußten wir uns nun aufstellen, abzählen, in Gruppen nach rechts schwenken und abmarschieren. Vor und hinter unserem Verein fuhr im Schrittempo je ein großer Überfallwagen der Schupo mit herabgelassenen Seitenklappen. Neben uns in Doppelreihen die Polizei, den Tschako durch Sturmriemen unter dem Kinn verankert, den Gummiknüppel in der Hand. In der Mitte unsere desolate Schar abgekämpfter, schmutziger und blutiger Gestalten.

Und das Ganze schwamm sozusagen inmitten des schwarzen Stromes einer feindlichen Masse. Brandende Niederrufe wechselten mit Sprechchören, die uns Faschisten den Tod androhten, mit einem dreifachen, kräftigen "Rot Front". Ab und zu sprang die Mannschaft des vorderen Überfallwagens ab und bahnte unserer Kolonne mit Gewalt ihren Weg. Ohrenbetäubende Pfuirufe, wildes Schreien und dann "Wacht auf, Verdammte dieser Erde, die stets man noch zum Hunger zwingt..."

Zwischenbemerkung

War das nun jugendliche Wehrfreudigkeit oder Soldatenspiel oder war beides ein- und dasselbe? Sicher ist, daß jugendlicher Bewegungssturm und Aggressionsdrang in den Jahrzehnten vor und in den Jahren nach dem ersten Weltkrieg sich besonders gern und stark nach militärischen Mustern und Vorbildern austobte.

Das alles zu kanalisieren und in den Dienst der "guten Sache" zu stellen, ließen sich damals gewisse Kreise angelegen sein: einmal das Militär selbst (also das 100.000-Mann-Heer namens Reichswehr), um soldatischen Nachwuchs möglichst früh vorzuschulen und intensiv zu motivieren; zum anderen nationale Verbände und Parteien, um politischen Nachwuchs an sich zu binden. Mag man hierin auch einen Mißbrauch der Jugend sehen, jedenfalls war es "marktkonform" gedacht.

Die hiermit verbundene Gefahr lag nicht so sehr darin, daß junge Menschen schon früh in die harten Realitäten "Soldatsein" und "Kriegführen" eingeübt wurden; Krieg galt in jenen Jahren ohnehin für alle Menschen als eine unabwendbare Notwendigkeit. Gefährlich war vielmehr, daß diese Realitäten verharmlost, romantisiert oder gar verherrlicht werden konnten.

Gefährlicher noch: daß mit nationaler Wehrhaftmachung gegen die Not der Zeit oder gegen den "Kommunismus" nichts auszurichten war. Gewiß, wir setzten uns zur Wehr, wenn wir angegriffen wurden. Uns fehlte aber jedes politische Rüstzeug, mit marxistisch geschulten Arbeitern zu diskutieren, die als hungernde Objekte der Ausbeutung für unsere Ideale von Freiheit und nationaler Ehre nun einmal nicht empfänglich waren.

Auch, was sich bei den großen "Stahlhelm-Aufmärschen und - Treffen" auf Tribünen und Logen als Führungsschicht zeigte, konnte weder uns noch den modernen Industriearbeiter ansprechen:

Fürstlichkeiten, Excellenzen und Generalitäten des kaiserlichen Reiches im Schmuck ihrer alten Uniformen; große Industrie- und Feudalherren von gestern und heute in Cut und Zylinder, oft mit Monokel.

Diese waren doch wohl eigentlich gemeint, wenn Kommunisten über uns herfielen. Sicherlich gingen so manche aus unseren Reihen solchen Schlägereien nur ungern aus dem Wege, ja sie provozierten sie sogar. Ebenso sicher hätten sie alle lieber die freundschaftlich dargebotene Hand statt der drohend geballten Faust gesehen.

Das setzte voraus, die unterprivilegierte Proletarierklasse als gleichberechtigt in die Gemeinschaft des Volkes zu integrieren und die Kommunisten zu der Einsicht zu bekehren, daß ihre Ideen nie zur Beglückung, sondern nur zur Unterdrückung der Menschheit führen. Was war hier wohl die beste façon de parler? Immer mehr jungen Deutschen erschien es so, als könne das am besten die Nationalsozialistische Deutsche Arbeiterpartei, so armselig auch ihre ersten Grüppchen erscheinen mochten.

Tatsächlich waren diese Anfänge so zersplittert und unbedeutend, daß es an Lächerlichkeit grenzt, wenn 25 Jahre später das Internationale Militärtribunal zu Nürnberg bereits in ihnen eine planvolle Verschwörung erkannte, die zielbewußt zuerst das Ende der Weimarer Republik herbeiführte, dann Hitler zur Macht verhalf und diese totalitär ausbaute, um dann das Großdeutsche Reich in den Rang einer Weltmacht zu erheben und schließlich die größte Kriegskatastrophe der Weltgeschichte zu entfesseln. Diese Verschwörungstheorie steht auf derselben Stufe wie die antisemitische Theorie von der geheimen Weltverschwörung der Weisen von Zion: aus dem Haß geboren, sollten beide der Rationalisierung von Wahnvorstellungen als Prothese dienen.

Nein, nochmals: Für den Verfall der Weimarer Republik ursächlicher als die Nazis waren Versailles und die Nichtdurchführung der Selbstbestimmung und der allgemeinen Abrüstung. Wenn die Anfänge der Nazibewegung wirklich so waren, wie ist es zu erklären, daß besonders die Jugend sich in steigendem Maße von ihr angezogen fühlte? Konrad Lorenz gab die Antwort:

'Daß der junge Mensch, der in seinem kritischen Entwicklungsstadium mit allen Normen bricht, sich neuen nur zuwendet, wenn er hier Ideale wittert, "für die man kämpfen kann". "Dies ist der Grund, weshalb gerade emotionell vollwertige Jugendliche sich so häufig einer Minderheit anschließen, der offensichtlich Unrecht geschieht und für die es zu kämpfen lohnt."

Bei den Nazis

Griegel und Bartels hatten mir natürlich schon von den "Nazis" erzählt. Irgendwie schienen die doch zeitgemäßer zu sein als die nationalen Parteien und Wehrverbände, den "Stahlhelm" eingeschlossen. Da erzählte mir 1927 ein Klassenkamerad, er habe gestern im Kriegervereinshaus, gleich hinterm Berliner Wedding, eine Naziversammlung besucht.

"Das mußt Du Dir nächste Woche auch mal ansehen", sagte er, "das ist ganz lustig!"

"Wieso?"

"Ja, da ist so ein kleiner Schwarzer, der hinkt. Dr. Soundso. Ich komme jetzt nicht auf seinen Namen. Aber der redet phantastisch. Und immer nach einigen Sätzen schreien die Zuhörer gemeinsam: "Heil, Heil, Heil!"

Der Mitschüler schüttelte sich vor Lachen, und ich lachte mit. Ich konnte mir nicht vorstellen, daß eine größere Versammlung gemeinsam "Heil" ruft. Der Dr. Soundso war ein gewisser Dr. Joseph Goebbels, der erst vor kurzem Gauleiter von Berlin geworden war. Also machte ich mich auf den Weg zur nächsten Massenversammlung mit diesem Doktor.

Als ich hier ankam, rechtzeitig eine Stunde vor Beginn, war der Saal schon überfüllt. Ich konnte mich gerade noch hineindrängen, dann sperrte die Polizei ab.

Weit über tausend Menschen waren hier versammelt, so viele Nazis hatte ich noch nie beisammen gesehen. Durch Tabakmief und Stimmengewirr tönten die Melodien zackiger Militärmärsche und schmetternder Kampflieder, in die der größte Teil der Versammelten begeistert einstimmte. Da auch fleißig Bier getrunken wurde, stieg die Stimmung schnell an.

Bis dann endlich die mittlere Saaltür geöffnet wurde. Dahinter drängte eine Menschenmenge nach vorn, durch Tschakobehelmte Schutzpolizei mühsam gebändigt. Zuerst entfernte, dann immer lauter werdende Heilrufe, in die schließlich auch die Leute im Saal einstimmten; um besser zu sehen, waren sie auf Stühle und Tische geklettert.

Durch die Menge schiebt sich ein Karree baumlanger Bakse, mit braunen Hemden und Kappen uniformiert. In ihrer Mitte hinkt ein kleines, dünnes Männchen mit mächtigem Schädel und brennenden schwarzen Augen im schmalen, hageren Gesicht; lächelnd und lässig nickt er nach rechts und links, dann und wann seine rechte Hand in Schulterhöhe nach hinten abwinkelnd.

Als er auf die Bühne klettert, nehmen Heil- und Jubelrufe, Fußgetrampel und Händeklatschen solche Phonstärken an, daß auch die schmetternde Marschmusik überdeckt wird.

Dann wechselt er ein paar Worte mit dem Versammlungsleiter, und schon steht er neben dem "Vorstandstisch", dicht über und vor dem Publikum. Souverän nestelt er seine Armbanduhr ab und schiebt sie sich so penibel zurecht, als müsse er einem besonders wertvollen Ausstellungsstück die wirkungsvollste Position geben. Daneben faltet er sich seine Stichwortzettel, gänzlich unberührt von der tausendköpfigen Menge vor ihm, die ihn jetzt mucksmäuschenstill anstarrt. Endlich sagt er etwas.

Plaudernd, als spreche er in einer kleinen Dachkammer. Er weiß, er ist in jeder Ecke des Riesensaales gleich gut zu verstehen: Zunächst ein Geplänkel an die Adresse des Polizeivizepräsidenten von Berlin, Dr. Bernhard Weiß, dem auch die politische Polizei untersteht. Er nennt ihn gern "Isidor" und ist deswegen auch schon bestraft worden; also redet er darum herum, in haarscharfen Volten umtanzt er die Grenze zum Verbot wie ein Schlittschuhläufer das Loch im Eis.

Die Masse jubelt und johlt vor Vergnügen. Antisemitische Ausfälle ziehen immer. Selbst bürgerlich gemäßigte Politiker bedienen sich ihrer... Doch was war das soeben?

Hat da nicht eine ganz andere Stimme einen Satz gesagt? Goebbels hält inne: "Was wollten Sie sagen?"

Der Mann erhebt sich. "Ich sage, daß Sie ja auch nicht gerade aussehen, wie ein germanischer Jüngling."

Bevor Goebbels ein Wort herausbringt, brandet ein Empörungsschrei auf. Einige schlagen auf den Zwischenrufer ein; dessen Begleiter schlagen zurück. Im Nu ist ein wüstes Handgemenge im Gange, Biergläser splittern. Das Goebbels-Begleitkommando versucht, die Streithähne zum Saalausgang abzudrängen, der plötzlich weit aufgerissen wird: hereinstümen Dutzende Schutzpolizisten, den Sturmriemen herunter, den Gummiknüppel schwingend. Die Versammlung wird aufgelöst.

Ein ohrenbetäubendes Pfeifkonzert und Pfuirufe, indessen sich die Polizisten zur Bühne vorkämpfen, von der aus sie nun den Saal "aufrollen", ohne Rücksicht auf Verluste. Die Gummiknüppel sausen auf Rücken und Köpfe, gleichgültig, ob da Widerstand geleistet wird oder nicht.

Das Verbot

Das war für längere Zeit die letzte große NS-Versammlung in Berlin. Am nächsten Tage, dem 2. März 1927, stand in allen Zeitungen, daß der "Gau Berlin-Brandenburg der NSDAP" verboten und aufgelöst worden sei. In einer ihrer Versammlungen sei ein ehrwürdiger alter Pfarrer niedergeschlagen und schwer mißhandelt worden. Erst einige Wochen später stellte sich heraus, daß dieser Herr wegen Trunksucht schon seit Jahren seines Amtes enthoben war.

Auf Freund Griegel und mich hatte diese Versammlung und ihr turbulentes Ende eine stimulierende Wirkung. Durch den "roten Wedding" gingen wir zu Fuß nach Haus, Richtung Pankow. Goebbels' Rede hatte uns beide tief beeindruckt. Wie die Polizei ihre Gummiknüppel geschwungen, hatte gegen unser Gerechtigkeitsgefühl verstoßen. Wir waren überzeugt: so konnte nur jemand zuschlagen, der sich im Unrecht fühlte; hatten die Nazis nicht recht, sich gegen dieses Unrecht zur Wehr zu setzen?

Am nächsten Tag traf sich, wie Griegel wußte, die Sektion Pankow der NSDAP, wegen des Verbots unter "konspirativen Umständen". Also gingen wir nicht in das übliche Versammlungslokal, sondern trafen uns an mehreren benachbarten Tischen in der Ecke eines Bierzeltes im Vergnügungspark.

Die Berliner Polizei ließ sich indessen nicht für dumm verkaufen. Sie griff uns auf und verbrachte uns auf eine Nacht ins Stadtvogteigefängnis. Was unsere Begeisterung nicht minderte, sondern ihr den ersten Stolz als Märtyrer beigesellte.

Wie überhaupt unsere politische Betätigung trotz Verbots und polizeilicher Verfolgung mehr mit jugendlicher Widersetzlichkeit zu tun hatte als mit zielbewußtem Revolutionsbegehren.

Dann und wann berichtete die Berliner Presse über Ausschreitungen am Kurfürstendamm. Eine Gruppe von Hakenkreuzrowdies habe, laute Kampfrufe ausstoßend, jüdisch aussehende Passanten bedroht und geschlagen. Auch seien dabei große Schaufensterscheiben jüdischer Läden zu Bruch gegangen.

Nach meiner Beobachtung waren und blieben dies immer isolierte Aktionen, die keineswegs von allen Nazis gebilligt wurden (siehe auch S. 267). Im Gegenteil fand ich kaum je Widerspruch, wenn ich solche Exzesse bei unseren Zusammenkünften kritisierte.

Häufiger waren Zusammenstöße mit der Polizei, wenn auch nie in den brutalisierten Formen von heute. Bombardements mit Pflastersteinen gab es nicht. Molotowcocktails waren noch nicht erfunden. Meist beschränkten sich unsere Rangeleien mit der Polizei auf provozierende Aussprüche und auf das Absingen verbotener Lieder, von denen wir wußten, daß die Berliner Polizei daraufhin ihre Gummiknüppel schwingen würde. Zu diesen Liedern gehörte in den Endzwanziger Jahren merkwürdigerweise "Noch ist Freiheit nicht verloren...". Warum, habe ich nie ermitteln können. Uns "bewies" es jedenfalls, daß die Polizei kein Freund der Freiheit sein konnte.

Soldat spielen?

Unter dem Schutz der Polizei fanden auch die meisten Betriebskontrollen und Besichtigungen statt, durch die alliierte Kommissionen sich periodisch ein Bild darüber zu machen suchten, ob Deutschland den pingeligen Forderungen der Siegermächte auch immer pünktlich nachkomme. Mit kleinlicher, bürokratischer Methode bespitzelten sie jede Fabrik, jeden Verein, ob sich hier in diesem abgerüsteten Land inmitten seiner hochgerüsteten Nachbarn etwas Militärähnliches zeige.

Um so begeisterter waren wir bei der Sache, wenn wir zu Ausmärschen gerufen wurden und ein wenig "Soldat" spielen durften; wenn natürlich auch ohne Waffen, so doch mit Tornister und Brotbeutel, mit Exerzieren und Zeltlagern.

Diese Ausmärsche waren immer ein faszinierender Zusammenklang von Erlebniswelten. Wer so zehn und mehr Jahre älter war als wir, hatte meist noch als Soldat "draußen" gelegen. In ihm wurden Erinnerungen wach und Assoziationen lebendig, an uns

Junge weiter vermittelt, von uns begierig aufgenommen. Wir selbst taten aus unserer Phantasie und dem Drang nach eigenen Erlebnissen das unsere dazu.

Umrankt wurde das Ganze durch die Melodien unserer zahlreichen Lieder, die aus der Landsknechtzeit stammten oder aus dem Wandervogel oder aus dem Arsenal der kämpferischen politischen Männerbünde von den Roten Frontkämpfern bis zu Hitlers Sturmabteilungen, hier in Melodie und Text völlig gleich, mit Ausnahme der jeweiligen Losung: aus "ein lustiges Rotgardistenblut" wurde dann "ein lustiges Hakenkreuzlerblut", aus "Adolf Hitler" wurde "Karl Liebknecht", aus "Leuna" wurde "München".

Diese Lieder waren nicht nur Rankenwerk, sie vertieften das Gemeinschaftsgefühl, die Kampfbereitschaft und auch ungreifbare, romantische Nostalgien. Daß sie samt den Kampfbünden selbst und deren Ideologien, heute nicht mehr existieren, ist einer der zahllosen entscheidenden Umstände, aus denen sich Parallelen zu den Jahren um 1933 verbieten.

"Nie wieder Krieg"

Auf jeden Fall mißfielen diese Ausmärsche meinem sozialistischen Onkel. Er sah in ihnen eine Bekundung von Wehrhaftigkeit, die nur zu einem neuen Krieg führen konnte. Nachdem er mehrere Male mitangesehen hatte, mit welcher Freude ich an derartigen Übungen teilnahm, sprach er mich an. Nicht mit mürrischem Tadel, wie gewohnt, sondern fast freundschaftlich: "Es hat ja keinen Zweck, Euch zu überzeugen. Aber Du bist jetzt alt genug, Dir ein eigenes Bild zu machen. Du solltest Dir mal dieses Museum hier ansehen." Er überreichte mir die Adresse.

Am nächsten freien Nachmittag fuhr ich hin. Haltestelle: Rathaus von Groß-Berlin. Wenige Schritte daneben befand sich in einem großen Kellerraum das "Antikriegsmuseum" von Ernst Friedrich.

Hier war ungefähr alles untergebracht, was in optischem Bezug zum Kriege stand, alles unter der beherrschenden Devise: "Nie wieder Krieg!" Uniformen, Stahlhelme, Gasmasken, Gewehre, Pistolen, Säbel, Munition, Granaten, Fliegerpfeile, Orden, Arm- und Beinprothesen, künstliche Augen, Mobilmachungsrufe, Lebensmittelkarten, Siegesmeldungen, Erlasse an besetzte Gebiete, Vollstreckungsplakate von Todesurteilen, kitschige Kriegsverherrlichungen aller Art.

Alles aber jeweils aneinander gekoppelt mit kleinen und großen Fotos von Kriegsgreueln, bei denen mich der Menschheit ganzer Jammer packte: Berge von Leichen, zerfetzte Körper, abgerissene Gliedmaßen, abgekämpfte, stoppelbärtige Landsergesichter, endlose Züge ängstlicher Gefangener und bewaffneter Soldaten, weinende Frauen vor den Ruinen ihrer Häuser, Familien mit ihren Handwägen auf der Flucht, verhungerte Kinder.

Aber auch der Kaiser mit tönenden Phrasen, segnende Priester, Feldherren vor ihrem Kartentisch, Offiziere beim Festbankett, feiste Krautjunker und Schlotbarone, Elendsbilder von Zille, Kollwitz und George Grosz.

Das alles, dialektisch geschickt neben- und gegeneinander montiert, wirkte lähmend wie atonale Trauermusik, wie eine unwiderlegliche Beweiskette dafür, daß Kriege nur von unheilbar Wahnsinnigen oder verbrecherischen Schurken geführt werden, d.h. also von Fürsten, Generälen, Industriellen und Börsenhyänen. Deren Fotos, Gemälde und Karikaturen hingen denn auch überall dazwischen, kontrapunktisch geschickt plaziert.

Die schweigsame Kelleratmosphäre des Museums verdüsterte noch die triste Ausstrahlung dieser Dokumente. Jede volle Stunde spielte eine Schallplatte den Gesang eines Männerchors: "Wacht auf, Verdammte dieser Erde" und "Auf zum letzten Gefecht, die Internatioale erkämpft das Menschenrecht!" Am Eingang, an der Kasse, konnte man die kommunistische "Rote Fahne" und auch "Die schwarze Fahne" kaufen, das Blatt der Anarchisten.

Diese Konfrontation mit einer unvermuteten, mir unbekannten Gegenwelt grausamen Gemetzels kann ich noch heute nachempfinden. Immer wurde sie lebendig, wenn von Krieg gesprochen wurde.

Aufgewühlt berichtete ich Griegel von meinem Besuch und war gespannt, wie er Kriege rechtfertigen würde. Er rechtfertigte sie aber ganz und gar nicht. Auch er nannte den Krieg einen furchtbaren Wahnsinn. Was ich da gesehen hätte, sei nicht eben viel, die Wirklichkeit aber noch viel, viel schlimmer. Kriege habe es nun einmal immer gegeben und, wenn es sein müsse, bleibe eben nichts anderes, als damit fertig zu werden.

Die Parole "Nie wieder Krieg" sei zwar verständlich, bleibe aber immer eine Illusion. Warum ich mich damit unnötig selber belaste, sei ihm unverständlich. Eine typische Idee von Onkel Max...

"Und was die Kommunisten angeht, so predigen sie Pazifismus nur den anderen und nie sich selbst. Sieh' Dir nur mal deren Rote Armee an."

Die Rote Armee

Dazu brauchte ich freilich nicht erst in die Sowjetunion zu fahren. Sie marschierte schon lange durch die Straßen deutscher Städte und zwar in Gestalt des RFB (Roter Frontkämpferbund). Das war die militante Männerorganisation der KPD, eine furchteinflößende, verwegene Schar kräftiger, stets kampfbereiter Burschen in feldgrauer Uniform: Schlupfjacke mit weit nach hinten geschlagenem Kragen; nach hinten gezogene Ballonmütze mit Sturmriemen aus braunem Leder; rundes RFB-Zeichen, das auf goldenem Untergrund eine rote Faust zeigte; diese Faust zierte auch das Koppelschloß.

Der RFB war in Berlin die stärkste politische Kampforganisation, sowohl an Zahl, wie an politischer Intensität und Aggressivität. In jedem der 20 Stadtbezirke war er, mindestens bataillonsstark, einmal in der Woche auf dem Marsch durch die Straßen. Voran meist eine Schalmeienkapelle mit Pauke und Schlagzeug, dahinter, exakt ausgerichtet, die Formationen in Reihen zu Vieren.

Alle Berliner kannten den RFB. Wenn sich hier, wie jedes Jahr, zu den "roten Pfingsten" alle seine Formationen versammelten, von den roten Matrosen der Wasserkante bis nach Sachsen, Bayern und Baden; wenn in mehr als einem Dutzend Marschsäulen aus allen Außenbezirken, von allen Himmelsrichtungen die roten Frontkämpfer marschierten, unter roten Fahnen und Transparenten, eingehüllt in die Klänge der Schalmeien und Paukenschläge, Kampflieder und Sprechchöre; wenn sich dann auf dem Lustgarten Hunderttausende zur zentralen Kundgebung aneinanderreihten, um die Parolen ihrer Anführer anzuhören und gemeinsam DIE INTERNATIONALE zu singen; wenn sie wieder zurückmarschierten in ihre Unterkünfte, nun auch den Vororten ihren Stempel aufdrückend...

dann konnte sich wohl kein Zuschauer dem Eindruck entziehen, daß hier die militanteste "Vorhut der Arbeiterklasse" demonstrierte, stets "zum Klassenkampf bereit", wie sie sangen.

Aber sie sangen auch:
"Drum höher und höher und höher
wir steigen trotz Haß und Hohn,
ein jeder Propeller singt surrend "Rot Front!"
... wir schützen die Sowjet-Union..."
und:
"... die rote Armee, sie ist das stärkere Heer,
sie hat die Waffen in eisern Händen,
und führt das rote Heer zum Sieg..."
und:
"Dir Stahlhelm, Dir schwören wir Rache
für vergossenes Arbeiterblut.
Bald kommen die Stunden der Rache,
dann bezahlst Du mit eigenem Blut..."

Gnade Gott, wer hier als Stahlhelmer oder als Nazi erkannt worden wäre. Aber kein Gegner ließ sich sehen. Während dieser Tage war Berlin buchstäblich in den Händen der Kommunisten. Hier herrschte jetzt die Vorhut der Roten Armee.

Auch die Berliner Polizei hielt sich zurück, ihre Mannschafts- und Überfallautos standen nur in Lauerstellung daneben oder rollten schweigend durch die Seitenstraßen.

So blieben alle "roten Pfingsten" ohne ernste Zwischenfälle; im Gegensatz zum Berliner Alltag, in dem kleinere und größere Zusammenstöße die Regel waren. Zusammenstöße, von etwa gleichstarken Gruppen vorsätzlich herbeigeführt, aber auch solche, denen ein einzelner zum Opfer fiel, wie es zum Beispiel mir erging, als ich mich zu einem erkrankten Nachhilfeschüler begab.

Roter Terror

Ich stand in Pankow am U-Bahnhof Vinetastraße und wartete auf die Straßenbahn nach Nordend, in Zivil ohne Abzeichen.

Als plötzlich aus dem Schacht ein Schub Menschen ans Tageslicht gestiegen kam, entdeckte ich unter ihnen zwei kräftige Bakse in der grauen Uniform des Roten Frontkämpferbundes. Da mir die Gesichter bekannt vorkamen, wendete ich mein Gesicht zur Seite, doch sie hatten mich schon erkannt.

Sie gaben mir einen groben Stoß und fragten: "Du bist doch ein Nazischwein?" Ich sagte: "Nein, wie kommen Sie denn darauf?" Der eine packte mich an Schlips und Kragen: "Uns kannst Du doch nichts vormachen..."

Inzwischen hatte der andere unter mein Jackenrevers gegriffen und dort mein Hakenkreuzzeichen entdeckt. Sofort hatte ich einen Faustschlag mitten im Gesicht sitzen. Jetzt traf und schlug ich um mich, blutiger Laie, im wahrsten Sinne des Wortes. Ich muß aber wohl auch getroffen haben, denn beide fielen mit steigender Wut über mich her.

Gott sei Dank konnte ich mich auf meinen Füßen halten, sonst wäre ich totgetrampelt worden. Dafür erhielt ich einen furchtbaren Schlag auf meinen Schädel, offenbar mit einem großen Schlüssel oder Schlagring, der mir die Kopfhaut und ein größeres Blutgefäß sprengte. Im Nu muß ich so etwas wie ein Bild des Jammers abgegeben haben; das herausströmende Blut ergoß sich über die linke Seite meines Anzugs.

Die Passanten schrieen laut auf; aber wohl nicht deswegen ließ die Vorhut der Arbeiterklasse von mir ab. Vielmehr kam gerade die Straßenbahn, mit der die Schläger heimwärts fuhren.

Ich rannte mehrere Straßenecken weiter zu einem Arzt, der die Ader abband, die Wunde nähte und versorgte und mir einen großen Gipsverband um den Kopf verpaßte.

Echos der Schule

Am nächsten Tag ließ mich der Schuldirektor kommen, um zu erfahren, warum ich diesen aufreizenden Verband trage. Auf meinen Bericht fragte er entsetzt, ob ich denn mit den Nazis sympathisierte. Auf mein "Ja" und meine Darlegung, warum dies so sei, griff er sich, seufzend den Kopf schüttelnd, an die Stirn:

"Solchen Unfug hätte ich Ihnen nie zugetraut. Was gehen Sie denn die Arbeiter an? Glauben Sie im Ernst, daß Ihr Hitler erreichen kann, worum sich Stresemann seit Jahren bemüht? Deutschlands Freiheit - als wenn wir die nicht alle wollten.

Solange Sie in meiner Anstalt sind, verbiete ich Ihnen diese politische Betätigung. Und solange Sie diesen Turban tragen, betreten Sie auch nicht mehr dieses Haus!"

Er hatte recht mit diesem Verbot. Denn seine Schule galt als Musterschule und wurde von Groß-Berlins Magistrat besonders gefördert. Der aber war sozialdemokratisch.

Die Schule auf einige Zeit nicht mehr zu betreten, wäre ein reizvolles Angebot gewesen, hätte nicht mein Abitur vor der Tür gestanden. Also bat ich den Arzt, den Gipsverband durch eine feste Heftpflasterbandage zu ersetzen. Nunmehr konnte ich, Freiheitskämpfer und Märtyrer zugleich, wieder die Schule besuchen.

Die Reaktion meiner Kameraden war unterschiedlich, die jüngeren sahen mich neugierig forschend an und ließen eine gewisse Bewunderung erkennen. Die älteren äußerten für meine Kopfwunde ein gewisses medizinisches Interesse, hatten für deren politische Hintergründe aber nur spöttische Bemerkungen.

Die Lehrer, soweit sie "unpolitisch" waren, reagierten neutral, indem sie weder durch Wort noch durch Geste auf meinen "Status" eingingen.

Soweit sie zur "linken Mitte" zählten (Linkere gab es nicht), machten sie mich durch leicht zynisch eingefärbte politische Witzeleien lächerlich und gaben mich dem allgemeinen Spott preis, indem sie mich mit "Na, Sie deutsche Eiche" anredeten.

Soweit sie zur "rechten Mitte" gehörten (Rechtere gab es nicht), also der Deutschen Volkspartei Gustav Stresemanns, behandelten sie mich mit engagiertem Eifer, hoffend, mich wieder auf den richtigen Weg zu führen.

Der politisch aktivste dieser Lehrer, Dr. Georg Kiene, von uns "Orje" genannt, engagierter Parteigänger Gustav Stresemanns und noch engagierterer Statthalter des "Vereins für das Deutschtum im Ausland", belehrte mich bei jeder Gelegenheit über die abgrundtiefe Dummheit der Nazis und empfahl mir dringendst, Karl Haushofers "Geopolitik" zu studieren.

Das tat ich mit Eifer, denn ich war diesem, dazu schwer kriegsversehrten, Lehrer sehr zugetan. So interessant diese geopolitische Wissenschaft auch war, so rational sie auch politische Dispositionen und Tendenzen erklärte, so bewirkte sie doch nicht meine von Orje erstrebte Heilung.

Erst später kam mir der Verdacht, Orje könnte mich ganz wider seinen Willen mit dieser Wissenschaft noch näher an die Praxis nationalsozialistischer Politik herangeführt haben. Diesen Verdacht weckte in mir allerdings erst sehr viel später Stefan Zweig. Für ihn unterlag es keinem Zweifel, daß es Haushofers Theorien waren, "die mehr als Hitlers rabiateste Berater die aggressive Politik des NS unbewußt oder bewußt aus dem eng Nationalen ins Universelle getrieben..."

Abgesehen davon, daß Hitler rabiatester Berater wohl gar nicht bedurfte, waren Haushofers Theorien für aggressive Nazipolitik nicht ursächlicher als die technische Erklärung einer Waffe für deren Mißbrauch.

Allerdings: nach 1933 versuchte auch Orje mit allen Mitteln, in die NSDAP aufgenommen zu werden. Neben mir bemühten sich noch viele ehemalige Schüler, ihm dabei zu helfen. Aber unsere Argumente, er sei ein anständiger Mensch, ein kerndeutscher Mann, ein Kämpfer für das Deutschtum im Ausland, ein Verfechter der Haushoferschen Geopolitik usw. verfingen nicht. Daß er sich immer so für Stresemann und für die DVP eingesetzt, blieb ein unüberwindbares Hindernis; als Studienrat hat er aber unbehindert weiter arbeiten dürfen.

Was ihn 1933 bedrückt hatte, entlastete ihn nach 1945, denn nun zog er als einer der ersten für die Liberal-Demokraten ins Berliner Stadtparlament; er hatte als einer der wenigen seines Alters eine "politisch reine Weste" behalten.

Kunststück: Die "schmutzige" hatten ihn die Nazis gar nicht erst anziehen lassen...

Übers Jahr sollte ich mein Abitur machen. Meine Chancen standen so gut, daß Orje mir empfahl, eine Jahresarbeit zu schreiben. Sie könnte meine Gesamtnote noch mit etwas Glanz versehen. Er gab mir das Thema "Der Kampf der Völker um ihre nationale Befreiung".

Und ich begann, Bücher und Quellen zu studieren, die sich mit den Freiheitsbestrebungen von Japan und China, von Indien bis zur Türkei und in den arabischen Ländern, in den Kolonien und in Südamerika beschäftigten. Dabei fiel mir auf, daß überall das Streben nach nationaler Unabhängigkeit parallel lief mit dem Kampf um die Verbesserung der sozialen Verhältnisse. Ich entdeckte sozusagen ein weltweites, internationales Phänomen des nationalen Sozialismus, dem ich natürlich flugs auch die deutsche Spielart zugesellen wollte.

Als ich Orje dies vortrug, sah er mich ganz entgeistert an und blubberte mir einen Wortschwall entgegen, der noch unverständlicher klang als gewohnt. Zwar gäbe es ein weltweites Phänomen nationaler Emanzipationsbestrebungen, die alle starke soziale Komponenten hätten; auch stimmten sie miteinander in den Ursachen, im Ansatz und in der Zielsetzung meist überein; ganz unmöglich aber seien diese durchweg ernsthaften politischen Bewegungen mit den Nazipopanzen in einem Atem zu nennen. Ob ich mich hier mit Gewalt lächerlich machen wolle?

Beleidigt verteidigte ich meine Thesen so lange, bis Orje sagte: "Sie sind noch zu jung, um eine Lehre zu akzeptieren. Außerdem hält sich jeder Abiturient bekanntlich für allwissend. Aber Sie werden doch wohl nicht so dumm sein, sich durch Ihre dummen Thesen Ihre Jahresarbeit zu verderben. Überlegen Sie sich doch nur einmal, was der Stadtschulrat sagen würde..."

Ich merkte, wie gut Orje es mit mir meinte. Außerdem war sein Argument unwiderlegbar. So schwer es mir fiel, unterdrückte ich in meiner Arbeit alle Anspielungen auf deutsche Verhältnisse. Auch ergaben sich nach meiner Überzeugung die Parallelen ganz von selbst: mochten sich Belgien, England, Frankreich, Rußland und die USA auch in den Methoden unterscheiden, in denen sie Imperialismus, Kolonisierung und Kolonialpolitik betrieben, so waren sie doch in gleicher Weise ausgerichtet auf Unterdrückung und Ausbeutung sowie darauf, diese unmoralische, ja meist kriminelle Wirklichkeit mit dem bunten Schleier humanitärer Phrasen zuzudecken. Meine Jahresarbeit sollte bald sehr verschiedenartige Echos hervorrufen...

Als Sanitäter

Das immer näher rückende Abitur im Auge, hatte ich mich von der Parteiarbeit befreien lassen. Dies war um so eher zu verantworten, als Polen, Frankreich und auch Litauen, durch chauvinistische Forderungen und deutschfeindliche Maßnahmen der NSADP mehr Wähler und Sympathisanten zutrieben, als deren intensivste Propaganda dies je hätte bewerkstelligen können.

So versah ich neben meinen Arbeiten für Schule und Nachhilfe nur noch den Dienst in der Sanitätskolonne vom Roten Kreuz. Hier hatte ich bereits an mehreren Kursen in Erster Hilfe teilgenommen und mich darüber hinaus auch theoretisch weitergebildet; im Vorgriff auf das beabsichtigte Studium der Medizin. Zu meiner Freude hatte mich der Kolonnenarzt, Sanitätsrat Dr. Heinrich Bratz, bereits auch schon für den Wachdienst eingesetzt.

Der Sanitätsrat gehörte zu den ersten Honoratioren Niederschönhausens. Er war Vorstand bzw. Ehrenmitglied von Kriegerverein, Sanitätskolonne, Feuerwehr, Schützengilde, Turn- und Gesangverein... Ihn zierten zwei Schmisse aus seiner Heidelberger Zeit, da er in einer VC-Turnerschaft aktiv gewesen war. Wenn er an hohen Feiertagen in die evangelische Kirche ging, trug er am schwarzen Anzug sein Eisernes Kreuz von 1914/18. Selbstverständlich war er "national" und als Bewunderer Stresemanns der Deutschen Volkspartei verbunden.

Dennoch rätselte man über seine Herkunft, da der Schnitt seines Gesichts südländischen Charakter hatte. Einige tippten auf griechische Abstammung. Hatte er doch einen seiner Söhne auf den Namen Hippolyt taufen lassen. Andere wollten wissen, er sei als Kind mosaischer Eltern in Pommern zur Welt gekommen, was einige Jahre später auch "amtsbekannt" wurde.

Als ich eines Tages Wachdienst hatte, kam der Sanitätsrat von seinen Krankenbesuchen angeradelt, nahm wohlwollend meine Meldung entgegen und sagte: "Wollen Sie nicht auch meinem Sohn Heinrich Nachhilfestunden geben?" Obgleich ich sozusagen voll "ausgebucht" war, konnte ich nicht nein sagen.

So begann meine Freundschaft mit Heini, der fast ebenso alt war wie ich, mäßig begabt, dazu unmäßig faul, daher in der Schule um zwei Klassen zurück. Schon immer leicht melancholisch, wurde er schwer depressiv, als sein Bruder Hippolyt am Matterhorn tödlich verunglückte.

Meiner Jahresarbeit wurde eine besondere Anerkennung zuerkannt, was Orje mit großer Freude zur Kenntnis nahm. Eine Abschrift dieser Jahresarbeit hatte ich übrigens dem Sektionsleiter der NSDAP mit dem Angebot überreicht, zu diesem Thema auch Vorträge halten zu wollen. Als ich diesen nach einigen Wochen erwartungsvoll nach seiner Meinung fragte, schüttelte er nur den Kopf: "Das ist wohl eine sehr fleißige Arbeit, aber eine einzige Anklage gegen die englische Kolonialpolitik, die doch im Ganzen so segensreich war. Bei Ihrer Einstellung würde Deutschland später ja nie mehr eigene Kolonialpolitik betreiben können. Aber viel schlimmer ist, daß Sie die treibende Kraft der Weltpolitik überhaupt nicht erwähnt haben; das internationale Judentum..." So zog ich denn mit meiner Arbeit enttäuscht von dannen, am Ende allerdings froh, keine Vorträge halten zu müssen.

Inzwischen wurde mir nach meinem guten Abschneiden in der Reifeprüfung zu meiner und auch Orjes großer Freude ein kleines Stipendium der Stadt Berlin in Aussicht gestellt. Es galt aber leider nicht für das Studium der Medizin, sondern für das der Rechts- und Staatswissenschaften, mit der Verpflichtung, pro Semester in zwei juristischen Hauptvorlesungen Semestralprüfungen mit "gut" zu gestehen.

Für Orje war es sofort klar, wie ich mich entscheiden müßte: 250,- Mark pro Semester plus Gebührenerlaß seien ein schöner Batzen Geld und acht juristische Semester schneller vorbei als 12 medizinische. Am Ende siegte die Einsicht in die schnöden Fakten über meinen Schwung fürs Hobby.

Aktiv als Student

Als frischgebackener Student trat ich dem Berliner Nazistudentenbund bei, der zumindest dadurch interessant war, daß sich in ihm die verschiedenartigsten Typen zusammenfanden, der engagierte Sozialist, der dezidierte Monarchist, der stille Studierer, der Couleurstudent, der wilde Rabauke... Ich selbst war nicht nur ein engagierter, sondern sogar ein enragierter "Sozialist" und las viel lieber Strassers "Berliner Arbeiterzeitung" als den langweiligen, wenn auch großformatigen "Völkischen Beobachter".

Trotzdem wurde ich in einer "Landsmannschaft" aktiv, also in einer farbentragenden, schlagenden Verbindung. Trotzdem? Nun, sogar Sozialisten wie Marx, Lassalle und Liebknecht waren Couleurstudenten gewesen, um nur die bekanntesten Namen zu nennen. Sicherlich gab es viel mehr bürgerlich oder gar "reaktionär" Denkende in diesen Verbindungen, ebenso sicher auch "Unpolitische", sowie reine "Fachidioten".

Jedenfalls haben diese Verbindungen - auf welchem Gebiet auch immer - mehr bekannte und bedeutende Namen aufzuweisen, als ihren Anteil am Akademikertum entspräche. Daß sie eine solche Vielfalt an Charakteren, Temperamenten, Talenten, Interessen durch das Couleurband lebenslanger Bundesbrüderschaft über Generationen hinweg haben zusammenhalten können, zeugt ebenso von ihrer Toleranz wie von ihrer Integrationskraft.

Wohingegen ich - begeisterter Jungnazi - wesentlich weniger integrativ und tolerant war, indem ich jede passende und auch unpassende Gelegenheit zu Bekehrungsversuchen benützte. Meist blieb ich damit freilich erfolglos, denn "national" waren die Bundes- und Verbandsbrüder ohnehin, und "sozialistisch" wollte niemand werden. Die Jungen diskutierten wenigstens mit mir, um zu erfahren, was dieses "Sozialistische" eigentlich bezweckte. "Um Arbeiter für unsere nationale Sache zu gewinnen? Welch Unsinn, die sind und bleiben doch rot, da kann niemand etwas dran ändern."

Die alten Herren schwiegen meist indigniert. Sie dachten genau so und fürchteten überdies, unser Kampf mache nur die Wirtschaft kaputt; unfein war er sowieso.

Unbestreitbar bleibt, was der bedeutende Wissenschaftsautor Arthur Koestler schrieb, der seine eigenen Erlebnisse in einem (jüdischen) Corps gehabt hatte, nämlich, daß "diese sauf- und rauflustigen Burschenschaften psychologisch gesünder waren" als die anderen Gemeinschaften und sozialistischen Vereinigungen, in denen es "ständig Krach und Streit" gab.

Schlichter Unsinn aber ist es zu sagen, die Korporationen seien die "Urzellen der Nazibewegung" gewesen. Daß ihre Mitglieder später Parteigenossen wurden, steht auf einem anderen Blatt; nämlich demselben, auf dem notiert ist, warum andere Deutsche es etwa zur gleichen Zeit auch geworden sind, vom kommunistischen Parteimitglied bis zum sozialdemokratischen Gewerkschaftler, vom frommen Kirchgänger bis zum liberalen Freigeist.

Auf dem gleichen Blatt steht übrigens auch, daß das Dritte Reich sehr schnell und etwa zur gleichen Zeit alle Korporationen aufgelöst hat...

Spintisierereien über "Rasse"

Trotz meiner Teilnahme am Korporationsleben und an der politischen Arbeit oblag ich auch eifrig meinen juristischen Studien. Wenigstens mit dem Ziel, die mir von der Groß-Berliner Stipendienstiftung aufgegebenen Semestralprüfungen mit "gut" zu absolvieren. Das waren pro Semester zwei an der Zahl mit einem Examensstoff über je eine Vorlesung von vier Wochenstunden. Das bedeutete nach sieben bis acht Semestern den gesamten Stoff einer Prüfung zum Referendar, erforderte also schon einige Hingabe. Zumal meine Lehrer und Prüfer zu den Koryphäen der Jurisprudenz zählten: Kipp, Wolff, Kohlrausch, Goldschmidt, Rabel, Heymann, um nur einige Namen zu nennen, darunter also auch sehr viele Professoren jüdischer Abstammung.

Ihnen unter anderen galt der Kampf der "nationalen" Studenten, mit der Begründung, ihr Anteil an der Hochschullehrerschaft sei prozentual viel höher, als er, gemessen am Bevölkerungsanteil, hätte sein dürfen.

Und diese Begründung wurde wiederum untermauert durch "Erkenntnisse" von der grundsätzlich tiefgehenden Andersartigkeit der jüdischen Rasse im Vergleich zu uns Deutschen bzw. den "Ariern".

Wenn sich nun auch schon zu dieser Zeit (1928) sehr viele Studenten einem militanten "Ariertum" hingaben, ohne Nazis zu sein, so habe ich mich - obgleich ansonsten überzeugter Nazi - diesen rassistischen Haarspaltereien innerlich und nach außen hin glücklicherweise stets fernhalten können. Natürlich trat ich derartigen Emanationen nicht entgegen, wie ich ja auch andere überspitzte Vorlieben oder Animositäten z.B. im Hinblick auf Kirche, Fußball, Technik, Soldatentum, Gesundheitspflege usw. hinnahm, ohne mich mit ihnen zu identifizieren bzw. sie zu verdammen.

Manchmal "entlarvte" ich mich durch lautes Lachen. Waren doch die Äußerungen trotz ihrer gehässigen Tendenz meist von unfreiwilliger Komik. So erinnerte ich mich eines akademischen Vortrags über "Das Fortschreiten in der Geschichte", nachdem ein bürgerlich-nationaler Student bei der folgenden Aussprache von seinem jüdischen Kommilitonen mit Berufung auf Hegel in die Enge getrieben wurde. In höchster Not rief er: "Sie sind es gar nicht wert, den Namen Hegel überhaupt in den Mund zu nehmen!" -

Bei einer ASTA-Sitzung wurde über den Antrag der Sozialistischen Studenten verhandelt, als plötzlich ein Teilnehmer die Abweisung beantragte. Nach den Gründen befragt, antwortete er bedeutungsvoll: "Ich weiß, daß der Antragsteller ein Jude ist..." - So geschehen im Jahre 1929.

Kurioserweise hat zumindest in der Berliner NSDAP die Rassenfrage praktisch keine große Rolle gespielt. Zwar las auch ich mal "aufklärende" Bücher über dieses Thema, wie z.B. die vom Rasse-Günther; las also z.B., daß Recht sei, was "zween arische Männer als Recht empfinden"; oder ich sah als Beispiel für einen "nordischen" Menschen ausgerechnet den Kopf Beethovens mit der Erklärung, er habe einen "nordischen Blick". Doch trieb mich derartiges von jeher zu offenem Spott, ja sogar zu einer provokanten Umdrehung der Beweislast; auf diese Weise, sagte ich, könne man bei mir ja auch leicht einen jüdischen Blick feststellen. Wobei die Zuhörer jedes Mal ein widerspruchsvoll-beschwichtigendes Gelächter erschallen ließen. Ohne - gleich mir - zu ahnen, daß knapp anderthalb Jahrzehnte später das SS-Rasse- und Siedlungshauptamt bei mir eine ähnliche Diagnose stellen sollte...

Natürlich sprach ich hierüber auch mit meinem Nachhilfeschüler Heini Bratz, mit dem ich inzwischen enge Freunschaft geschlossen hatte. Vor allem nach dem Unfalltode seines Bruders Hippolyt, der am Matterhorn abgestürzt war, diskutierten wir in abendlichen Wanderungen über Gott und die Welt.

Die Gerüchte um seinen Vater haben wir nicht offen besprochen. Vielleicht hat er angenommen, ich kennte sie nicht. So redete ich denn um diese Thematik herum. Etwa in dem Sinne, daß Begegnungen und Kreuzungen verschiedener Völker und Rassen sehr oft bemerkenswert große Geister hervorgebracht hätten. Seine Antwort: er sei leider kein großer Geist, aber ich müsse als Nazi doch eigentlich gegen jede Rassenmischung sein.

Wohingegen ich auf den Zustrom der Ostjuden seit 1918 verwies, dem hauptsächlich unser Widerstand gelte; ein Widerstand, den übrigens alle eingesessenen Juden damals teilten. Uns gehe es vielmehr nur um die Verwirklichung des nationalen Sozialismus. Und worüber ließ sich - damals wie bis zum heutigen und sicherlich auch bis zum morgigen Tage - intensiver und extensiver streiten als über ein Thema, das den "Sozialismus" beinhaltet?

Meine schulischen wie meine politischen Belehrungen waren erfolgreich. Mein Freund Heini schaffte sein Abitur.

Und er erschien eines Tages bei mir mit einem großen Paket. Inhalt: eine funkelnagelneue SA-Uniform. Von der dürfe sein Vater nie etwas erfahren...

Ich tat nichts lieber, als seine Uniform in meinem Schrank zu deponieren. Nur konnte er nicht allzu oft Gebrauch von ihr machen. Bei einem der nächsten Ausmärsche erkannte ihn ein älterer SA-Mann, der mit Heinis Vater studiert hatte und sogar in derselben Korporation aktiv gewesen war. Auf dessen Beschwerde hin mußte Heini aus der SA ausscheiden, und ich erhielt einen Verweis.

Zu dieser Zeit gab es in Deutschland und vor allem in Berlin tagtäglich Schießereien zwischen "Kommune" und Nazis. Einem Feuerüberfall fiel ein Nazistudent zum Opfer, der Führer eines "SA-Sturms" war und den ich bei den Ausmärschen meiner SA-Standarte regelmäßig beobachtet hatte. Bei diesen Gelegenheiten ließ er immer, seinem "Sturm" voranschreitend, ein schwermütiges Lied anstimmen, das dann bald auch von den anderen gesungen wurde. Es hieß "Die Fahne Hoch", und er war der Sturmführer Horst Wessel.

Nachdem er seinen schweren Verletzungen erlegen war, wurde er am 1. März 1930 unter großer Anteilnahme, aber auch inmitten bürgerkriegsartiger Protestaktionen der Kommunisten zu Grabe getragen. Sofort ging Goebbels daran, den inzwischen weltbekannt gewordenen "Horst-Wessel-Mythos" zu schaffen, bestehend aus den Komponenten: Sohn eines Pfarrers, Werkstudent, Volksgemeinschaft unterm Hakenkreuz, kommunistische Bluttat, Märtyrertod und eigene Hymne...

Gegnerische Zeitungen und Parteien sorgten sofort für "Aufklärung": es habe sich um einen Streit unter Zuhältern gehandelt, das ganze sei eine verlogene Kitschgeschichte, die Hymne nichts wert und alles völlig ungeeignet, vor künftiger Geschichte zu bestehen. Nun, zunächst hatte sie Bestand, entwickelte sich doch die Geschichte durchaus im Sinne dieses Mythos. Logisch, daß die Katastrophe von 1945 auch ihn mit sich riß. Zu bemerken bliebe allerdings, daß der Mythos um die Befreiung der Bastille im Jahre 1789 um nichts weniger verlogen war. Die Bastille war nämlich schon seit langem nur noch ein fideles Gefängnis und zählte bei der "Befreiung" sieben Häftlinge (vier Urkundenfälscher, zwei Geisteskranke, einen asozialen Wüstling), bewacht von einigen Invaliden und einem Zug Schweizer. Der Kommandant kapitulierte gegen Zusicherung freien Geleits und wurde umgehend vom Mob massakriert. Diese wenig rühmliche Tat feiert Frankreich seit über einem Jahrhundert alljährlich als Nationalfest...

Ich war inzwischen meinem Freunde Heini nach Heidelberg gefolgt. Mein Vorsatz, mich nun im fünften Semester nur noch dem Studium zu widmen, wurde dadurch zunichte, daß ich einstimmig zum Führer des Nazistudentenbundes gewählt wurde. So demokratisch war es 1930 noch in unserer "Bewegung" zugegangen, ein Jahr später wurde nicht mehr von unten gewählt, sondern nur noch von oben ernannt.

Der "sozialistische Flügel"

Die etwa einhundert Studenten, die mich in geheimer Wahl erkürt hatten, gehörten wohl alle zum "Sozialistischen Flügel".*

Als solcher erlebten wir nun einige enttäuschungsreiche Monate.

Einmal ging es um das sogenannte BRAUNE HAUS, das mit großem finanziellem Aufwand zum Hauptsitz der Parteizentrale ausgebaut werden sollte. Namhafte Spenden der Großindustrie hatten die Geldmittel hierfür erbracht. Unsere kommunistischen und sozialistischen Gegner hatten also leicht spotten. Sie wollten das Geheimnis wissen, wie man die Großindustrie dazu bringe, die Sozialisten auch noch zu finanzieren, die doch ihr Ende bedeuten mußten; immer wieder starteten sie eine jener ausweglosen Debatten, was denn Sozialismus sei, was er tun müsse, was er nicht mehr dürfe, wo er beginne, wo er ende.

---

* Diese wie die noch folgenden Hinweise auf den "sozialistischen Flügel" hören sich heutzutage, nach dem Zusammenbruch des real existierenden Sozialismus albern und überholt an. Sie sind nur aus dem Pathos jener Zeit nachvollziehbar, in der sozialistische Ziele die Hoffnung von Millionen waren. Im übrigen: warum sollte man nicht auch heute noch auf sozialistische Gerechtigkeit hoffen können? Kommt es nicht vor allem darauf an, was man sich darunter vorstellt, wie man sie definiert? Sind zum Beispiel die Zehn Gebote und die Begehren der Bergpredigt nicht nach wie vor und gerade im zwanzigsten Jahrhundert legitime Hoffnungen für alle Christen - trotz schwerster Irrtümer christ-theologischer Wissenschaft und Lehre, trotz christ-kirchlicher Folterpraxis in Hexenprozessen und Inquisition?

In uns nagte der Zweifel. In mir besonders wild, nachdem ich zum ersten Mal in meinem Leben dem berühmten Dr. Goebbels aus der Nähe an einem Tisch hatte zuhören dürfen. Es ging um eine Massenversammlung in Mannheim, zu der er wissen wollte, ob er seine Rede mehr "sozialistisch aufziehen" sollte oder mehr "auf die nationale Tour". Diese Fragestellung ließ mich aus allen Wolken von Illusion und Verehrung fallen. Wie war es nur möglich, die hehren Ideale von nationaler Ehre und Freiheit gegen die nicht weniger hehren Ideale von sozialistischer Gerechtigkeit alternativ gegeneinander abzuwägen? War das nicht ein abgrundtiefer Zynismus, eine vorsätzliche demagogische Irreführung gutgläubiger Zuhörer?

Es dauerte lange, bis ein älterer Freund mir klarmachte, was heute jeder Zwanzigjährige weiß, nämlich, daß jede Werbung um so mehr Wirkung hat, je mehr sie auf den Zuhörerkreis, oder besser auf die "Zielgruppe" ausgerichtet ist. Ich hatte geglaubt, jeder müsse so reden, wie es ihm ums Herz ist.

Wie ein Donnerwetter schlug es bei uns ein, als das Wochenblatt der Gebrüder Strasser mit der Schlagzeile erschien "DIE SOZIALISTEN VERLASSEN DIE NSDAP". Dr. Otto Strasser, der Bruder des berühmteren Gregor, des zweithöchsten Naziführers, trennte sich von Hitler und rief alle "revolutionären" Nazis auf, sich seiner "SCHWARZEN FRONT" anzuschließen. Er verwies dabei sogar auf Gespräche, die er mit Hitler persönlich geführt hatte. Nur unser harter Kampf um die anstehenden ASTA-Wahlen lenkte uns ab, theoretische oder gar praktische Konsequenzen zu ziehen.

Meine hochschulpolitischen Gegner waren die kommunistischen Studentenführer Richard Löwenthal und Boris Goldenberg sowie von sozialistischer Seite Martin Hörz, der vom Mannheimer Bibelkreis her kam. Von "nationaler" Seite war es Gustav Adolf Scheel, den ich später für uns gewinnen konnte und der es einmal bis zum Reichsstatthalter in Salzburg bringen sollte.

Scheel erfreute sich übrigens nach der Katastrophe bis zu seinem Tode in den Siebziger Jahren bei der Salzburger Bevölkerung hohen Ansehens und erhielt bei seinen Urlaubsaufenthalten stets ein Ehrenpräsent des Landeshauptmanns.

Mit meinen roten Gegnern stritt ich in vielen öffentlichen Versammlungen und öfter noch im privaten Kreis. Diese Streitereien verliefen trotz inniger Engagiertheit der Teilnehmer immer fair und sachlich. Als ich Heidelberg verließ, veröffentlichte das Mannheimer Sozialistenblatt sogar einen offenen Brief, in dem mir für meine Sachlichkeit und Fairness gedankt wurde. Das war ein für die damalige Zeit wohl ziemlich einmaliges Ereignis.

Der Zeit wieder vorgreifend, darf ich berichten, daß Boris Goldenberg nach dem Krieg und seiner Rückkehr aus kubanischem Exil wieder Kontakt mit mir aufnahm und einen solchen auch mit Richard Löwenthal wiederherstellte. Martin Hörz schrieb mit aus Schweden, nachdem er dort mein Buch "DIE VERSTRICKUNG" gelesen hatte.

Zurück nach 1930

Bei den Heidelberger ASTA-Wahlen hatten wir große Erfolge. Noch größere erzielte am 14. September die NSDAP, die im Reichstag von 12 Sitzen auf 107 anstieg. Auf einmal fanden wir Nazis nicht nur mehr Beachtung, sondern auch ungleich mehr Achtung. Wie eben einem jeden desto mehr Achtung bezeigt wird, je bekannter, stärker und mächtiger er wird.

Die Presse sprach von "Erbitterungswahlen", Einstein sah in ihnen "nur eine Kinderkrankheit der Republik" und bewies damit, wie weiland Lenard, daß auch nobelpreisgekrönte Physiker sich in ihren politischen Dia- und Prognosen fundamental irren können.

Das Ausland witterte Kriegsgefahr, ohne allerdings zu erklären, wie eine solche angesichts des abgerüsteten Deutschland inmitten hochgerüsteter Nachbarn möglich sein könne. Hier war meine Reise nach Warschau besonders interessant, wohin meines Freundes Heini polnische Eltern (seine Mutter hatte sich von seinem leiblichen Vater getrennt) uns eingeladen hatten und wofür ich sogar ein Semester Polnisch "studiert" hatte. In Polen hatte der Aufstieg der "Hitlerovci" die ohnehin seit je bestehende chauvinistische Stimmung bis zur Weißglut gesteigert.

Zwar winkten Heinis Eltern auf meine neugierig besorgten Fragen immer beschwichtigend ab. Aber ich war mir sicher, daß nicht zuletzt Polens sture Intransigenz dazu beigetragen hatte, Gustav Stresemanns Lebenskraft im Vorjahr abzuschneiden. Schließlich stand seit 1926 an Polens Spitze der populäre Marschall Pilsudski als autoritärer Diktator, der mit brutaler Gewalt alle Regungen des Widerstandes niederschlug.

Mitte September hatte er sogar Parlament und Senat aufgelöst und Dutzende führende Politiker einsperren lassen. Die Mitglieder des Verbandes EINHEIT DURCH MACHT verpflichtete er wenig später, die "polnische Armee mit wildem Kampfgeist zu durchdringen, der sich im Krieg zur unerbittlichen Grausamkeit zu steigern hat."

Niemand brauchte zu rätseln, gegen wen sich diese kriegslüsternen Appelle am Ende richteten. Auf allen Bahnhöfen, an den Haltestellen, in den Geschäften, überall konnte ich aufwendige, künstlerisch eindrucksvoll gestaltete Plakate sehen, die den "Weg zum Meer", die Einverleibung von Danzig und sogar von Königsberg forderten.

Da Heini und ich Berliner und keine Grenzbewohner waren, berührten uns die chauvinistischen Annexionsgelüste der Polen nicht sonderlich. Obgleich ihnen schon seit Jahren konfrontiert und gewöhnt, sie durch den Völkerbund nicht zurückgewiesen oder auch nur mißbilligt zu sehen, sahen wir in ihnen nicht mehr als leere Hirngespinste.

Dafür imponierten uns Pilsudskis zahlreiche und drastische Kritiken am parlamentarisch-demokratischen System um so mehr, dessen "Schluderwirtschaft, Nichtsnutzigkeit und anarchische Methoden" er ein übers andere Mal anprangerte, samt der Verschwendungswirtschaft der Abgeordneten "fürs Fauteuil, Hotel und Bordell". Hier sahen wir Erscheinungen, hörten wir Formulierungen, die denen der Nazis aufs Haar glichen. Und die ganz offenbar auch in anderen demokratischen Staaten inner- und außerhalb Europas Platz zu greifen schienen.

Inzwischen hatte ich die Führung der Nazistudentengruppen in allen Hoch- und Fachschulen Groß-Berlins und Brandenburgs übernommen. Was mich nicht abhielt, auch alle Vorbereitungen für meine Referendarprüfung zu treffen. Glücklicherweise hatte ich tüchtige Mitstreiter, die mir diese Arbeitsteilung möglich machten.

Der wirtschaftliche Niedergang der Weimarer Republik schien unaufhaltbar. Er äußerte sich in Bankzusammenbrüchen, wachsenden Konkurszahlen, Massenentlassungen, die bis Dezember 1931 fast sechs Millionen Arbeitslose zählen ließen. Die Parteien polarisierten und radikalisierten sich. Die allgemeine Stimmung war auf dem Nullpunkt, niemand entdeckte in der gesellschaftlichen Flaute auch nur den Funken einer Perspektive.

Von dieser Befindlichkeit gab es nur zwei Ausnahmen: uns Nazis und die Kommunisten. Zwei politische Gruppierungen, die beide überzeugt waren, den politischen Stein der Weisen zu besitzen. Und deren Wählerzahlen so schnell und bedrohlich anwuchsen, daß sie in Bälde in der Lage sein mußten, durch ein gemeinsames Mißtrauensvotum jede Regierung zu stürzen.

Damals kannte man noch nicht die Barriere des "konstruktiven Mißtrauensvotums", mit dem man eine Regierung nur dann stürzen kann, wenn man zugleich eine neue offeriert, und durch Mehrheit legitimiert. Aber auch ohne dies wechselten die Regierungen oft genug und verstärkten das allgemeine Gefühl der Hilf- und Aussichtslosigkeit.

"Zeichen setzen"

Um in diese lähmende Atmosphäre nun wieder etwas Bewegung zu bringen, kam mir eine Idee, die sich für mich persönlich als eine Schnapsidee erweisen sollte. Als ich einmal wieder alle meine Hoch- und Fachschulgruppenführer um mich versammelt hatte, diskutierten wir, wie es möglich sein könne, in dieser Flaute "ein Zeichen zu setzen".

Diese Diskussion spitzte sich am Ende dahingehend zu, daß ich doch selbst dieses Zeichensetzen in die Hand nehmen solle. Als ich einwandte, mein Examen stehe vor der Tür, fand ich hierfür kein Verständnis, ja teilweise spöttische Bemerkungen. Also gab ich nach und nahm die Sache in die Hand.

Am nächsten Tag mischten sich meine Gruppen unter die Studenten, die sich in der Elfuhrpause im Vorgarten der Berliner

Universität zu versammeln pflegten. Ich selbst hatte mir Zutritt zum Balkon im ersten Stock verschafft und entrollte verbotenerweise von dessen Brüstung eine lange Hakenkreuzfahne, für deren Vorzeigen damals strenge Strafen drohten.

Zu den darob wild begeisterten Studenten sprach ich dann noch begeistertere Worte über den Freiheitskampf der deutschen Studenten, Seite an Seite mit der Arbeiterschaft, und über alles, was wir damals zu predigen hatten. Es wurde keine allzu lange Rede.

Denn bald versuchten Pedelle und Polizei, die von außen verriegelten Balkontüren zu öffnen. Ich warf die Fahne zu meinen Kameraden hinunter, bevor mich die Polizei ins Innere drängte, wo ich mich in dem dort herrschenden Gewühle ihrem Zugriff entziehen konnte.

Da man mich aber kannte, zitierte man mich vor den Universitätssenat, der mich in völliger Mißachtung meiner politischen Ideale wegen erheblicher Störung der akademischen Ruhe und Ordnung von der Universität verwies und mir gleichzeitig das Semester strich. Und damit zugleich auch die Möglichkeit zum Examen. Propaganda machte aus diesem Mißgeschick in den Augen der müde gewordenen Kampfgenossen ein "Fanal".

Mein Freund Heini Bratz, schon in Heidelberg zur SCHWARZEN FRONT übergewechselt, in Berlin durch Boris Goldenberg aber zum Kommunismus bekehrt, bedauerte meine Einsatzfreude für eine Sache, deren Aussichtslosigkeit ja auch wissenschaftlich nachweisbar sei. Goldenberg und auch Hörz, die inzwischen auch in Berlin waren, versicherten mir dasselbe, allen Tatsachen zum Trotz; denn alle Wahlen zeigten zunächst noch einen beharrlichen Aufwärtsschwung der Nazis.

Regierungsrat Hitler

Inzwischen hatte das republikanische Lager, zu dem neben den Parteien der Mitte auch die Sozialdemokraten gehörten, beschlossen, sich bei der kommenden Wahl zum Reichspräsidenten für den gerade amtierenden zu entscheiden, also für denselben Marschall Hindenburg, der 1925 gegen ihren Willen mit den Stimmen der “Nationalen” gekürt worden war. Er sollte die Aufgabe haben und war auch willens dazu, die Wahl Hitlers zu verhindern, der bis 1932 hatte warten müssen, um überhaupt erst einmal die deutsche Staatsbürgerschaft zu erlangen, ohne die er nicht hätte kandidieren dürfen.

Um sie ihm zu ermöglichen, hatte man den Trick angewandt, ihn auf Länderebene zum “Regierungsrat” zu ernennen, was uns zunächst einmal als eine spießige Lächerlichkeit erschien. Aber nur solange, bis unsere politischen Gegner ihn als unerwünschten Ausländer, als hergelaufenen Tagedieb und hinterlistigen Betrüger beschimpften. Tatsächlich empfanden es auch Andersdenkende als schreiendes Unrecht, einem Mann, der freiwillig vier Jahre Kriegsdienst für Deutschland geleistet hatte, die Staatsbürgerschaft zu verweigern. In diesem Sinne setzte sich besonders laut und vernehmlich auch Theodor Heuß ein, der anderhalb Jahrzehnte später Bundespräsident wurde.

Trotz allem siegte Hindenburg und verbot als erste Amtshandlung SA und SS, mit der Begründung, das Gewaltmonopol gehöre allein dem Staate. Um so lebhafter betätigten wir uns für die NSDAP, die bei den Wahlen zum preußischen Landtag im April 1932 ihre Sitzzahl von nur neun auf stolze 162 steigern konnte. Da sich aber für eine neue Regierung keine Mehrheit fand, blieb die alte unter Führung des Ministerpräsidenten Braun von der SPD zunächst noch im Amt.

Jedoch nicht lange. Hindenburg wechselte den Reichskanzler Brüning durch den “nationaleren” von Papen, der am 20. Juli im Wege einer “Reichsexekution” die Preußische Regierung absetzte und den Ausnahmezustand verhängte. Wir bewunderten diese Tat und machten uns über die schlappen Sozis lustig, die sich das wehrlos gefallen ließen. Mit ihnen und den Kommunisten bekämpften wir trotzdem von Papen und dessen “Kabinett der Barone” als Repräsentanten der Reaktion und des Kapitalismus.

Die Reichstagswahlen vom Juli 1932 ließen die NS-Sitze von 107 auf 230 und die der Kommunisten von 11 auf 89 anwachsen. Mit vereinten Kräften konnten wir nun jede Regierung stürzen und auch z. B. bei Streiks zusammenwirken. Solche Bekundungen unserer “sozialistischen Linie” wurden aber durch den Wähler nicht honoriert: Die Auflösung des Reichstages brachte am 6.

November Neuwahlen, bei der die NSDAP glatte zwei Millionen Stimmen verlor.

Dies führte zu einer höchst kritischen Lage sowohl für die finanziell völlig verschuldete NSDAP wie auch für die gelähmte Reichsregierung, hinter der außer dem Reichspräsidenten niemand mehr stand.

Intrigen und Taschenspielerstücke

Nachdem wir seit Jahren den ungestümen Aufwärtstrend der Nazis miterlebt hatten, traf uns dieser gewaltige Stimmenverlust besonders tief. Vor allem, daß sich nun verschiedene Gruppen bildeten, die unter gewissen Umständen bereit waren, mit der amtierenden Reichsregierung von Papen zusammenzuarbeiten, während andere, z.B. unter der Führung von Gregor Straßer, den mächtigen Reichswehrgeneral von Schleicher und die SPD als Partner anvisierten. Der Zerfall der NSDAP stand vor der Tür.

Ein unheimliches Intrigenspiel vor und hinter den Kulissen führte zu Papens Sturz, zur Kanzlerschaft Schleichers und zu dessen Sturz mit anschließender Ernennung Hitlers zum Reichskanzler.

Den letzten Anstoß hierfür besorgte ein propagandistisches Taschenspielerstück: Da keine großen Wahlen mehr anstanden, konzentrierte die NSDAP alle ihre letzten finanziellen, sachlichen und personellen Möglichkeiten auf den Wahlkampf von Lippe. Was konnte eine solche Wahl machtpolitisch schon bedeuten? Lippe war ein Land, das auf einem Viertel Prozent des deutschen Reichsgebietes ganze 163 000 Einwohner zählte.

Nun ganz einfach: Lippe nahm man als Meßinstrument, da ja repräsentative Volksbefragungen damals noch unbekannt waren. Und dieses Meßinstrument zeigte wieder einen Anstieg der NS Stimmen von 35 auf 40 %. Ein klarer Beweis, daß die NSDAP weiterhin im Aufwind und die Stimmeneinbuße vom November nur eine zeitweilige Panne gewesen war? - Diese Frage war nach streng methodischer Analyse mit Sicherheit zu verneinen, waren doch die Voraussetzungen für dieses Ergebnis gewissermaßen in lokaler Isolation künstlich präpariert worden.

Hierüber ist seitdem viel gestritten und zusammengeschrieben worden. Fest steht, daß die allgemeine Lage im Reiche auf allen Gebieten so desolat und perspektivlos war, daß sich eine andere parlamentarisch-demokratische Lösung auch nicht finden ließ.

Manche halsen Hindenburg die Schuld auf: anstatt Hitler zu ernennen, nicht eine Militärdiktatur installiert zu haben; hätte er dies getan, wäre Hitler vermieden worden.

Dabei hat Hindenburg in Wirklichkeit alles getan und nichts unterlassen, was Pflicht und Verfassung ihm auferlegt hatten. Wie hätte er wissen können, welche Entwicklung er anstieß? Auch seine Gegner haben es nicht gewußt.

Heute wissen alle, wie seit damals alles gekommen ist. Aber wie zeigte sich uns damals die Welt?

Ein Schlaglicht

Ein kurzes Schlaglicht sei gestattet: Der Zusammenbruch der Weimarer Republik war nach der Einsicht wohl aller großen deutschen Staatsmänner, von der Mitte bis zur extremen Linken, die Schuld des Diktates von Versailles und von dessen Exekutoren:

Basierend auf der Alleinschuldlüge wurde die Wirtschaft zerstört, durch Inflation und Deflation, mit mehr als sechs Millionen Arbeitslosen,

die Nation kastriert, durch Verweigerung der Selbstbestimmung und der allgemeinen Abrüstung,

die Moral gelähmt, durch Rechtsverweigerung des Völkerbundes und durch Ablehnung auch der maßvollsten Ansuchen,

die Gesellschaft zersplittert, durch Polarisierung und Extremisierung der politischen Parteien sowie latente Bürgerkriegsbereitschaft,

Parlament und Regierung paralysiert, da sich die Demokratie immer deutlicher ad absurdum führte (kurzsichtige, leere Versprechungen und ständig wechselnde Regierungen; Schimpf-Drohworte und Faustkämpfe)...,

so daß selbst die ehrwürdige TIMES schrieb: daß man fast überall "die Entartung des parlamentarischen Systems zugebe".

Und in der Tat galt diese Feststellung überall, betrachtete man international den Parlamentarismus mit höchster Skepsis, bekrittelte man die Demokratie nicht nur, sondern ersetzte sie durch autoritäre Regierungen und diktatorische Herrscher: Von Kemal Atatürk in der Türkei über Benito Mussolini in Italien und Marschall Pilsudski in Polen, bis Ungarn und Jugoslawien, bis Persien und Portugal, von Ägypten und anderen arabischen Staaten bis Indien und Süd- wie Mittelamerika...

Schlußfolgerungen

Das vorstehende Schlaglicht bedarf keiner näheren Darlegungen. Es wurde in allen Einzelheiten durch zahlreiche wissenschaftliche Monographien analysiert und verifiziert. Aus ihm erhellt dreierlei:

1. Gegen Ende des Jahres 1932 bestand sowohl für Hindenburg, wie für jeden anderen Staatsmann nur die Alternative, mit Hitler zu kooperieren oder den Bürgerkrieg samt Bolschewisierung hinzunehmen.
2. Die Voraussetzungen, die zur Machtergreifung Hitlers führten, waren so zahlreich, vielfältig und in sich durch historische Entwicklungen, gesellschaftliche Gegebenheiten, ökonomische Fakten, persönliche Anlagen und Prägungen so singulär und einander bedingend, daß auch nur der Gedanke an deren Wiederholbarkeit absurd und lächerlich ist. Er beschwört lediglich die Gefahr herauf, den Blick von andersartigen wirklichen Gefahren abzulenken.
3. Man sollte daher die so oft und immer wieder beliebten und mißbrauchten, aber grundfalschen historischen "Warnungen" unterlassen, "es sei schon wieder mal so weit", oder, "es gelte, die Wiederholung einer solchen Entwicklung zu verhindern". Dasselbe gilt auch für "historische" Stereotype wie "Kommunisten und Nazis haben Demokratie und Parlamentarismus umgebracht, sie sind deren Totengräber..."

Demokratie und Parlamentarismus hatten sich damals selbst umgebracht. Sie bedurften keiner Totengräber.

Ganz abgesehen davon, daß Totengräber niemanden umbringen.

Die Machtergreifung

Am 30. Januar 1933 erfuhr ich beim Mittagessen durch die Tagesnachrichten des Berliner Rundfunks, daß Hitler zum Reichskanzler ernannt worden sei.

Nachmittags besuchte ich meinen Freund Heini Bratz in seinem Zimmer nahe dem Bahnhof Friedrichstraße. Bei ihm traf ich die kommunistischen Studentenführer Boris Goldenberg und Martin Hörz, die ich seit den Heidelberger Tagen nur noch selten gesehen hatte. Deren Stimmung war sehr gedrückt. Ich aber fühlte mich wie ein Examenskandidat mit Note Eins im Kreis durchgefallener Kollegen.

Süffisant fragte ich Hörz, wie es denn jetzt mit der auch von ihm so viel beredeten "Spontaneität des Proletariats" stehe, an der jede faschistische Diktatur sofort und von vornherein scheitern müsse.

Hörz antwortete dumpf: "Das Zentralkomitee tagt..." Anschließend ging ich allein zum Wilhelmplatz. Die Straße unter den Linden, das Brandenburger Tor und die Wilhelmstraße waren schon von großen Scheinwerfern angestrahlt. Aus Lautsprechern dröhnte Marschmusik. Die Menschenmassen drängten sich in hektischer Freude. In ihnen schob ich mich bis zum Wilhelmplatz vor und wartete.

Dann begannen die Marschsäulen der SA und des Stahlhelm ihre stundenlange Parade, aus dem Dunkel der angrenzenden Straßen mit rot flackernden Fackeln in das sterile Blau-weiß der Jupiterlampen eintauchend, indessen sich dem beherrschenden Rhythmus der nächsten Militärkapelle die Melodien und Paukenschläge fernerer und sich nähernder Gruppen beigesellten.

Dazu links im Fenster des ersten Stocks der Reichskanzlei, von Scheinwerfern angestrahlt: Adolf Hitler, oft auf Minuten ins Innere des Raumes verschwindend, beim Wiedererscheinen durch heftiges Erheben seines rechten Armes um so heftigeren Jubel provozierend. Rechts daneben im Parterre, hinter einem nur matt erleuchteten hohen Fensterrahmen, ahnte man mehr, als man sie deutlich erkannte: die Konturen von Hindenburgs hoher Gestalt.

Filmwochenschauen haben alle diese Szenen aus genau dieser Perspektive eingefangen. Sie haben damit für alle Archive und künftigen Film- und Fernsehdokumentationen den optischen und akustischen Rückstand jenes Geschehens herausgefiltert, soweit dieses die Schwarz-Weiß-Emulsion affizierte.

Nichts aber blieb zurück, das späteren Generationen hätte nahebringen können, welche Ströme von Hoffnungen und Freude hier und andernorts die Seelen von Millionen Deutschen erfaßte. Dieses Manko mag erklären, warum sich dem historischen Rückblick auf diesen Tag immer die Logik der Filmmontage aufzuzwingen scheint, die von den paradierenden Fackeln 1933 - mit hartem Schnitt oder weicher Überblendung - zum brennenden Berlin 1945 überleitet und die damit den Eindruck eines unverstehbaren, blinden Massenwahnsinns schafft.

Dabei könnten die Impressionen vom 30. Januar 1933 als ein geschichtspädagogisches Schlüsselerlebnis dienen, sich ganz anders in das Werden von Geschichte einzufühlen; dieses nämlich nicht mit den Augen dessen zu betrachten, der "vom Rathaus kommt", sondern sich bewußt in die chronologische Abfolge aller Geschehnisse einzufügen. Nur so könnten auch später Geborene der Erkenntnis nahekommen, "wie alles möglich war".

Wer dabei war, weiß, daß sich hier nicht nur ein flüchtiger Rausch abgespielt hat. Selbst Thomas Mann, nach jahrelanger Kriegspropaganda gegen Hitlerdeutschland, notierte noch kurz vor Kriegsende (17.7.1944) in sein Tagebuch:

"Man soll nicht vergessen und sich nicht ausreden lassen, daß der Nationalsozialismus eine enthusiastische, funkensprühende Revolution, eine Volksbewegung mit einer ungeheuren seelischen Investierung von Glauben und Begeisterung war."

Ein tiefes Aufatmen ging nicht nur durch Deutschland. Auch die ganze Welt zeigte sich beruhigt, als Hitler am 1. Februar zum ersten Mal über den Rundfunk sprach (bislang war es ihm verboten). Wobei er sich zum "Christentum als Basis unserer gesamten Moral" bekannte und zur "Ehrfurcht vor unserer großen Vergangenheit, den Stolz auf unsere großen Traditionen".

Besonders eingängig, realistisch und logisch hörte sich für uns an: “So groß unsere Liebe zu unserem Heere... ist, so wären wir doch beglückt, wenn die Welt durch eine Beschränkung ihrer Rüstungen eine Vermehrung unserer eigenen Waffen niemals mehr erforderlich machen würde.”

Ich freute mich besonders darüber, daß Hitler dieses Bekenntnis zur allgemeinen Abrüstung genau so wiederholte, wie er es in den Jahren davor bekundet hatte.

Auch beruhigte mich die Gewißheit, daß die Machtergreifung im wesentlichen gezügelt und geordnet vor sich gegangen war. Zwar hörte ich, daß einige aufgeregte SA-Männer sich für empfangene Prügel gerächt hätten; in einigen Fällen sogar durch “private” Einrichtungen von Konzentrationslagern. Jedoch geschah dies alles nur vereinzelt und blieb nicht ungeahndet.

Leider wurden bald auch “amtliche” Konzentrationslager installiert, über die sich wilde Schauergeschichten verbreiteten. Ich nahm sie zunächst nicht allzu ernst, weil ich an die Plünderer der Bastille (1789) dachte, die eine verrostete Ritterrüstung als Eisenkorsett deklariert hatten, dazu bestimmt, einen Menschen an allen Gelenken zu fesseln und ihn unbeweglich zu halten; auch eine alte Druckerpresse war damals zu einem Folterinstrument avanciert, und aus den Gebeinen von Selbstmördern in nicht geweihter Erde wurden die Skelette zu Tode gequälter Gefangener. Warum sollte es nicht auch heute solche Greuelgeschichten geben?

Bald regte sich in mir der Verdacht, daß manche “Wächter” ihre Machtstellung mißbrauchen könnten. Nicht, weil ich “die Deutschen” oder auch nur “die Nazis” für unmenschliche Sadisten hielt, sondern weil mir die Versuchung jeweils für groß genug erschien, eine zugewiesene Rolle de facto auch auszuspielen. Selbstverständlich ahnte ich damals noch nicht, daß ein solcher Rollenmißbrauch sich unter bestimmten Voraussetzungen bei allen Menschen aller Völker und Rassen zu entwickeln pflegt. Das sollte sich erst Jahrzehnte später in Gestalt psychologischer Experimente erweisen, die in amerikanischen Universitäten durchgeführt wurden (siehe S. 35 ff.).

Meine Versuche, “die Wahrheit” zu erkunden, scheiterten an den “amtlichen” Versicherungen, ich sei, in allem, feindlichen

Lügenmärchen aufgesessen. Mein - bald wieder verfliegender - Ehrgeiz, selbst Kommandant eines KZ zu werden, blieb - vielleicht glücklicherweise - unerfüllt; in meiner Phantasie hätte das ein Muster-KZ sein sollen, ohne jede Gewalt und mit dem Ziel einfühlsamer Bekehrung der "Ungläubigen".

Schließlich war diese Umwälzung ein großes Revolutionsgeschehen, wie es sich in der Weltgeschichte fast immer nur gewaltsam zu vollziehen pflegt. Ein friedlicher Umsturz, wie er 1989 in der DDR geschehen sollte, war bis 1933 und darüber hinaus weder bekannt noch vorstellbar.

Im übrigen waren die Zahlen der KZ-Insassen verhältnismäßig klein. So betrug laut Sachbearbeiter Rudolf Diels am 1. Oktober 1933 die Zahl der Insassen 26.789, von denen zu den Weihnachtsfesten 1933 und 1934 je 5.000 zu ihren Familien entlassen wurden. 1939 befanden sich in den KZs des Großdeutschen Reiches rund 21.300 Gefangene, d.h. ein Vierzigstel Prozent der Bevölkerung, oder auch ein Häftling auf 4.000 Einwohner, wobei fast die Hälfte der Häftlinge rückfällige Gewohnheitsverbrecher waren.

Die Gunst der Stunde…

…blieb auch weiterhin dem Siegeszug Hitlers zugewandt. Wenn ich dieses Geschehen auch nur mit gemischten Gefühlen ansehen konnte. Warum? - Am 27. Februar, vier Wochen nach Hitlers Ernennung, saß ich gerade auf dem abendlichen Konvent meiner Landsmannschaft, als ein Bundesbruder mit der Nachricht eintraf: "Der Reichstag steht in Flammen!"

Ich dachte sofort: "Mein Gott, hatten wir das nötig..." Ich war fest davon überzeugt, daß überschlaue und aktivistische Nazis den Brand gelegt hatten. Wer denn auch sonst, gemäß der alten Juristenfrage Cui bono? - Wem nützt diese Tat? -

Sie konnte keinem unserer Gegner von Nutzen sein, ganz im Gegenteil. Hingegen drängten sich die Vorteile geradezu auf, die sich für die NSDAP ergaben.

Ich möchte einflechten, daß ich diese Mutmaßung beibehalten habe, bis um 1960 die ebenso tiefgründige wie schlüssige Forschungsarbeit von Fritz Tobias eindeutig und unwiderleglich nachwies, daß van der Lubbe, der arbeitslose holländische Kommunist, diese Brandstiftung im Alleingang bewältigt hatte; und daß auch die scheinbar handgreiflichsten Argumente, mit denen sich Nazis und Kommunisten die Tat gegenseitig zuzuschieben versuchten, jedes sicheren Beweises entbehrten.

Dieser über die deutschen Grenzen hinaus Aufsehen erregende Reichstagsbrand blieb nun für geraume Zeit das heftig umstrittene Zentralthema: Unsere Gegner brachten es fertig, den sich aufdrängenden psychologischen Augenschein in den Augen der Welt zu einem unwiderlegbaren Faktum zu verwandeln, das da hieß: "Nazis waren die Brandstifter!"

Die Nazis wiederum setzten alles daran, die individuelle Tat van der Lubbes zum Bestandteil einer großangelegten kommunistischen Verschwörung zu machen, zu einem Startschuß für eine allgemeine revolutionäre Erhebung.

Schon am nächsten Tag erließ der Reichspräsident daher eine "Notverordnung zum Schutz von Volk und Staat", auf die hin Tausende von Kommunisten "in Schutzhaft" genommen wurden. Die Wahlen vom 5. März brachten weitere Erfolge für Hitler, aber nicht die Zweidrittelmehrheit, deren eine Verfassungsänderung bedurft hätte. Grundlegende Verhandlungen und Zugeständnisse an die katholische Zentrumspartei sollten die fehlenden Stimmen erbringen.

Die Gleichschaltung der einzelnen Länder erwies sich als eine reine Formsache. Welcher Ministerpräsident, welches Parlament hätte es sich leisten können, den ihm zugewiesenen "Reichsstatthalter" einzusperren oder auch nur abzulehnen?

Da nichts erfolgreicher ist als der Erfolg, bekannten sich Hunderttausende plötzlich zu Hitler. Sicherlich waren das größtenteils ehrlich überzeugte Menschen, ebenso sicher zu einem nicht geringen Teil auch Anpaßler, Opportunisten, Karrieristen, Konjunkturritter die wir, der Jahreszeit entsprechend, als "Märzgefallene" charakterisierten. Zu ihrer Begrüßung hängten sich manche von uns Bogislav von Selchows Verse als Wandspruch ins Büro: "Die über Nacht sich umgestellt / die sich zu jedem Staat bekennen / Das sind die Praktiker der Welt / Man könnte sie auch Lumpen nennen."

Schlimmer war das Heer der Denunzianten, die ihre politische Zuverlässigkeit und Eignung durch Verdächtigung und Anschwärzung Dritter unter Beweis stellen wollten. Eine üble, aber wohl unvermeidbare Kollektiverscheinung, wie wir sie auch 1945 und 1989 erlebt haben.

Daß ich alle Denunzianten abblitzen ließ, geschah nicht in erster Linie aus humanitären Gründen, sondern in der Zuversicht, daß die Verdächtigten in kurzer Zeit alle gleichberechtigte Glieder unserer Volksgemeinschaft sein würden. Einen als Reichsbannermann Verdächtigten machte ich wenig später zu meinem Mitarbeiter; er bewährte sich ebenso charakterlich wie im Beruf, den er noch viele Jahre länger ausübte als ich den meinen.

Marksteine

21. März 1933: Tag von Potsdam, Frühlingsbeginn, erstes Treffen des neu gewählten Reichstages; derselbe Tag, da Bismarck 1871 den ersten Reichstag des Deutschen Kaiserreiches eröffnete. Doppelt und dreifach genähte Symbolkraft...

Als Chef der Berliner Studenten hatte ich eine Karte zugeteilt bekommen, die mir den Zutritt in die Garnisonskirche ermöglichte. Ein preußisches Heiligtum, in dessen Gruft der Soldatenkönig und Friedrich der Große beigesetzt waren. Mit den Reichstagsabgeordneten versammelte sich hier auch der Hochadel bis hinauf zum preußischen Kronprinzen; die Generalität der Reichswehr und des kaiserlichen Heeres bis hinauf zum Feldmarschall v. Mackensen.

Die ganze monarchistische Reaktion, dachte ich, als ich von meinem hinteren Stehplatz die illustre Festversammlung beäugte. Doch blieb nicht viel Zeit für ketzerisches Denken. Mit Hitler betrat Hindenburg den gedrängt vollen Raum, jener im zivilen Cut, dieser im Glanz seiner Uniform, den Marschallstab zur leer gebliebenen Kaiserloge erhebend. Staatsakt, Begrüßung, Reden, Paraden. Für mich, für die meisten ein tiefes Erlebnis, zumal wir nicht ahnten, daß hinter dieser großen Kulisse tatsächlich die Gefahr eines reaktionären Staatsstreiches lauerte.

Zwei Tage später konnte ich die ungleich wichtigere Reichstagssitzung um das Ermächtigungsgesetz durch das Radio verfolgen. Nach langem internen Gefeilsche kam dieses Gesetz mit Zweidrittelmehrheit durch, das die Reichsregierung auf die Dauer von vier Jahren ermächtigte, alle, sogar verfassungsändernde, Gesetze, allein zu beschließen.

Entgegen allem Anschein war das keine allzu einschneidende Neuerung, denn seit Jahren hatten alle Regierungen, mit Hilfe von Notverordnungen des Reichspräsidenten, am Parlament vorbei beschließen und regieren können.*

Nur die Sozialdemokraten hatten gegen das Ermächtigungsgesetz gestimmt, was angesichts der selbst per Radio zu spürenden Stimmung im Reichstag von großem Mut zeugte.

Jetzt einige versöhnliche, ritterliche Worte von Hitler! Das wäre die Krönung seines großen parlamentarischen Triumphes, dachte ich mir. Mit um so größerer Enttäuschung vernahm ich nun die schneidende Ironie seiner eiskalten Zurückweisung.

Lange hielt meine Bestürzung nicht an. Ich tröstete mich damit, daß Hitler inmitten der allgemeinen Verbrüderung im Zeichen der Volksgemeinschaft sein Feindbild nun in den Führungsspitzen der marxistischen Parteien suchen und finden müsse.

Diesen Trost verschaffte mir besonders der Erste Mai. Dieser Tag, seit vielen Jahrzehnten Feiertag der internationalen Arbeiterbewegung, wurde zum "Tag der nationalen Arbeit". Millionen Arbeiter und Angestellte marschierten nun vereint und nicht mehr im Zeichen des Klassenkampfes. Ich habe den Aufmarsch der Massen auf dem Tempelhofer Feld mitgemacht, zuerst in einer

---

* Kein Wunder also, daß diesem Gesetz auch Abgeordnete von Parteien zustimmten, die in früheren Wahlen gegen Hitler gestanden hatten, z.B. auch Theodor Heuss, der trotzdem ab 1949 Bundespräsident und Säulenheiliger der deutschen Demokratie werden sollte.

Im Zeichen der allgemeinen Hysterisierung der deutschen öffentlichen Meinung hätte Heuss es ab den Siebziger oder Achtziger oder gar noch späteren Jahren nicht mehr wagen dürfen, für dieses höchste Staatsamt auch nur zu kandidieren.

der Marschsäulen, dann von der gewaltigen Tribüne aus, von der gleißende Scheinwerfer über das weite Feld hinwegstrahlten. Hier standen die Belegschaften aus den Berliner Betrieben; nur wenige trugen eine Uniform, und viele von ihnen waren sicher noch "rot". Aber keiner ballte mehr die Faust und rief "Rot Front!" Und alle zusammen bejahten die sozialistische Gemeinschaft.

Am nächsten Tage wurden die Büros aller Gewerkschaften geschlossen und diese in die Deutsche Arbeitsfront überführt. Hierüber erregte sich im wesentlichen nur das Ausland. Wir wußten, daß eh nur 30 % aller Arbeiter und Angestellten gewerkschaftlich organisiert waren; dazu noch in gänzlich unterschiedlichen christlichen, sozialistischen, kommunistischen, deutschnationalen, "gelben" Gewerkschaften, die sich mehr im Konkurrenzkampf gegeneinander verzettelten, als daß sie die Rechte ihrer Mitglieder verfochten. Da deren erworbene Ansprüche überdies anerkannt und erhalten blieben und andererseits auch die Arbeitgeberverbände aufgelöst wurden, konnte von einer "Entrechtung und Knebelung der Arbeiterklasse" nicht die Rede sein.

Mit Freude und Stolz beobachteten besonders "wir Sozialisten" alle zusätzlichen sozialen Einrichtungen, die durch eigenständige Organisationen wie SCHÖNHEIT DER ARBEIT und KRAFT DURCH FREUDE geschaffen wurden und die eine erhebliche Verbesserung von Löhnen, Arbeitszeiten und Umwelt durchsetzten.

Daß den Arbeitern damals auch ein Stück staatsbürgerlicher Freiheit verloren ging, bekümmerte uns weniger. Diesen Verlust hatten sie mit allen Deutschen gemein, und sie empfanden ihn nicht schmerzhafter. Diese Freiheit war in den letzten Jahren allzu sehr mißbraucht worden und hatte zur Zerrüttung von Staat und Gesellschaft geführt. Auch leidet kaum einer unter dem Durst nach Freiheit, den Hunger nach Brot quält oder gar die Sinnlosigkeit seiner Existenz.

Was dem Arbeiter an Freiheit entging, empfing er an Gleichheit. Der Unternehmer, der Chef, der leitende Angestellte, der Akademiker galten nun nicht mehr als "etwas Besseres". Sie alle waren nur noch "Volksgenossen" mit gleichen Rechten und mit oft noch höheren Pflichten. Und sie alle beflügelte der Antrieb hoher Ideale, bestätigt durch den täglich spürbarer werdenden Auftrieb in allen Gebieten.

In jenen Tagen war das alles noch mehr oder weniger Glaube und Hoffnung, Realität auf Kredit. Eine Grundstimmung, die mit der aus den Tagen der Wiedervereinigung vergleichbar war. Eine Zuversicht, die Kraft gab zum "Bäume ausreißen" und "Berge versetzen".

Hier soll keine Apologie des Dritten Reiches geschrieben werden und auch kein Tabellenwerk mit vergleichenden Wirtschaftsstatistiken. Sebastian Haffners Anmerkungen genügen, der als stets fanatischer Hitlergegner schon vor dem Kriege in die Emigration ausgewichen war:

"Im Januar 1933, als Hitler Reichskanzler wurde, gab es in Deutschland sechs Millionen Arbeitslose. Drei kurze Jahre später, 1936, herrschte Vollbeschäftigung. Aus schreiender Not und Massenelend war allgemein ein bescheiden-behaglicher Wohlstand geworden. Fast ebenso so wichtig: An die Stelle von Ratlosigkeit und Hoffnungslosigkeit waren Zuversicht und Selbstvertrauen getreten. Und noch wunderbarer: Der Übergang von Depression zu Wirtschaftsblüte war ohne Inflation erreicht worden, bei völlig stabilen Löhnen und Preisen. Das ist später nicht einmal Ludwig Erhard gelungen."

Wer allein aus dem Wunder dieses Aufbauwerkes seine Rückschlüsse zieht, wird ahnen können, um wieviel bewegender und produktiver die Grundstimmung von 1933 gewesen sein muß als die der Wiedervereinigung von 1989.....

Aufbau, Zweifel, Widerspruch

Die Zahl mir bekannter Marxisten, bereits zweifelnder, aber auch fest beharrender, war so groß, daß ich fürs erste keinen Mangel an Diskussionspartnern hatte. Sie versorgten mich auch mit Druckschriften, die in Paris oder in Prag erschienen waren. Ich las sie alle mit größtem Interesse, einige mit noch größerer Heiterkeit.

Dies vor allem bei den sogenannten Tatsachenberichten über unser "blutiges Terrorregime", das Hunderttausende politische Gegner eingekerkert bzw. totgeschlagen habe, so daß die Spree am Reichstagsufer mit Leichen verstopft sei. Wohingegen sie ihre "Enthüllungen" über die Hintergründe und "wahren Urheber" des Reichstagsbrandes so raffiniert arrangiert hatten, daß sie mich noch auf viele Jahre in tiefem Zweifel hielten. Noch ernster nahm ich die "Beweise", daß Wirtschaftsaufschwung und Vollbeschäftigung ausschließlich auf unsere Riesenrüstung zurückzuführen seien.

Zwar war von dieser bis 1937 nichts zu sehen. Wohl aber berunruhigte mich in den offiziellen Reden der martialische Ton. Drängte sich nicht auch die Parallele zu US-Präsident Roosevelt auf, der die amerikanische Militärmaschine für seinen Wirtschaftsaufschwung nützte? - Heute weiß jeder Wirtschaftshistoriker, daß die deutschen Rüstungsausgaben bis 1938 effektiv geringer waren als die Frankreichs, Japans oder der Sowjetunion. Und daß die öffentlichen Hände, vor allem unsere Ministerien, Post und Reichsbahn, daß Arbeitsfront und Industrie, Bau und Landwirtschaft so gigantische Investitionen vorbereitet und festgelegt hatten, daß jede Rüstungsmaßnahme nur "zur Ankurbelung der Wirtschaft" nicht nur überflüssig, sondern sogar hinderlich gewesen wäre.

Endlich hatten auch unsere Reichsautobahnen beim schlechtesten Willen nicht der Kriegsvorbereitung zugerechnet werden können, weil in diesem Falle ihre Hauptstrecken in west-östlicher und nicht in nordsüdlicher Richtung geführt worden wären.

Darüber hinaus wurde Hitler in allen Reden jener Jahre nicht müde, seinen Willen zum Frieden mit den plausibelsten Argumenten zu bekunden, die um so glaubhafter klangen, als er sich im Gegensatz zu allen anderen Staatsoberhäuptern auf seine eigenen Erfahrungen als einfacher Soldat des vierjährigen Weltkrieges berufen konnte. Besonders überzeugend klang gerade aus seinem Munde der stets wiederholte Hinweis, daß jeder Krieg gerade die Besten jeder Rasse hinwegnähme.

Beispielgebend für diese Friedensbekundungen war seine große Regierungserklärung vom 17. Mai 1933, die uns von manchem Zweifel befreite und auch die übrige Welt auf einige Zeit beruhigte.

"Auf Sozialisten, schließt die Reihen..."

Auf daß alles so werde, wie wir es erhofften, setzten wir Berliner NS-Studenten weiterhin "Zeichen" für die verschiedensten Lebensbereiche. Sie waren auf jeden Fall gut gemeint; wenn auch fraglich ist, ob sie immer von Nutzen waren. Tendenziell war unser Verhältnis zur offiziellen Linie der NSDAP etwa so wie das der heutigen Jungsozialisten zur SPD.

So zierte ich meine monatlich erscheinende Berliner Studentenzeitung mit der Schlagzeile: "AUF, SOZIALISTEN, SCHLIESST DIE REIHEN!" Darob getadelt, daß dies der Beginn eines alten Sozialistenliedes sei, antwortete ich jugendlich überlegen; "Darum hab' ich's ja genommen.."

Dann ließen wir die studentischen Korporationen in Couleur mit ihren uniformierten Chargierten zusammen mit der Berliner Arbeiterjugend aufmarschieren, als besonders bildkräftiges Symbol für die neue Volksgemeinschaft.

Im Lunapark sprachen auf unserer großen Friedenskundgebung Offiziere verschiedener Nationen in großer Uniform und Ordensschmuck. Für Deutschland sprach der Freikorpsführer Freiherr von Medem, der vielgerühmte 'Eroberer von Riga'. Da an seiner Stelle Prinz August Wilhelm hatte sprechen wollen, der nicht nur Kaisersohn und General a.D., sondern vor allem auch hoher SA-Führer war, erntete ich Verweise und Beschimpfungen. Mich tröstete eine gute internationale Presse.

Natürlich ließen wir auch die Berliner Börse nicht aus, das steinerne Wahrzeichen für kapitalistisches Spekulantentum. Hier artikulierten wir ebenso laut wie unbedarft unsere volkswirtschaftlich bedenklichen Losungen, auf die hin ich mit Stolz eine scharfe Verwarnung einsteckte. Kein geringerer als Reichswirtschaftsminister Hjalmar Schacht hatte sie in berechtigter Empörung gestartet. Schacht galt damals bei den Sozialisten jeden Kalibers als Verkörperung finanzkapitalistischer Reaktion.

Alle diese Kundmachungen unseres jugendlichen Wollens waren in der Flut des damaligen Geschehens relativ unbedeutend und, bei genauerer Betrachtung, oft auch fragwürdig. Ich habe sie erwähnt, um die Stimmungslage vieler Studenten zu kennzeichnen, die sich oft nicht sehr von denen der Endsechziger unterschied. Außerdem gehört auch das in meine "Vorstellung".

Genau so - wenn auch politisch völlig irrelevant - unser Bemühen, "sozialistische" Ideale durch unser privates Handeln zu verwirklichen. Aus unserem schmalen Geldbeutel haben wir immer wieder nicht nur in den allgemeinem "Kampfschatz" gespendet, sondern auch Hungernde, die es ja damals noch gegeben hat, zu einem frugalen Erbseneintopf mit Brötchen bei Aschinger eingeladen. Sicherlich war der Geldbeutel dieser Hungernden nicht selten besser ausgestattet als der unsere.

Ein besonderer Reinfall ereignete sich mit einem besserungswilligen Vorbestraften, den mein Mitarbeiter Hajo v. Hadeln als Fahrer und Aushilfskraft einzustellen empfahl. Nachdem wir beide ihn angehört hatten, waren wir überzeugt, in ihm ein besonders überzeugendes Opfer des kapitalistischen Unrechtsstaates vor uns zu haben. Wir stellten ihn an und rührten nie mehr an sein Vorleben. Bis er es selber tat.

Eines Tages war er verschwunden, mit ihm das Auto und die Kasse mit ein paar Hundert Mark. Hajo, der blonde Idealist, der 1943 als Offizier der Waffen-SS bei Stalingrad fallen sollte, besuchte ihn noch mehrfach im U-Gefängnis Moabit, mit dem Anwalt bemüht, ihn freizubekommen. Er scheiterte "an der juristischen Voreingenommenheit" der Richter.

Etwas später bat mich ein Kommilitone um Anstellung. Innenpolitische und parteiinterne Vorgänge hätten ihn tief enttäuscht; außerdem habe sein Vater ihn vor die Tür gesetzt, da er kein Examen mache; er habe eben momentan keine innere Beziehung zum Studium. Auch hier schien mir sofortige Hilfe vonnöten. Er wurde als Referent für Arbeitsdienst-Fragen angestellt.

Nach wenigen Tagen erschien er nicht mehr zum Dienst. Wir suchten ihn, aber er blieb zunächst unauffindbar. Als er wieder auftauchte, erzählte er eine lange Krankheitsgeschichte.

Beim nächsten Mal konnte ich mühelos feststellen, daß er bekannt dafür war, häufiger zu "erkranken", die Krankheit aber stets in mehrtägiger Volltrunkenheit bestehe. Er gestand, nach schweren Schicksalsschlägen ein Quartalsäufer geworden zu sein und schwor feierlich ab. Ergriffen glaubte ich ihm.

Beim nächsten Mal dasselbe. Mit ernstem Nachdruck forderte ich ihm sein Ehrenwort ab. Ergriffen gab er es mir. Beim nächsten Mal trennten sich unsere Wege. Ich sah ihn nicht wieder, bin aber noch oft mit Hilfestellungen dieser und ähnlicher Art hereingefallen.

Was alles sicherlich für meine stets hilfsbereite "sozialistische Solidarität" sprach, wenn auch wohl weniger für meine Menschenkenntnis und Lebenserfahrung.

"Entartete Kunst"

Zum Schluß noch die Erinnerung an eine unserer Berliner Kundgebungen, die ein weltweites Interesse gefunden hat. Ich veranstaltete sie mit meinem Stellvertreter, Otto Andreas Schreiber, einem sehr begabten Maler, dem die Studentengruppen der vier Berliner Kunstfachschulen unterstanden.

Wir hatten uns schon seit langem darüber geärgert, daß führende Nazis die moderne Kunst so stur ablehnten. Besonders der "Kampfbund für deutsche Kultur" schien eine Linie zu verfolgen, die auf Gartenlaube-Realismus ging, sowie auf den Ausschluß großer moderner deutscher Maler (wie Nolde, Barlach, Heckel, Schmidt-Rottluff usw.) aus dem deutschen Kunstschaffen.

Über Presse, Plakate und persönliche Einladungen luden wir die Kunstwelt Berlins ein und zogen dann am 29. Juni 1933 im hoffnungslos überfüllten auditorium maximum der Berliner Universität vom Leder.

Otto Andreas Schreiber und ich bekannten uns hier zu einer uneingeschränkten Freiheit der deutschen Kunst, in der allein Qualität die Maßstäbe zu setzen habe.

Wir redeten weder indirekt, noch verschlüsselt. Wir nannten den "Kampfbund" beim Namen als einen Haufen "tollgewordener Dilettanten und Spießer", die den großen geistigen Umbruch durch Akademismus und sterile Vorortsmalerei verrieten. Und wir nannten die Künstler beim Namen, die man durch ständige Bilderstürmereien diffamiere und in ihrem Schaffen lähme.

Der Beifall der Zuhörer entlud sich mit der Gewalt eines lange Zeit gestauten Wildwassers. Die diffamierten Künstler, zumeist anwesend, umarmten uns begeistert; Geheimrat Justi wollte, daß wir diese Kundgebung in allen großen Universitäten auf seine Kosten wiederholten.

Die "bürgerlichen Zeitungen" des Reichs, ja die Weltpresse akklamierten uns in langen Berichten. Die durch uns in der Berliner Galerie Möller organisierte Dauerausstellung der verfemten Künstler war immer gerammelt voll....

Dafür entlud sich über uns bald danach ein Gewittersturm allerhöchsten Unwillens. Der "Kampfbund" beschimpfte uns als "deutsch übertünchte Jugendführer", deren "dunkles Handwerk in der Unterminierung echten deutschen Kunstgefühls" bestehe und unschädlich gemacht gehöre. Unsere Zuhörer nannte man "schwarzhaarige, bleiche Bohemiens, denen man den jüdischen Einschlag auf 100 Schritte ansah..." Derartige Angriffe taten wir lächelnd ab, allzeit selbstbewußte Missionare, durchdrungen von unserem guten Recht. Natürlich hatten wir keine Ahnung, hiermit ziemlich genau das Gegenteil von dem proklamiert zu haben, was Adolf Hitler persönlich in der Kunst erstrebte.

So wurden wir einige Tage später unserer Ämter enthoben und vor ein Parteigericht bestellt. Unsere Dauerausstellung wurde verboten. Die stumpfsinnige Behinderung künstlerischen Schaffens ging weiter. Mit ihr die allgemeine Gleichschaltung des geistigen Lebens, die wir als Sieg der Reaktion über unsere sozialistische Linie empfanden, nicht ahnend, daß Gleichschaltung zum Wesen des Sozialismus gehört.

Politisch und psychologisch war auch diese Zeit für mich lehrreich: Jeder wußte, daß ich abgesetzt worden war. Plötzlich waren Kommilitonen, Kollegen und sonstige Bekannte telefonisch nicht mehr für mich zu sprechen; sie hatten keine Zeit, mich zu treffen oder zeigten sich sehr zurückhaltend.

Bis endlich mein Parteigerichtsverfahren eröffnet wurde, bei dem der Reichsjugendführer Baldur von Schirach sich für mich einsetzte. Nach meinem Freispruch berief er mich sogar als "Oberbannführer" in die Reichsjugendführung. Worauf sich niemand mehr zurückhaltend zeigte, mein Freundeskreis sogar merkbar zunahm...

Für mich war damals noch eine Begegnung, obgleich gänzlich belanglos, von eigenartiger Eindruckskraft: Auf der Pankebrücke kam mir mein früherer Oberstudiendirektor entgegen, den ich seit meinem Abitur, also seit über fünf Jahren nicht mehr gesehen hatte. Ich begrüßte ihn erfreut, indem ich meinen Hut zog. Er sah mich durchdringend ernst an und dankte, indem er den rechten Arm zum Deutschen Gruß erhob. Hatte sein Blick auch Vorwurf zum Ausdruck gebracht? Vorwurf, weil ich den Arm nicht gehoben? Vorwurf, weil ich von jeher für eine Bewegung gekämpft, die das zur Mode machte? Ich weiß es nicht. Er und seine Frau wurden 1945 von den Russen bei der "Befreiung" erschossen.

Umwelt oder Rasse?

Inzwischen war es höchste Zeit fürs Examen geworden. Ich übersiedelte nach Heidelberg und meldete mich bei Professor Arnold Bergsträßer, der mir als Thema für meine Doktorarbeit nannte: STAAT UND GESELLSCHAFT BEI MILL, MARX UND LAGARDE. Als ich mich einige Wochen lang mit der einschlägigen Literatur beschäftigt hatte, bekam ich es plötzlich wieder mit der Partei zu tun: Der NS-Studentenbund machte es mir zum Vorwurf, einen Juden zum Doktorvater erkoren zu haben.

Das war mir neu. Und klang auch zunächst völlig unwahrscheinlich. Denn Bergsträßers Kopf und Gestalt hätten den strengsten Vorschriften einer Elitegruppe für nordische Rasse entsprochen. Er war Frontoffizier im Ersten Weltkrieg, in dem man ihm ein Auge ausgeschossen hatte. Seine Vorlesungen waren überfüllt, da auch viele Nichtstudenten sie besuchten.

Meine massiven Proteste bei den Parteistellen nützten ebenso wenig wie deren Appelle an meinen Rassestolz. Schließlich wandte ich mich an den weltberühmten Physik-Nobelpreisträger Philipp Lenard. Ein Wort von ihm, und Bergsträßer wäre für immer geholfen gewesen. Seit weit über zehn Jahren war Lenard ein entschlossener Hitler-Anhänger. Roter Mob hatte ihn deswegen in seinem Institut überfallen und verschleppt, was seine Einstellung nur hatte verfestigen können. Kein Gauleiter hätte ihm eine Bitte abgeschlagen.

Kurz entschlossen sprach ich Lenard bei seinem nachmittäglichen Spaziergang auf dem rechten Neckarufer an. Entgegen meiner Hoffnung forderte er mich nicht auf, ihn zu begleiten. Er blieb nur stehen und fragte unwirsch, was ich denn eigentlich wolle.

Ich schilderte ihm den Fall Bergsträßer in aller Kürze und gab meiner Hoffnung und Bitte Ausdruck, daß er hier sicherlich helfen könne. - Er aber sagte nur: "Nein, jüdisches Blut unterstützt man nicht."

Ein wie unversöhnlicher Judenfeind Lenard gewesen ist, wurde mir erst später bewußt, als ich hörte, daß er Einsteins Theorien als "jüdisches Machwerk" verwarf und sein eigenes Buch mit dem Titel versah "DEUTSCHE PHYSIK".

Unbekümmert setzte ich meine Arbeiten fort und konnte, nach Annahme meiner Doktorarbeit, im Februar 1934 mein Rigorosum ablegen. Zu meiner Freude brachte der Berliner Verlag Junker und Dünnhaupt meine Dissertation als Buch heraus. In der öffentlichen Kritik wurde zu recht bemängelt, daß ich bei Marx die "Rolle des Juden" hätte zu kurz kommen lassen.

Nach Berlin zurückgekehrt, erhielt ich vom Reichsjugendführer den Auftrag, Vorbereitungen zur Einführung eines Arbeiterstudiums zu treffen. Nur 4 % aller Studenten kamen damals aus Arbeiterfamilien. Ich war überzeugt, daß es hier genug Begabungen gab, denen wir den Weg zum Studium öffnen müßten und könnten. Unser Ziel also müsse sein: BRECHUNG DES BÜRGERLICHEN BILDUNGSMONOPOLS!

Hiergegen erhoben hohe Parteistellen, die für Weltanschauungsfragen zuständig waren, grundsätzlich Einspruch. Ihre Begründung war in Kürze: Die untere Schicht sei nicht deswegen untere Schicht, weil ihr ein bürgerliches Bildungsmonopol im Wege stehe, sondern, weil sie von Natur aus, also aus rassischen Gründen, minderbegabt sei. Diese Auffassung wurde allerdings nur durch diese "weltanschaulichen" Stellen vertreten, während alle anderen die rassische Begründung hintan stellten.

Nebenher machte ich mir diese umstrittene Frage zum Thema eines kleinen Buches mit dem Titel: "JUGEND FORDERT", das dann 1934 bei Stalling erschien und von der parteiamtlichen Kritik ziemlich verrissen wurde.

Erst einige Monate später lernte ich aus Begegnungen mit dem großen Biologen und Chirurgen August Bier, daß alle ENTWEDER-ODER-FRAGEN in "heraklitisch-hippokratischer Sicht" unsinnig seien. In unserem Falle dürfe die Frage nicht heißen "Umweltveränderung" oder "Erbgesetze", da ja der Mensch beide vererbe, das Bleibende und das Veränderliche: "Nur ist ersteres sinnfälliger, letzteres für unsere Sinne zu langsam", sagte Bier. "Ohne jenes lebten wir keine Woche, ohne dieses höchstens sieben Tage. Wollen Sie um diesen Gegensatz streiten, der in Wirklichkeit nur Harmonie bedeutet?"

Diese Erkenntnis des großen Mediziner-Biologen mit philosophischem Tiefgang ist leider bis heute noch nicht Allgemeingut geworden... Das Streitthema lebt bis in unsere Gegenwart hinein immer wieder auf, nur gilt heute als genetisch bedingt, was damals rassisch genannt wurde.

Blutige Gewalt

Ich bin der Zeit wieder etwas vorausgeeilt.

Uns alle schmetterte damals nieder, daß Hitler am 30. Juni 1934 seinen Duzfreund, den Stabschef der SA Ernst Röhm, ohne Anhörung und ohne Gerichtsurteil hatte erschießen lassen. Mit ihm zur gleichen Zeit und ohne viel "Federlesens" 70 weitere Führer und politische Persönlichkeiten, wie es parteiamtlich hieß, während die Auslandspresse 2000 - 3000 Opfer meldete.

Ich saß am 30. Juni nichtsahnend zu Haus, als mir mein enger Freund und Mitarbeiter Hans Kotschi die Schreckensnachricht brachte. Er hatte zwar einen kleinen SA-Rang, war aber auf der Flucht vor der SS, die ihn suchte. Ich wollte ihm zunächst nicht glauben, versteckte ihn dann jedoch auf einige Tage in unserer Wohnung.

Über die Gründe dieses Massakers stritten wir uns noch lange Zeit. Parteiamtlich war von Umsturzplänen der SA die Rede, die von Röhm alarmiert worden sei. Ich habe seitdem nie einen SA-Führer getroffen, der diesen Alarm hätte bestätigen können. Vom Streit der Reichswehr mit der SA-Führung um deren Milizpläne wußten wir damals noch nichts.

Am 13. Juli schilderte Hitler in einer Reichstagsrede, was sich im einzelnen zugetragen habe. Das widersprach in vielem dem, was Presse und Rundfunk des Auslandes verbreitet hatten und was uns oft plausibler erschien. Ein stumpfes Unbehagen überfiel uns; besonders als Hitler in seiner Rede schnell und hart skandierte. "In dieser Stunde war ich verantwortlich für das Schicksal der deutschen Nation und damit des deutschen Volkes oberster Gerichtsherr..."

Diese gewaltsame, anmaßende "Legitimation" fußte auf dem bereits am 3. Juli vom Reichskabinett erlassenen Gesetz, wonach "die am 30. Juni, 1. und 2. Juli vollzogenen Maßnahmen als Staatsnotwehr rechtens" gewesen seien.

An diesen "Maßnahmen" der Exekutive wie auch der Legislative zerbrachen viele. Mein Freund Kotschi war, ohne sich zu verabschieden, in seine schlesische Heimat gefahren und hat sich dort erschossen. Ich widmete ihm mein Buch "JUGEND FORDERT".

Zweifel und Resignation hatten keine Gelegenheit, sich allzu sehr festzusetzen. In Österreich waren wirtschaftliche Verelendung und innenpolitischer Verfall so vehement fortgeschritten, daß der Kanzler Dollfuß jeden Halt bei den links und rechts polarisierten Parteien verloren und das parlamentarische System suspendiert hatte. Marxisten wie Nazis wurden "paritätisch" durch Verbote und Standrecht, KZ und Todesstrafe verfolgt.

Im Februar 1934 kam es dann zur Entladung. Die austromarxistischen Revolutionäre wurden mit Maschinengewehren und Geschützbatterien niederkartätscht. 1 500 Tote und 50 000 Verletzte waren auf der Strecke geblieben, was, maßstabsgerecht auf Deutschland übertragen, hier einer Zahl von 18 000 Toten und 50 000 Verletzten entsprochen haben würde. Zahlen, die alle Opfer der Machtergreifung wie des Röhmputsches um ein Vielfaches überträfen.

Die immer schärfer werdenden Unterdrückungsmaßnahmen, die Österreichs täglich schneller werdende Talfahrt begleiteten, führten dann am 25. Juli 1934 zu erneuten Aufständen, diesmal von Seiten der Nazis und der Großdeutschen. Obgleich sie vielerorts die Gewalt an sich reißen und tagelang behaupten konnten und obgleich Kanzler Dollfuß erschossen wurde, wurde sie durch die Armee mit Maschinengewehren und Minenwerfern niedergeworfen. Zur Sicherheit ließ selbst Mussolini seine Divisionen gegen das Deutsche Reich am Brenner aufmarschieren.

Und das alles unter dem Beifall des demokratischen Europa, das dem österreichischen Volke nach wie vor das Selbstbestimmungsrecht verweigerte, hier also das Recht, sich dem Reiche anzuschließen. Und dessen Führung es unternahm, die blutigen Untaten der Hitlerdiktatur durch die viel blutigeren Untaten der austrofaschistischen Diktatur zu bekämpfen.

Flucht in die Wissenschaft

Diese erneute Begegnung mit dem Zynismus der angeblich freien Demokratien, der Schock des 30. Juni, der Selbstmord meines Freundes Hans Kotschi, die Resignation vieler Kameraden gingen mir noch lange nach. Gewiß ist Politik das Schicksal; verdirbt sie aber nicht auch den Charakter, ist sie am Ende nur "ein garstig Lied"?

Langsam spielte ich mit der Idee, mich aus der "Politik" zurückzuziehen und der "Wissenschaft" zuzuwenden. Vernünftigerweise hätte das bedeutet, sofort mein Referendarexamen zu machen und nach drei Referendarjahren meinen Assessor. Dann aber hätte ich mein Leben lang - als Anwalt oder als Richter oder als Beamter - Gesetzen dienen müssen, von denen ich wußte, daß sie nicht für alle gleichermaßen bindende Kraft hatten, ja, daß ich in deren Anwendung fremden Weisungen unterworfen werden konnte.

So entschloß ich mich zum Studium der Medizin, zu dem es mir bislang immer an Geld gefehlt hatte. Bei der neu gegründeten Deutschen Arbeitsfront bekam ich einen Halbtagsjob, der mir monatlich das Gehalt von 250,- Mark einbrachte und ermöglichte, die für das ärztliche Vorexamen festgelegten Vorlesungen und Praktika zu absolvieren. Was ich dafür zu tun hatte, war ziemlich lächerlich: Mein Chef, ein ehemaliger Chemiearbeiter, war Leiter der "Auslandsabteilung", deren weiteres "Personal" nur aus mir bestand. Meine Aufgabe war, seine Korrespondenz zu besorgen. Die seine war es zu ergründen, warum, wann und an wen wir eigentlich schreiben sollten; an uns schrieb eh niemand.

In dieser Zeit besuchte mich eines Tages Martin Hörz, der kommunistische Studentenführer aus Heidelberger Tagen. Er war fast ein Jahr ins KZ gesteckt worden und jetzt als Autogenschweißer tätig. Geheiratet hatte er auch und zwar die Tochter von Monty Jacobs, dem renommierten Theaterkritiker der Vossischen Zeitung, in dessen Hause er lebte.

Hörz besuchte mich noch oft bis kurz vor Kriegsbeginn. Bis zu den Moskauer Schauprozessen blieb er ein überzeugter Kommunist stalinistischer Observanz, der dem Hitlerregime ein baldiges Ende voraussagte, ganz im Gegensatz zur Familie Monty Jacobs, die schnellstens auswandern wollte, überzeugt, Hitler bleibe ewig.

Indessen schien Martin Hörz vorübergehend recht zu bekommen: Nachdem die Sowjetunion dem Völkerbund beigetreten war, hatte sie mit Frankreich und der Tschechoslowakei Beistandspakte abgeschlossen; England und Frankreich hatten ihre Rüstungen erhöht, bzw. die Dienstzeit auf zwei Jahre verlängert. Seit März 1935 gab es auch in Deutschland die allgemeine Wehrpflicht, nachdem seit 1933 die deutschen Reaktionen auf die vertragswidrige Hochrüstung der anderen nicht mehr ganz so sanftmütig klangen wie in der Zeit von 1919 - 1933. Die langjährigen Vertragsbrecher antworteten mit Echos, deren Lautstärke offenbar die Stimme des eigenen Gewissens und die Fragwürdigkeit der von ihnen vorgebrachten Gründe übertönen sollte. Der beidseitige Weg in die Eskalation hatte begonnen.

Mich stöberte in dieser Zeit mein "kunstbolschewistischer" Freund aus Studentenbundtagen auf: Otto Andreas Schreiber schüttelte über meinen Nebenerwerb den Kopf und alarmierte seinen (gleichfalls "kunstbolschewistischen") Freund Hans Weidemann, der vor zwei Jahren Zeuge und Teilnehmer unserer Kundgebung für die Freiheit der deutschen Kunst gewesen war. Danach als Vizepräsident der Reichskammer der Bildenden Künste auf Weisung Hitlers abgesetzt, war er nach einiger Zeit von Goebbels mit der verantwortlichen Oberleitung der (vier) deutschen Wochenschauen beauftragt worden.

Mit Engelszungen redeten Weidemann und Schreiber auf mich ein, an der Wochenschauarbeit mitzuwirken. Das ginge auch als Halbtagsjob, brächte mir monatlich sogar satte 300 Mark und sei vor allem ungleich interessanter. Was mir an technischen Details fehle, könne ich mir schnell im Laufe der praktischen Mitarbeit aneignen. Heute nennt man das : learning by doing. Auf jeden Fall nähme man auf mein Medizinstudium jede nur mögliche Rücksicht, so daß der Wechsel zu Weidemann per Saldo nur mein Vorteil sein würde.

So kam es, daß ich mich nach intensiver Überlegung von der Reichsfilmkammer anstellen ließ, deren Fachschaftsleiter und Vizepräsident Weidemann inzwischen geworden war. Unser Büro lag nächst der Kreuzung Koch-Ecke Friedrichstraße, in deren Umkreis auch fast sämtliche Filmfirmen ihre Niederlassung hatten.

Worauf es bei unserer Arbeit ankam, bedurfte keiner speziellen Dienstanweisung. Der totalitäre Staat wollte von seinen Medien nichts anderes, als was man allezeit und auch heute noch von jeder Werbefirma verlangt: das angebotene Produkt und die dazu "passende Beschreibung samt Gebrauchsanweisung" so mundgerecht zu servieren: daß der Konsument es gern zu sich nimmt.

Unsere Wochenschauen hatten also die Aufgabe, das Dritte Reich von seiner Schokoladenseite her zu zeigen. Und das konnte in diesen Jahren ungestümen Aufbaus nicht schwer fallen: An allen Ecken und Enden entstanden Wohnungen, Siedlungen, Schulen, Kasernen, Jugendherbergen, Straßen, Autobahnen, kleine Volkswagen, große Schiffe; jede Woche wurde etwas in Dienst gestellt, eröffnet, eingeweiht, Grundstein gelegt, begrüßt, verabschiedet; sprachen der Führer oder Göring oder Goebbels, besuchten uns Könige, Präsidenten, Diktatoren und andere Staatsmänner; oft genug gab es die großen Veranstaltungen von Partei und Staat, die Manöver und Paraden der Wehrmacht.

In soviel Positivem, Staatsaufbauendem dauerbadend, gab es für uns keinen Raum für Problematisches, Kritisches oder auch nur Bedenkliches. Allerdings: wenn sich hierdurch auch der Journalist der Presse oder des Funks thematisch und interpretativ beengt und beschnitten fühlen mochte, so wirkte sich dies bei den

Film-Wochenschauen weniger aus. Jede der vier Wochenschauen vertrat mit je etwa 12 Minuten Spieldauer pro Woche die Rolle des heutigen, vielfältigen, ganztägigen Fernsehens, sie hatten also einfach nicht genug Raum, auch nur ein Minimum des Allerbedeutendsten von dem zu bringen, was aus der Summe der bedeutsamen Sujets erwählt worden war, die ihrerseits eine Auslese der wichtigsten aus den wichtigen aktuellen Berichten darstellten. Die Proteste so mancher ehrgeizigen, aber leer ausgegangenen Gauleiter oder Parteiorganisationen erschreckten uns oft genug, wenn auch nie mit Erfolg; die Filmberichte waren nun mal aus Zelluloid und nicht aus Gummi, und die Kinoprogramme gaben fürs Beiprogramm nicht mehr Minuten her.

Hitler und Goebbels hatten die Rolle der Filmwochenschauen als Vorläufer und Stellvertreter eines kommenden aktuellen Fernsehens natürlich von jeher erkannt. Das erklärt, warum sie beide während der gesamten Zeit des Dritten Reichs sich pünktlich und akribisch zweimal in der Woche mit dem Bild- und dem Tonteil jeder Wochenschau beschäftigten.

Über meine Wochenschauarbeit habe ich in meinem Buch DIE VERSTRICKUNG ausführlich berichtet und beschränke mich hier daher nur auf Episoden, die für meine "Vorstellung" von Interessen sein könnten.

Episoden

Mein erster Versuch, die Wochenschauen trotz mangelnden Raumes durch ein heiter-ironisches Sujet etwas aufzulockern, kam erst gar nicht zustande, da der hierfür von mir vorgesehene Schauspieler vorübergehend ins KZ wanderte. Es war Werner Finck, den ich des öfteren in seinem Kabarett DIE KATAKOMBE mit großen Vergnügen genossen hatte. Weidemann, der meiner Idee von Anfang an skeptisch gegenübergestanden hatte, feixte schadenfroh und gratulierte mir, daß dieses erste Sujet noch nicht zustande gekommen war.

Meine späteren Versuche kamen zustande. Bis Finck ein paar Bilder von im Eis spielenden Eisbären mit "Eisblockwarten" bewitzelte. Diese harmlose Wortspielerei hätte wohl alle Parteiblockwarte und normalerweise auch Goebbels selbst unberührt gelassen. Aus Fincks Munde bewirkte sie den nunmehr endgültigen Stop derartiger “Auflockerungen”. Desgleichen wurden ähnliche Sujets der Deuligwoche untersagt, für die ich Walther Kiaulehn gewonnen hatte.

An diese Vorgänge dachte ich ein Dutzend Jahre später, als ich (1947) im Internierungslager der Bannstrahl des britischen Gouverneur traf. Er hatte das von mir geschriebene und inszenierte Kabarett zuerst genehmigt, aber dann verboten und mich festnehmen lassen. Meine Argumente gegen diesen freiheitlich-demokratischen Umerzieher waren fast dieselben wie im Falle Finck-Goebbels (siehe Dok. S. 168 ff.).

Bei der ersten meiner leider nur seltenen Parisreisen besuchte ich, dem Rat meines alten Lehreres für Französisch folgend, die CAVE DES OUBLIETTES, dicht an der Seine im Angesicht der NOTRE DAME gelegen. “Nur etwas für Kenner und Liebhaber französischer Lieder”, hatte er mir gesagt. Man stieg mehrere steile Treppen hinab, vorbei an Nischen, mit menschlichen Knochen aus der Zeit der französischen Revolution schauerlich dekoriert. Betrat man das schmale Gewölbe des Vortragsraumes, fiel man über die Falltreppe, unweigerlich zur Erheiterung der bereits Anwesenden lang hin. Beim nächsten Mal wußte man Bescheid und nahm einen ganz langen Schritt. Und genoß dann Kleinkünstler und große Sänger der Opera mit Volksliedern, Schlagern und Chansons aus Vergangenheit und Gegenwart. Hier lernte ich auch Josephine Baker kennen. Ihr “J'ai deux amours, mon pays et Paris” wurde eines meiner Lieblingslieder. Im Juli 1940 begegnete es mir wieder, in einer Gefechtspause, unter einem deutschen Panzer.

Bei einer Paris-Reise fragte ich mich nach einem Café durch, in dem deutsche Emigranten verkehren sollten. Zu meiner Freude traf ich dort Boris Goldenberg, der im Ernst geglaubt hatte, ich sei emigriert. Er erkundigte sich nach Martin Hörz und meinem Freunde Heini Bratz, über die ich ihm ausführlich berichten konnte. Und er “tröstete” mich mit der Verheißung, das Dritte Reich stehe jetzt nun wirklich kurz vor dem Zusammenbruch. Lachender Widerspruch meinerseits verursachte, wie früher, eine nicht enden wollende Debatte mit ihm und mir unbekannten

Juden, die sich zu uns gesellten. Wie früher überzeugte niemand den anderen, wie früher schieden wir in Freundschaft. Ich sollte Goldenberg erst gute vierzig Jahre später wiedersehen, als er mich in Berchtesgaden besuchte.

Wenn ich von derartigen Episoden berichte, so weiß ich aus einigen Pressebesprechungen meines Buches DIE VERSTRIKKUNG, daß enragierte "Antifaschisten" hierin den Versuch erblicken, mich "reinzuwaschen", oder mich sogar aus der Rolle des Nazis in die des Widerstandskämpfers einzuschleichen.

Was war die Nazi-Weltanschauung?

Tatsächlich lag mir nichts ferner, zumal mir die Reihe der "Widerstandskämpfer", je größer sie alljährlich wird, desto fragwürdiger erscheint. Außerdem beruht die Unterstellung auf einem großen Mißverständnis: fast jeder glaubt nämlich, "der" Nationalsozialismus beruhe auf einer klar definierten, abgegrenzten Weltanschauung, die auch jegliches alltägliche Handeln auf festgelegte Bahnen verweise. In Wirklichkeit waren da nur die armseligen 25 Punkte, die neben dem Gemeinnutz und der Brechung der Zinsknechtschaft ein Sonderrecht für Juden forderten. Die aber nicht verhinderten, daß Eigennutz, Zins und Rechtlosigkeit - bis zum Mord - ihre zum Teil erschreckende Rolle weiterhin spielen konnten. Und über die sich ein Dr. Goebbels bei jeder Gelegenheit nur lustig machte.

Mangels verbindlicher, differenzierter Regeln, Imperative und Maßstäbe konnte sich jeder Mensch "Nationalsozialist" nennen, auch ohne Mitglied der NSDAP zu sein, sofern er äußerlich der Linie des Führers Adolf Hitler folgte. Und diese "Linie" konnte ebenso sehr intensiv, wie auch sehr extensiv interpretiert werden. Wenngleich letzteres bei der Judenfrage leider nicht der Fall war. Per Saldo war die NS-Weltanschauung - zum großen Ärger Alfred Rosenbergs u.a. Ideologie-Wächter - eine ausgesprochene Promenademischung aus konservativen, liberalen, christlichen, reaktionären, fortschrittlichen, antiken, modernen, emanzipatorischen, sozialistischen, nationalen, völkischen, rassistischen Versatzstücken, an denen sich jeder nach Gusto bedienen konnte.

Dies erklärt übrigens auch, warum die meisten "Widerstandskämpfer" auch und gerade um Stauffenberg, ganz wesentliche Teile der "NS-Weltanschauung" auch für sich in Anspruch genommen haben.

Meine eigene Vorstellung hat vielleicht gezeigt, daß ich diese "Weltanschauung" in der Regel sehr extensiv ausgelegt habe. Andernfalls wären meine langandauernden Freundschaftsverhältnisse mit Juden und mit radikalen politischen Gegnern ja auch kaum möglich gewesen. Desgleichen meine Schwäche für "zersetzende" Literatur, z.B. Bücher von Tucholsky, Polgar usw. Nicht zu vergessen Robert Neumanns Parodien, die übrigens Goebbels so schätzte, daß er sie fast alle auswendig hersagen konnte. Meinem Freundeskreis las ich oft daraus vor, der Lesegenuß siegte über mögliche Bedenken.

Hierfür ein Beispiel, das öfters auch sehr gefährlich hätte ausgehen können: Ich hatte mir schon als Primaner ab und zu die WELTBÜHNE gekauft, deren Beiträge, stets in glänzendem Deutsch geschrieben, mich immer sehr interessierten, wenn sie mir politisch auch fast nie zusagten. Aus dieser Zeit war Tucholsky in seinen fünf pseudonymen Erscheinungsformen für mich zu einem Begriff geworden. Nicht nur zu einem Begriff, sondern zu einem Autor und Essayisten, dessen Werke ich nicht nur einmal, sondern wiederholt genoß. Da ich meine Freude nicht nur allein genießen wollte, las ich aus seinen Büchern oft meinen Mitarbeitern und Freunden vor und hatte so immer auch meinen Spaß an dem ihren. Der Filmkomponist Walter Gronostay war mit seiner Frau manchmal dabei. Als er viel zu früh starb, schenkte sie mir alle seine Buchbände.

An einem jeden solcher Treffen nahmen sicherlich auch "hundertprozentig überzeugte" Parteigenossen teil, die an meinen "Vorlesungen" eigentlich hätten Anstoß nehmen und sie weitermelden können. Daß mir dieses schon damals klar war und für mich keinen Hinderungsgrund bedeutete und daß andererseits nie eine Denunziation erfolgte, beweist, daß die innere Bereitschaft zu liberalextensiver Auslegung der NS-Weltanschauung doch sehr viel weiter verbreitet war als der Drang, diese buchstabengetreu zu exekutieren.

Diese Einstellung hinderte nicht, daß wir die alltägliche Aufbauarbeit mit Begeisterung verfolgten und alles daransetzten, dieses Geschehen in den Wochenschauen so wirkungsvoll wie möglich wiederzugeben. Einmalige Höhepunkte boten hier z. B. der Einmarsch deutscher Truppen auf das linke Rheinufer oder die Olympiade vom Juli 1936. Mit einer Generalalmobilmachung des gesamten deutschen Volkes, das aufgerufen wurde, von der Fensterscheibe und der Kellertür bis zur Hausfassade und dem Vorgarten einschließlich der angrenzenden öffentlichen Anlagen alles auf Hochglanz zu bringen. Auch ging der Appell an alle, sich gegenüber jedermann anständig und höflich zu verhalten, Schimpfworte und Beleidigungen insbesondere gegen Ausländer und Juden zu vermeiden. Mit Begeisterung und Disziplin ging das deutsche Volk ans Werk, stolz auch auf das neue architektonische Ambiente, die Ost-West-Achse und das Reichssportfeld, in dem sich das Olympische Geschehen abspielen sollte.

Wir von der Wochenschau waren nicht minder begeistert. Konnte es eindrucksvollere Szenen geben vom friedlichen Wettkampf aller Völker? Vom Einmarsch der Olympioniken, die vor dem Deutschen Staatsoberhaupt den rechten Arm zum Gruß erhoben? Von der Anteilnahme prominentester Staatsmänner des Auslandes? Dokumentierten alle diese Filmszenen nicht überzeugend und unwiderleglich, daß alle Welt Hitlerdeutschland achtete und anerkannte, trotz Antisemitismus und Rassengesetzen, trotz Wehrpflicht, Rheinlandbesetzung und Zerreißung des Versailler "Vertrages"? Allerdings wolle man immer bedenken: alle Welt und also auch wir, sahen alles mit den Augen von 1936.

Das einzig "störende Element" für uns war Leni Riefenstahl, die uns hier, wie bei allen Nürnberger Parteitagen, die besten Kameraplätze wegnahm. Hitler persönlich konzedierte ihr und allen ihren Kameramännern und Mitarbeitern jeden gewünschten Platz, auch in nächster Nähe zu ihm selbst. Dazu hatten sie volle Bewegungsfreiheit, die es ihnen ermöglichte, unseren auf ihre Plätze fixierten Kameramännern ins "Schußfeld" zu laufen.

Natürlich hatte es nie in Lenis Absicht gelegen, uns die Arbeit unmöglich zu machen. Sie offenbarte damit nur, wie grenzenlos die Ichbesessenheit einer hochrangigen Künstlerin sein kann, als die sie sich mit ihren Filmen ja erwiesen hat. Glücklicherweise war die allzeit bewährte Improvisationskunst der Wochenschaumänner ausreichend, trotzdem gute Filmberichte herzustellen.

Sie hatten ja immer nur wenige Tage Zeit, um in allen Kinos der Welt laufen zu können; Lenis benötigten hierfür mehr als ein Jahr...

"Judenfilme zugelassen"

Wie schon erwähnt, will ich mich über die NS-Filmpolitik hier nicht näher äußern, da ich dies an anderem Ort ausführlich getan habe. Per Saldo ist zu sagen, daß Reichsfilmkammer und Propagandaministerium ihre Verordnungen und Gesetze zwar autoritär verkündet und vollzogen, vorher aber immer mit den betroffenen Gruppen, Sparten und Fachrichtungen ausführlich beraten und durchdiskutiert haben.

Auch war das filmkünstlerische Schaffen im wesentlichen frei, wenn man davon absieht, daß anti-NS oder judenfreundliche Stoffe nicht gedreht werden durften, was praktisch auch nie versucht worden ist. Wer allein aus dieser Beschränkung auf Unfreiheit schließen würde, müßte diese Schlußfolgerung auch auf das gegenwärtige Filmschaffen anwenden, dem pro-NS oder antisemitische Stoffe bei strenger Strafe verboten sind. Was ich im übrigen richtig finde.

Trotz oft sehr heftiger Kontroversen in unseren Debatten und trotz sehr freundschaftlich offener Worte bei heiklen Themen habe ich nie Klagen oder Kritiken grundsätzlicher Art zu hören bekommen - von beiläufigen Bemerkungen zur Judenfrage abgesehen. Nur eine Beschwerde wiederholte sich umso eindringlicher, daß ich sie Goebbels in Form einer schriftlichen Eingabe durch Weidemann vorlegen ließ: Künstler aller Filmsparten beklagten sich, daß sie keine anderen Filme mehr zu sehen bekämen als die ausdrücklich für die Öffentlichkeit zugelassenen; sie empfänden das als Unterbrechung ihrer Kommunikation mit dem internationalen Filmschaffen und wünschten den Zugang auch zu nicht zugelassenen und verbotenen Filmen.

Zunächst reagierte Goebbels kategorisch abweisend: "Die wollen bloß wieder die alten und die neuen Judenfilme zu Gesicht bekommen", sagte er und ließ sich von dieser Meinung nicht abbringen. Bis endlich die Intervention einiger Künstler, von denen er besonders viel hielt, ihn zwar nicht umstimmte, aber doch zustimmen ließ.

Was uns nun eine Heidenarbeit aufnötigte. Wer aus der Fachschaft Film erschien als würdig, geeignet und zuverlässig genug, an der Vorführung derartiger Filme teilnehmen zu dürfen? Über jeden Namen wollte Goebbels höchstpersönlich entscheiden. Er strich unsere zunächst sehr umfangreichen Listen mit seinem Grünstift erbarmungslos zusammen und war dann nur sehr schwer wieder zu bewegen, die Streichung aufzuheben. Der Wunsch, auf diese Liste zu kommen, war natürlich Allgemeingut, und so versammelten sich alle paar Wochen an die hundert Spitzenkünstler zu der jeweiligen Vorführung, die abgeschirmt war und deren Besucher kontrolliert wurden, als handelte es sich hier um eines der größten Staatsgeheimnisse.

Das ging fast zwei Jahre gut, bis ein bekannter und auch von Goebbels geschätzter Regisseur bei einer Tee-Einladung so hingebungsvoll von einem "jüdischen" Film zu schwärmen begann, daß der Minister "eine Granatenwut" bekam und den "Unfug ein für alle Mal abstellte".

Bald nach der "Premiere" meiner Dissertation als Buch hatte ich Material für ein weiteres Büchlein zu sammeln begonnen, das jetzt 1937 bei Carl Winter in Heidelberg erschien. In ihm wandte ich mich gegen die immer stärker werdende Überfremdung von Wissenschaft und Lehre durch angemaßte Grundsätze und in Mode gebrachte Halbwahrheiten einer "Weltanschauung", durch deren Brille sich nur eine fragwürdige Welt erkennen lassen konnte. Es war eine Polemik gegen die sich ausbreitende Geistfeindschaft, wobei ich auch viele provokante Zitate besonders herausstellte, z.B. Nietzsche: "Es zahlt sich teuer, zur Macht zu kommen, die Macht verdummt...", oder Goethe: "Es sind nur wenige, die den Sinn haben und zugleich zur Tat fähig sind, Der Sinn erweitert, aber lähmt. Die Tat belebt, aber beschränkt."

Sauerbruch schickt mich zum Film

Bald nach Erscheinen meines Büchleins erhielt ich ein Handschreiben des weltberühmten Chirurgen Ferdinand Sauerbruch, das er spontan im Speisewagen auf einen Mitropabriefbogen geschrieben hatte. Darin beglückwünschte er mich und lud mich zu sich ein. Was ich auch schnellstens tat, denn ich bedurfte seines Rates.

Weidemann hatte mir das Angebot gemacht, die Medizin aufzugeben und hauptberuflich und ganztägig zum Film überzuwechseln. Es lockten ab sofort ein "üppiges" Monatsgehalt von 500 Mark, auf nicht einmal so ferne Sicht gute Berufschancen und dann das Filmmétier selbst, das interessant und abwechslungsreich war. Auf der anderen Seite lockte die Welt der Medizin, der Umgang mit naturwissenschaftlichen Fakten und mit hilfsbedürftigen Menschen. Damit zugleich war aber verbunden, daß ich mit 27 Jahren noch drei bis vier Jahre länger hätte studieren und nebenher Brötchen verdienen müssen.

Sauerbruch hörte genau zu, als ich ihm diese Alternative vortrug, und meinte: "Wenn Du überhaupt überlegst, ob oder ob nicht, dann laß die Medizin. Im übrigen kannst Du in Politik oder Film viel wichtiger sein, wenn Du weiter so denkst..." - Er entließ mich abrupt, und ich ging, etwas gekränkt. Später besuchte ich ihn noch öfter. Noch Ende April 1945 hielt er seinen Rat für goldrichtig. Vielleicht war er es auch. Als Mediziner hätte ich dann zwar nicht den Weg des Dritten Reiches mit Filmen begleiten können. Wohl aber hätte ich mich möglicherweise in den Abgründen der Euthanasie verirrt...

So kam es, daß ich einen halben Kompromiß einging: um mein Gesicht zu wahren, machte ich mein ärztliches Vorexamen, das ich mit Fleiß und der Hilfe eines glänzenden Repetitors bestand; und ließ mich dann für eine ganztägige Arbeit fest anstellen, die allerdings oft auch halbe Nächte einschließen sollte.

Die Zeit begann, stürmischer zu werden. Besonders in Österreich hatte sich die Lage nach den Blutbädern von 1934 immer dramatischer zugespitzt. Von links bis rechts berannte das österreichische Volk die austro-faschistische Diktatur. Kanzler Schuschnigg besuchte Kanzler Hitler, fand aber bei ihm nicht die Spur von Entgegenkommen. Als er am 9. März 1938 seine Österreicher, denen er schon seit Jahren alle demokratischen Rechte entzogen hatte, zu einer Volksabstimmung gegen Hitler aufrief, die schon vier Tage später stattfinden sollte, kam es zum offenen Aufstand. Es drohte der allgemeine Bürgerkrieg aller gegen alle, der Schuschnigg-Verbände samt dem Bundesheer, der Sozialisten, der Nationalsozialisten. Und es drohten auch militärische Interventionen seitens Italiens und Frankreichs.

Also ersuchte Göring die provisorische neue Regierung, sie möge um "baldmögliche Entsendung deutscher Truppen" bitten - was dann alles postwendend geschah und allenthalben in wahre Massenorgien der Begeisterung einmündete. Auch alle verfügbaren Kamerateams waren unterwegs, mit Weidemann an der Spitze. Ich mußte zu meinem großen Leidwesen in Berlin bleiben, wo ich auf Goebbels' Befehl, um die Verbindung mit dem Volk nicht zu verlieren, einen achtwöchigen Fabrikeinsatz zu absolvieren hatte. Dies geschah in den Geyer-Filmkopierwerken, wo ich mein filmtechnisches Wissen erheblich erweitern konnte.

Wie aufwühlend diese Anschlußszenen auf uns Deutsche wirkten, spürte ich nicht nur in mir selbst, sondern auch bei den Arbeiterinnen in der Kopierfabrik. Sie fingen an zu weinen, ohne von ihren männlichen Kollegen ausgelacht zu werden. Und das trotz Fabrikmilieu und Berliner Kaltschnäuzigkeit...

Versuche, diese enthusiastische Zustimmung der Österreicher herunterzuspielen, wurden durch die Abstimmung vom 10. April eindrucksvoll widerlegt. In geheimer Wahl und durch ausländische Presse und Diplomaten genauestens beobachtet und kontrolliert, stimmten 99 % aller Deutschen mit JA! Wer wollte sich darüber wundern, daß das Militärtribunal von Nürnberg es strengstens untersagte, Wochenschauaufnahmen von Österreichs Anschluß als Beweismaterial der Verteidigung zuzulassen.

Leider endeten in diesem wunderbaren Geschehen auch viele tragische Schicksale. Postwendend ging die Geheime Staatspolizei an ihr Werk. Die KZ's wechselten Lagerpersonal und Insassen. Manche gingen freiwillig in den Tod. Besonders traf mich der Freitod Egon Friedells, für dessen "KULTURGESCHICHTE DER NEUZEIT" ich einst als Schüler tief ins Portemonnaie gegriffen hatte.

Angst vorm Krieg

Die bald aufdämmernde Angst vorm Krieg erfüllte uns trotz aller Hektik der Arbeit mit unbehaglicher Bangigkeit. Englische und französische Zeitungen berichteten täglich über die internationale Entschlossenheit, die unversehrte Existenz der Tschechoslowakei mit Waffengewalt aufrechtzuerhalten. Es bekümmerte sie nicht, daß die nur 48 % des tschechischen Staatsvolkes die 52 % der Minderheiten, darunter viele Millionen Deutsche, Slowaken, Ungarn usw. unter ihrer Fuchtel hatten. Schließlich hatten die Sieger des Ersten Weltkrieges den einen Vielvölkerstaat Österreich-Ungarn nicht zerschlagen, um dessen Minderheiten Selbstbestimmung, Freiheit und Frieden zu verschaffen. Vielmehr konstituierten sie drei neue Vielvölkerstaaten, deren Völkergemisch von hochexplosiver Brisanz war und deren Gebiete sich in ihren gewillkürten Grenzen zu einem gewaltigen Korridor von der Ostsee bis zur Adria aufsummierten: alles in allem ein jederzeit brauchbares Instrument, die deutsche Politik zu beeinflussen, zu knebeln und zu erpressen.

An diese Tatsachen mußte ich immer wieder erinnern, wenn meine Freunde und Mitarbeiter zu einseitig Hitlers unnachgiebige Art kritisierten. Mit diesen Erinnerungen befeuerte ich auch mich selbst, wenn die Angst vor der Kriegsgefahr zu groß wurde, wie z.B. am Nachmittag des 27. September 1938.

Ich saß mit Mitarbeitern in einer Kaffeepause auf dem Balkon des Cafés Kranzler Unter den Linden. Wieder einmal führten wir trübe Gespräche als plötzlich aus dem engen Straßenschacht der Friedrichstraße uns gegenüber nicht mehr die Fahrzeuge des privaten öffentlichen Verkehrs kamen. Vielmehr hatten die Verkehrsampeln die Durchfahrt Unter den Linden für Privat gesperrt und für eine nicht enden wollende Kolonne gespenstischer Panzer freigegeben. Haargenau ausgerichtet, mit hellen Positionsleuchten, kamen sie aus dem schnell dunkler werdenden Straßenschacht heraus, um dann mit ohrenbetäubendem Kreischen nach links in Richtung Brandenburger Tor abzudrehen. Die Passanten saßen oder standen wie gelähmt und starrten auf die stählernen Ungeheuer, die rasselnd in die Dunkelheit entschwanden. Zur gleichen Zeit soll auch Hitler diese Panzerparade betrachtet haben. Nicht wie wir voller Angst, sondern tief enttäuscht, im Volk keine Spur von Enthusiasmus zu entdecken.

Zu unserer weltschmerzlichen Stimmung trug bei, daß wir damals unseren Besuchern drei Filme vorzuführen pflegten:

CAVALCADE, LA GRANDE ILLUSION und den Kulturfilm WAS IST DIE WELT?

Diese Stimmung verflog, als das Münchener Abkommen abgeschlossen wurde und "der Führer damit wieder einmal recht behielt".

Unsere Beruhigung war nicht von langer Dauer. Kaum waren die sudetendeutschen Gebiete in deutscher Hand, richtete Hitler wieder scharfe Worte an die Adresse Englands, zuerst an die Vertreter der Opposition, Churchill und Eden, dann aber auch wieder an den Ministerpräsidenten Chamberlain, den er als Vertreter jener Regenschirmtypen lächerlich machte, die in Deutschland abgewirtschaftet hätten.

Am 7. November 1938 schoß dann der Jude Grynszpan in Paris auf den deutschen Legationsrat vom Rath, der zwei Tage später seinen Verletzungen erlag.

Der "Reichskristall"-Pogrom

Die Kunde von dessen Tod erreichte Hitler inmitten seiner alten Garde, mit der er den Feiertag des 9. November begangen hatte und bei der sich natürlich alles befand, was in der NS-Bewegung Rang und Namen hatte. Von hier aus wurden nun die "spontanen" Pogrome ausgelöst, die unter dem verniedlichenden Namen "Reichskristallnacht" unrühmlichst in die Geschichte eingegangen sind. Die Frage, auf wen diese furchtbaren Terrorakte letzten Endes zurückzuführen sind, ist bis heute nicht restlos geklärt, kann aber auch in diesem Zusammenhang unerörtert bleiben, da hierfür allein bedeutungsvoll ist, daß mit absoluter Sicherheit Spontaneität keine Rolle gespielt hat.

So fuhr auch ich nichtsahnend am Abend des 9. November von meiner Wochenschauarbeit mit der Straßenbahn in Richtung Pankow nach Haus. Am Schönhauser Tor sah ich rechter Hand zum "Scheunenviertel" hin johlende Menschenaufläufe. Als echter Berliner von Haus aus neugierig, stieg ich aus und ging auf die Menge zu. Deren Blicke waren stier auf eine Wohnung im dritten oder vierten Stock gerichtet, deren Fensterrahmen in diesem Augenblick von innen herausgestoßen wurden. Dann folgten krachend Möbelstücke und Bücher, die der Straßenmob sofort aufschichtete und in Brand steckte.

Vor oder in anderen Häusern dieses herzzerreißend ärmlichen Viertels geschah offensichtlich dasselbe. Das gespenstische Geschehen vollzog sich bei bedrückender Stille, in die das wuchtende Wüten, die dumpf hallenden Schläge und die Weheschreie aus Fenstern und Hausfluren doppelt schaurig hineinklangen. Über allem schwebten die bitter beizenden Rauchschwaden zahlreicher Brände.

Gleich neben mir reißt plötzlich eine Rotte Rowdies ein Haustor auf und stürmt hinein. Ich ihnen nach, mehrere Stockwerke hoch. Einer liest das Namensschild an der Wohnungstür und schreit: "Hia is richtich!" Nun klingeln und poltern sie alle und schreien: "Aufmachen sofort aufmachen, Juden verdammte!"

Aber niemand öffnet, alles bleibt still. Zwei der Rowdies werfen sich gegen die große, breite Eingangstür, die splitternd auffliegt. Hinten, im Dunkel des Flurs, schreiend, weinend, zitternd eine acht- oder zehnköpfige Familie mit Großeltern und Kleinkindern.

Ich dränge dem Mob nach und stelle den mutmaßlichen Wortführer. Ich beschimpfe ihn Feigling, Schweinerei, Verbrechen und fordere ihn auf, sich sofort hinauszuscheren.

Er sieht mich verwundert an und bleibt ruhig: "Warum?", fragt er, "Wer sind Sie überhaupt?"

Mit zitternder Hand holte ich meinen Ausweis heraus. Vor einiger Zeit war mir der "Ehrenrang" eines SS-Obersturmführers verliehen worden. Ich hoffte, damit Eindruck zu machen.

Der Wortführer lachte und schrie:

"SS! Auf Euch hamwa jewartet. Vapfeif Dia janz schnell, sonst kommste hia jleich mit ran!"

Und ehe ich mich versah, schoben mich einige Gestalten so schnell aus dem Flur heraus, daß ich fast die Treppe hinuntergestürzt wäre. Zitternd vor Wut und Empörung lief ich zum Schönhauser Tor, wo sonst immer die Polizei stand. Heute war dort niemand.

Ich lief die Alte Schönhauser Straße entlang, bis ich schließlich eine Doppelstreife entdeckte. Ich wies mich aus, und ersuchte, ganz schnell mit mir zu kommen. Die beiden Schupos sahen erst mich, dann sich etwas ratlos an. Ich beschwor sie, sich zu beeilen, gleich eine Straßenecke weiter geschähen furchtbare Verbrechen. Dann kamen sie mit mir, für meine Begriffe viel zu langsam. Endlich waren wir an dem Hauseingang, den ich soeben durchschritten hatte. Ich rannte hinein und merkte nach einigen Stufen, daß die Polizisten nicht mitkamen. Ich wieder auf die Straße zurück, aber die Polizisten waren spurlos verschwunden. Ungestört raste der Pogrom weiter durch die Straßen.

Zitternd vor hilfloser Wut, ohnmächtig gegen den tobenden Mob, entsetzt über diese hemmungslose Grausamkeit und noch mehr über das Nichteinschreiten der Ordnungskräfte, marschierte ich die Schönhauser Allee entlang zu Fuß nach Pankow.

Dort überfiel ich meinen alten Freund, den Obermagistratsrat Roeske, der mit seiner Frau nichtsahnend im Bett lag. Von ihnen aus rief ich beim alten Sanitätsrat Bratz an. Der war unterwegs.

Aber seine Hausdame beruhigte mich, dort sei nichts passiert und alles ganz ruhig. Dann schüttete ich Roeskes mein Herz aus und trank mich mit Alkohol voll.

Die Konsequenzen

Am nächsten Morgen meldete ich mich bei meinem Vorgesetzten, dem Leiter der Filmabteilung, Ministerialrat Leichtenstern, einem ruhigen, gemütlichen Bayern, der meinen empörten Bericht mitleidig teilnehmend anhörte. Als ich ihn aber drängte, sofort mit mir zum Minister zu gehen, überzog sich sein Gesicht mit feiner Röte:

"Nein, das geht so nicht, das wissen Sie doch. Aber ich werde mich beim Doktor melden, das verspreche ich Ihnen!"

Damit mußte ich mich abfinden, obgleich ich fürchtete, er werde die von mir dramatisch vorgetragenen Schrecken nur mit bajuvarischer Behäbigkeit weiter vermitteln. Erst in meinem Büro erfuhr ich dann, daß mein Erlebnis weder einzigartig, noch örtlich begrenzt war, sondern, daß sich offenbar eine gemeinsame Aktion im ganzen Deutschen Reich ausgetobt haben mußte.

Kurz vor der Mittagspause meldete ich mich wieder bei meinem Abteilungsleiter, der mich gütig und zufrieden anlächelte:

"Ich habe den Herrn Minister leider nicht sprechen können, dafür aber Dr. Naumann, seinen persönlichen Referenten. Und der hat mir klipp und klar gesagt, daß der Herr Minister mit diesen Vorgängen nichts zu tun hat und sie schärfstens ablehnt...

Das schaffte die Vorgänge zwar nicht mehr aus der Welt. Aber die "schärfste Ablehnung" ließ hoffen, daß die Rädelsführer bestraft und ähnliche Untaten künftig unterbleiben würden.

Bereits am gleichen Tage richtete Goebbels an die gesamte Bevölkerung eine strenge Aufforderung, "von allen weiteren Demonstrationen und Vergewaltigungsaktionen gegen das Judentum...sofort abzusehen..."

Eine reine Augenwischerei, denn "die Bevölkerung" war an diesen Vergeltungsaktionen bestimmt nicht beteiligt gewesen. Der moralische Schock war betäubend, der außenpolitische Schaden irreparabel.

Die kaum zu beziffernden Schäden durch Beschädigung, Vernichtung und Brandschatzung Tausender von Synagogen, Läden, Kaufhäusern, Wohnungen und das Leid und der Schrekken Zehntausender Juden durch Totschlag, Mißhandlung und Freiheitsberaubung ist inzwischen vielfach so ausführlich dargestellt und dokumentiert wordne, daß es an diesem Ort mit diesem Hinweis sein Bewenden haben kann.

Scheinbar mit Recht aber erhebt sich in diesem Zusammenhang immer wieder die Frage: Hat nicht dieses Geschehen um die Reichskristallnacht dem ganzen deutschen Volk die Augen öffnen müssen, daß es sich auf dem Wege nach Auschwitz befand? Aber nur scheinbar mit Recht stellt sich diese Frage. Abgesehen davon, daß Auschwitz damals niemandem bekannt war, hat sich wohl niemand im Deutschen Reich damals vorstellen können, die Abscheulichkeiten dieser Massenpogrome seien zu überbieten. Ich habe in jener Zeit mit ungezählten Menschen über die Ereignisse um den 9. November gesprochen, darunter auch mit Uraltnazis und hochrangigen Partei- und SS-Führern. Deren Reaktion war ausnahmslos scharf ablehnend, niemand zog auch nur in Erwägung, etwas Ähnliches oder gar Schlimmeres könne sich wiederholen.

Noch nie hatte unser außenpolitischer Horizont so düster ausgesehen wie um die Jahreswende 1938 auf 1939. Daß es auch innenpolitisch beinahe zu einer Explosion gekommen wäre, wußte nur der Kreis der Verschwörer-Generale, deren Problematik und Reaktion niemand treffender beschrieben hat als Churchill:

"Hitlers Beurteilung der Lage hatte abermals eine entscheidende Bestätigung gefunden. Der deutsche Generalstab war in größter Verlegenheit. Der Führer hatte zu guter Letzt wieder recht behalten. Er allein mit seiner Dämonie und Intuition hatte sämtliche militärischen und politischen Umstände richtig eingeschätzt. Abermals, wie im Rheinland, hatte die Führerschaft Hitlers über die Obstruktion der deutschen Militärs triumphiert. Alle diese Generäle waren patriotische Männer. Es lag ihnen daran, daß ihr Vaterland seine Stellung in der Welt wiedergewänne. Sie widmeten sich unablässig der Stärkung der deutschen Wehrmacht. Infolgedessen waren sie zutiefst betroffen, daß sie sich so wenig auf der Höhe der Ereignisse gezeigt hatten, und bei vielen wurde die Abneigung und das Mißtrauen gegen Hitler durch die Bewunderung für seine Herrschergaben und sein märchenhaftes Glück verdrängt. Zweifellos: hier war ein Leitstern, hier war ein Führer, dem Gehorsam gebührt. Auf diese Weise wurde Hitler schließlich der unangefochtene Herrscher in Deutschland, und die Bahn zum großen Ziel stand offen. Die Verschwörer verhielten sich still und wurden von ihren Militärkameraden nicht verraten."

Die außenpolitische Entwicklung wird durch einen Bericht charakterisiert, den der polnische Botschafter in Washington Jerzy Potocki damals an seine Regierung richtete:

'Nach einem Hinweis auf die Teilnahme der Herren Baruch, Lehmann, Frankfurter, Morgenthau u.a. an einer Aktion, die Roosevelt zum Vorkämpfer für Menschenrechte und Freiheit machen will, schreibt er weiter: Diese Gruppe von Leuten, die die höchsten Stellungen in der amerikanischen Regierung einnehmen... ist im Grunde doch durch unzerreißbare Bande mit dem internationalen Judentum verbunden". Für sie "war das Herausstellen des Präsidenten...ein genialer Schachzug. Sie haben auf diese Weise einen sehr gefährlichen Herd für Haß und Feindseligkeit auf dieser Halbkugel geschaffen und haben die Welt in zwei Lager geteilt...um die Außenpolitik Amerikas zu beleben und auf diesem Wege zugleich die kolossalen militärischen Vorräte zu schaffen für den künftigen Krieg...."

Von diesem Bericht des Botschafters wußten wir damals noch nichts. Wohl aber bedrückte uns die gleiche bange Ahnung von einem bevorstehenden Krieg. Tag für Tag analysierten und hinterfragten wir jedes Wort einer Führer- bzw. Goebbelsrede daraufhin, ob die Kriegsgefahr inzwischen größer oder kleiner geworden sei.

Goebbels droht mit Erschießen

Diese innere Einstellung mag die folgenden Begebnisse verständlicher machen, über die ich auch deswegen etwas ausführlicher berichte, weil sie als Schlüsselerlebnis den damaligen Geheimhaltungsfimmel verständlicher machen können:

Am 7.Februar 1939 war ich, mit anderen Mitarbeitern, auch der "Reichspropagandaämter", in den Thronsaal des Propagandaministeriums zu einer RPA-Arbeitstagung bestellt, an deren Schluß Goebbels sprach.

Bei einer Passage überrieselte es mich kalt: Man frage ihn in der letzten Zeit öfter, sagte Goebbels, wann in der nächsten Zeit wieder mit einem entscheidenden Schritt des Führers zu rechnen sei. Er könne darauf nur den Rat geben, sich in der Geschichte des Nationalsozialismus etwas umzusehen. Dann sehe man, daß große Entscheidungen oft und gern "in den Iden des März" gefällt worden seien. In meinen Ohren klang das nach Krieg; dabei dachte ich an den Panzeraufmarsch vor ein paar Monaten.

Unsere Geheimhaltungsvorschriften waren sehr streng. Man durfte über den Inhalt solcher Arbeitstagungen mit niemandem, weder mit Vorgesetzten, noch mit Untergebenen, sprechen, es sei denn, diese selbst hätten daran teilgenommen.

Da mir aber meine Besorgnis keine Ruhe ließ, fragte ich den Stellvertreter des Ministers, Staatssekretär Hanke, als ich mit ihm am 13. Februar zum Stapellauf des Panzerkreuzers "Bismarck" fuhr.

Der guckte mich auf meine Frage nur ganz groß an: "So, hat der so etwas erzählt? Ich war gar nicht dabei. Ich kann Ihnen auch nichts dazu sagen."

Am 24. Februar wurde ich zu Dr. Naumann gerufen, dem 1. persönlichen Referenten des Ministers:

"Setzen Sie sich sofort ins nächste Flugzeug nach München. Der Minister will Sie umgehend im Hotel Vierjahreszeiten sprechen!"

"Warum, wieso?" "Keine Ahnung. Beeilen Sie sich." Das tat ich denn auch.

Frohgestimmt, hatte mich doch der Filmabteilungsleiter vorgestern mitten in der Nacht angerufen und nach meinen Personaldaten gefragt.

Warum, wieso?

"Nun, ich mache dem Minister Vorschläge für die Besetzung des Präsidenten der Reichsfilmkammer..."

Auf dem Flughafen Tempelhof wollte gerade Lutze starten, der Stabschef der SA mit seinen Mitarbeitern. Ich meldete mich bei ihm und durfte mitfliegen.

Eitel Freude! Daß meine Arbeit erfolgreich war, wußte ich. Daß Goebbels, der mich noch nie gesehen hatte, sie offenbar so gut beurteilte, sprach natürlich für dessen ausgezeichnetes Urteilsvermögen. Er würde daher auch genau wissen, ob meine vierjährige Filmerfahrung für den Präsidentenposten ausreicht.

Als mich G.W. Müller, der 2. persönliche Referent des Ministers in Goebbels' Zimmer führte, hinkte mir der Minister entgegen, ein weißes DINA-4-Blatt in der Hand. Die Ernennungsurkunde?

Dicht vor mir blieb er stehen und sah mich mit funkelnden Augen an:

"Ich will jetzt von Ihnen eine wahrheitsgemäße Antwort. Haben Sie über meine Rede in der RPA-Tagung mit jemand Nichtbefugtem gesprochen?"

Indessen meine Ernennungsillusion zusammenstürzte, blitzten mehrere Gedankenreihen durch mein Gehirn. Sollte ein Gespräch mit meiner Freundin... Wenn ja, sollte ich das gleich zugeben..., aber welch Unfug, wenn nicht...., also:

"Nein, Herr Minister!" -

"Hiermit überführe ich Sie der ersten Lüge. Sie haben mit Herrn Hanke darüber gesprochen, wollen Sie das leugnen?"

"Ach so, aber der ist ja Ihr Vertreter, der war doch bei Ihrer Rede anwesend..."

"Er war eben nicht anwesend. Und da hatten Sie auch nicht mit ihm darüber zu sprechen. Kennen Sie das hier?", und damit hielt er mir das DIN-A-4 Blatt vor die Nase. Ich erkannte auf dem Blatt einen abgezogenen Text, hatte aber keine Vorstellung von dessen Inhalt:

"Kenne ich nicht, habe ich nie gesehen!"

"Und hiermit überführe ich Sie der zweiten Lüge. Ich habe alle Beweise dafür in der Hand, daß dieses Rundschreiben von Ihnen stammt. Da Sie bis jetzt ein zuverlässiger Mitarbeiter gewesen sind, will ich Ihnen eine Chance einräumen. Sie geben mir Ihr schriftliches Geständnis, daß Sie es waren und marschieren auf ein halbes Jahr ins KZ. Habe ich bis heute Abend um 21 Uhr dieses Geständnis nicht, so lasse ich Sie morgen früh durch ein SS-Peloton erschießen, die Vollmacht vom Führer habe ich."

Alsdann geleiteten mich zwei SS-Führer in ein Eckzimmer des gleichen Stockwerkes und schlossen mich dort ein. Etwas später brachte man mir zu essen und zu trinken, hielt mich aber weiter unter Verschluß.

Stunden der Kontemplation hatte ich mir immer ganz anders vorgestellt. Ich war ziemlich erregt, denn die Sache mit dem SS-Peloton war für mich blutiger Ernst. Am 30. Juni 1934 waren viel wichtigere Leute vor SS-Pelotons gestellt worden.

Das Vernünftigste war eigentlich, durch ein Geständnis Zeit zu gewinnen. Danach müßte sich ja irgendwann leicht klären lassen, wer denn eigentlich der Urheber dieses Papiers war.

Aber welchen Papiers? Was stand denn da eigentlich drin? In welche Zusammenhänge könnte ich durch ein Geständnis geraten? Auch das dann drohende KZ behagte mir nicht. Dort sitzend, könnte ich ja auch nicht viel aufklären oder richtigstellen. Also nicht gestehen...

Aber dann morgen früh...

Eine richtige Tretmühle von zwei armseligen Alternativen, über die Stunden hinweg. Bis ich in kurzen Zeilen niederschrieb, daß ich mit dem Rundschreiben nichts zu tun hatte. Alsdann ein Abschiedsbrief an meine Mutter, sicherheitshalber. Abends erschien wieder G.W. Müller, um mein Geständnis zu holen. Ich gab ihm meinen Schrieb. Nach wenigen Minuten ließ mich Goebbels kommen: "Ich habe inzwischen den wahren Täter ermittelt.

Lassen Sie sich das Ganze eine ernste Lehre sein. Sie haben nun mal über eine streng geheime Sache mit jemandem gesprochen, der in diesem Fall keine befugte Person war und wenn es sich tausendmal um Herrn Hanke gehandelt hat. Geheim ist übrigens auch, was sich heute hier mit ihnen abgespielt hat. Daß Sie mir hierüber mit niemandem ein Sterbenswörtchen reden!"

Womit ich dem Leben und der Freiheit zurückgegeben war. Das Münchner Bier beruhigte mich, beanspruchte dafür aber ein paar Stunden, so daß für mich nur eine kurze Nacht zum Schlafen blieb.

Als ich frühmorgens die Treppe zum Empfang hinunterging, saßen Staatssekretär Hanke und Frau Magda Goebbels auf dem Ledersofa im Foyer. Bei meinem Anblick lachten sie beide und winkten mir zu, bei ihnen Platz zu nehmen.

Hanke bedauerte mich für das gestrige Erlebnis, er sei bestimmt nicht schuld daran gewesen.

Ich gebranntes Kind ging darauf gar nicht ein. Vielleicht war das ein Test, mich auf die Probe zu stellen. Ich wußte also von nichts. Hanke lachte erneut, ich solle die Sache nicht übertreiben. Und Frau Magda sagte teilnahmsvoll: "Da haben Sie aber mal den Teufel richtig kennengelernt!" Ich blieb standhaft und wußte weiterhin nichts von einem gestrigen Erlebnis. Hanke aber erzählte mir, was es mit dem ominösen Rundschreiben auf sich gehabt habe: es sei an alle oberste Dienststellen und Reichsbehörden gegangen, mit einer kurzen Darstellung der Rede, wobei auch "die Iden des März" zitiert worden waren. Zum Schluß wurde gefragt, warum ein Reichsminister derartiges vor einem größeren Personenkreis sagen dürfe, während viel kleinere Leute wegen Ausplauderns von viel unwichtigeren Dingen strengste Strafen erhielten. "Das war natürlich sehr peinlich für den Minister", sagte Hanke. "Als er von dem Rundschreiben erfuhr, fragte er mich, ob ich seine Rede auch so verstanden hätte. Ich sagte, daß ich gar nicht dabei war, daß mich aber Herr Hippler neulich in Hamburg darauf angesprochen hätte. Na, dann fragte er mich, ob ich Sie für intelligent genug hielte, so ein Rundschreiben zu verfassen. Das konnte ich natürlich schwer verneinen. So hat er Sie eben gestern einfach mal überrumpeln wollen. Das tut mir wirklich sehr leid..."

Und wieder schüttelte ich den Kopf, wußte von gar nichts und verabschiedete mich schnell.

Am 27. Februar wird der gesamte Teilnehmerkreis der letzten RPA-Arbeitstagung wieder in den Thronsaal des Ministeriums bestellt. Drei hohe Beamte, zugleich hohe SS-Führer, erscheinen, auf Wunsch von Goebbels, in Uniform mit umgeschnalltem Degen.

Den erstaunten Hörern wird mitgeteilt, daß sich ein Verräter unter ihnen befinde, der aber bereits bekannt sei. Um sicherzugehen, mache man jetzt zur gleichen Zeit von allen Schreibmaschinen des Hauses Schriftproben, die bis zum Abend ausgewertet sein würden. Der Minister gebe dem Betreffenden bis dahin Gelegenheit zu einem Geständnis. Andernfalls werde dieser auf dem Wilhelmsplatz öffentlich gehenkt. Die Genehmigung des Führers liege vor.

Noch eine Stunde bleiben alle in Klausur, gedämpft hin- und herratend. Die meisten tiefernst. Nur Goebbels' persönlicher Referent, G.W. Müller, flachst in der Gegend herum. Einige flachst er wegen der angeblich verdächtigen Schriftproben ihrer Schreibmaschinen an. Heiteres Lachen antwortet ihm meistens. Nur einer lacht nicht. Er nimmt den Flachs für ernst und hält sich für überführt. Goebbels Trick war erfolgreich: Noch am selben Abend vergiftet Oberregierungsrat Dr. Thomalla sich selbst und seine Sekretärin.

Westwall gegen Maginot

Was es nun eigentlich mit den geheimnisträchtigen "Iden des März" auf sich haben sollte, lehrte mich das historische Geschehen. Europas Staaten von Versailles' Gnaden gerieten in immer kritischere Bewegungen, just wie gewünscht und vorhergesehen. Unter anderem beschlossen Slowakei und Karpatho-Ukraine ihre Autonomie und bildeten eigene Regierungen, die aber von Prag abgesetzt und durch eigene Vertrauensmänner ersetzt wurden. Worauf Ungarn auf Polens Wunsch die Karpatho-Ukraine besetzte. Als der tschechische Staatspräsident Hacha Hitler um Hilfe ersucht, befahl dieser die Besetzung der Resttschechei, obgleich England deren Bestand garantiert hatte. Indessen sah Ministerpräsident Chamberlain sich seiner Pflichten ledig, da der Staat, dessen Grenzen er hatte garantieren wollen, "sich durch innere Spaltung selbst ein Ende bereitet" habe.

Diese Art, "Garantien" zu verwirklichen, ließ uns auch die englische Garantie an Polen als nicht sonderlich bedrohlich empfinden. Leider wurde sie von Polen als lebenswichtig betrachtet und vor allem als Ermunterung, weiterhin alle deutschen Wünsche abzulehnen, die eine Rückkehr der rein deutschen Stadt Danzig nach Deutschland betrafen. (Näheres siehe S.)

Erneut kritisierte der noch in der Opposition befindliche Churchill seine eigene Regierung, die Frankreich an der Hand führe, "um die Integrität Polens zu garantieren, desselben Polens, das sich vor erst sechs Monaten mit einem Hyänenhunger an der Plünderung und Zerstörung des Tschechoslowakischen Staates beteiligt hatte." Das Ganze laufe doch nur auf eine Kriegserklärung an Deutschland, einen Angriff auf den stärker gewordenen Westwall und eine mächtiger gewordene Armee heraus, eine Entscheidung, "die mit Gewißheit zum Niedermetzeln von Millionen Menschen führen muß".

Daß Churchill Polen moralisch geringschätzte, war also nicht eine seiner vorübergehenden Launen; das Niedermetzeln von Millionen aber auch kein Anlaß, die Hemmschwelle zu einem Kriege zu erhöhen.

Unser von ihm erwähnte "Westwall" war nun schon seit langem im Bau. Er sollte das Gegenstück zur französischen Maginot-Linie sein, unter deren Schutz sich Frankreich für unangreifbar hielt. Obgleich Hitler für dessen Bau alle verfügbaren Arbeiterscharen, Rohstoffe und sonstige Ressourcen hatte bereitstellen lassen, fehlte es jetzt immer noch an allen Ecken und Enden. So bestellte mich Goebbels am 3. Juli 1939 in sein großes Arbeitszimmer, das ich nun zum ersten Mal betrat. Mit keinem Worte erinnerte er mich an die Affaire mit dem Geheimrundschreiben.

Nach einigen Elogen über meine Wochenschauarbeit und kurzen Hinweisen auf den Ernst der außenpolitischen Lage, beauftragte er mich, mit Hilfe von mir zu bestimmender Kameramänner und Tonmeister so schnell wie möglich einen umfassenden Film über den Westwall herzustellen. Wichtig sei erstens, diesen als Spitzenwerk deutscher Festungs- und Verteidigungstechnik zu dokumentieren, das praktisch um ein Mehrfaches unwiderstehlich sei als die weltberühmte Maginot-Linie. Zweitens müsse der Film in spätestens zwei, höchstens drei Wochen in allen deutschen und ausländischen Kinos laufen.

Eine nicht ganz einfache Aufgabe; ohne Drehbuch und nähere Angaben, sozusagen aus dem Nichts, einen Film herzustellen, der wohl drei bis viermal so lang sein müßte wie eine Wochenschau. Hierfür Objekte aufzunehmen, die von vornherein in der Absicht konzipiert, konstruiert und gebaut worden waren, sich auch aus kleinster Entfernung dem Blick der Beobachter zu entziehen. Was konnte es wohl "Filmfeindlicheres" geben? Diese Aufnahmen wiederum so zu halten und zu gestalten, daß sie ihrerseits der feindlichen Spionage das Leben nicht zu leicht mache? Das Ganze in einer Umwelt zu ermöglichen, die von einem krankhaften Geheimhaltungsfimmel besessen war, und für die sich zwei höchste Chefs zuständig und verantwortlich zeichneten, die einander nicht grün waren: der Reichsminister Dr. Todt für den zivilen Bereich und der General der Festungstruppen für den militärischen...

Wie ich es fertig brachte, daß dieser Film in 1 270 m Länge dem Führer gezeigt und am 4. August in 850 deutschen Kinos der Öffentlichkeit gezeigt werden konnte, habe ich in "DIE VERSTRICKUNG" ausführlich geschildert. Sicherlich hat er, wie gewünscht, seine abschreckende Wirkung nicht verfehlt. Ebenso sicher würden Engländer und Franzosen ohne ihn den Westwall wohl ebenfalls nicht angegriffen haben.

Als ich mich von den WESTWALL-Strapazen erholte, machte mir Martin Hörz seinen Abschiedsbesuch. Frau und Schwiegereltern seien seit ein paar Tagen in England. Er werde ihnen via Dänemark schnellstens folgen.

Von Sanitätsrat Bratz erfuhr ich, daß mein Freund Heini zu seiner Mutter nach Warschau gezogen sei und in einem Verkehrsunternehmen eine Stellung bekommen habe. "Vielleicht ganz gut", sagte er, der polnische Antisemitismus sei zwar individuell aggressiver, aber nicht so systematisch wie hier. Aggressiv und zugleich systematisch blieb aber der polnische Chauvinismus, die unnachgiebige Sturheit, in der Polen alle Vermittlungsvorschläge in der Danzig-Frage ablehnte. (Näheres S. 198 ff.)

Als Polen auch die Bitte des Westens in den Wind schlug, zur Unterstützung der englischen Garantie den Russen ein Durchmarschrecht zu gewähren, kam es überraschend zum Hitler-Stalin-Pakt. Unsere Freude war überschwenglich: wer könnte jetzt noch ernsthaft an Krieg denken? Oder, was dasselbe war: Wer könnte den Deutschen die Heimholung des deutschen Danzig verweigern wollen?

Wer hat "angefangen"?

Unsere Hoffnung trog. Polens Chauvinismus überschlug sich in unvorhersehbarer Weise. Mit der englisch-französischen Garantie im Rücken, war es überzeugt, bei Kriegsausbruch binnen Kürze in Berlin stehen zu können. Denn eine revolutionäre Erhebung werde jeden deutschen Widerstand verhindern. Fürs erste kühlen die Polen ihr Mütchen an der deutschen Minderheit, stürmen sie verbliebene deutsche Kultureinrichtungen, schließen sie Schulen und sprengen Vereine, mißhandeln, erschlagen und vertreiben Deutsche. Unsere Wochenschauen sind überfüllt mit Berichten über die blutigen Terrorakte.

Es folgt der deutsche Einmarsch in Polen. Zwei Tage später erklären uns England und Frankreich den Krieg. Weitere fünf Tage danach, am 8.September, erfolgt die "Kriegserklärung" des im Weltzionistenkongreß organisierten Weltjudentums. (Hierüber S. 202 ff.)

Das Faß läuft über

An der Spitze des deutschen Films

Parallel mit den außenpolitischen Wirren und dem Kriegsbeginn vollzog sich bei mir eine Entwicklung, die mich auf der Leiter meiner Berufskarriere um eine entscheidende Stufe höher beförderte. Da sowohl Weidemann wie auch der Leiter der Filmabteilung im Propagandaministerium in die Industrie abwanderten, mußte ein neuer Leiter für diese Filmabteilung gefunden werden. Und den sah Goebbels ausgerechnet in mir. Sowohl meine jahrelang erfolgreiche Wochenschautätigkeit wie auch die Herstellung des WESTWALL-Films hatten ihm imponiert, meine Jugend, meine Arbeit im Studentenbund und meine ersten publizistischen Versuche hatten ihn nicht abgestoßen.

Nach einigem Überlegen und vielen Beratungen mit Freunden sagte ich zu und geriet nun bis 1943 in einen engeren beruflichen und persönlichen Kontakt mit Goebbels. Goebbels war ein unermüdlicher, von immer neuen Ideen und Einfällen übersprudelnder Arbeiter, dazu ein systematisch präziser, kritischer und unerbittlicher Chef. Was ihm, wann und wo auch immer, in den Sinn kam, notierte er, ließ es in seine Terminpläne übertragen und verfolgte es, bis es "erledigt" war. Da er neben allen laufenden Arbeiten sehr viel notierte, da er selbstverständlich kein Wochenende kannte und da "der Film" sein bevorzugtes Arbeitsgebiet war, mußte ich in jenen Jahren tags und nachts abrufbereit zu seiner Verfügung stehen. Diese immer neu anbrandenden Verpflichtungen mußte ich in den Zeitrahmen hineinpressen, den mir die weiterlaufende Wochenschauarbeit ohnehin auferlegte.

Ich habe diese quantitativ wie inhaltlich äußerst beanspruchende Arbeit in meiner "VERSTRICKUNG" eingehend beschrieben und erwähne sie hier nur, um zu zeigen, daß für mich weder Anlaß noch Spielraum blieb, mir über die moralischen Hintergründe des großen Zeitgeschehens und meiner Mitwirkung daran tiefgründige Gedanken zu machen. Der sich immer mehr ausweitende Krieg war eine Tatsache, die ich, wie alle Deutschen, leider hinzunehmen hatte. Seine sich verstärkende Brutalisierung entsetzte mich, gab aber in ihrem eskalierenden Fortschreiten nie zu erkennen, welche Seite die jeweilige Steigerung zu verantworten hatte.

Habe ich mit dem "größten Lügner der Weltgeschichte" nicht mitlügen müssen? - Eine Frage, die nur ein Naivling stellen könnte, der einen mehrjährigen Intensivkurs in Katechismuslehre hinter sich hat. Denn wann - bis zum Golfkrieg und den Kriegen danach - ist in einem Kriege nicht gelogen worden? Ist es im übrigen schlimmer, den "Feind" mit einer Lüge zu foppen, als ihn durch eine Garantie zu zerreißen, mit Giftgas zu ersticken oder durch eine Hungerblockade elend krepieren zu lassen?

Daß Krieg eine der schlimmsten Wahnsinnstaten der Menschheit ist, war mir schon als Schüler bewußt, spätestens seit dem Besuch des Antikriegsmuseums von Ernst Friedrich. So gern ich alles getan hätte, ihn zu verhindern oder sofort zu beenden, so eifrig war ich dabei, am Siege Deutschlands mitzuhelfen.

Ich hatte im übrigen das "Glück", nur bis Mitte 1943 dem deutschen Film vorzustehen, also in jener ersten Hälfte des Krieges, da das Kriegsglück uns Deutschen zugeneigt war. Dieser Sachverhalt bewahrte uns damals vor der Versuchung, allzu oft lügen zu müssen. Wohingegen unsere Gegner nicht zögerten, sich täglich in die faustdicksten Lügen zu verstricken. Die Umkehr des Kriegsglücks verkehrte auch die Lügenfronten. Ein Wandel, der nichts, aber auch nichts mit Moral zu tun hatte!

Selbstverständlich war es für mich eine tiefe Freude mitzuerleben, daß wir Deutsche im Polenfeldzug ebenso erfolgreich waren wie in Dänemark und Norwegen, wie in Frankreich, in Jugoslawien und Griechenland. Aber ebenso bedrückte mich, was ich dann nach jedem Sieg mitanzuhören und aus "der Ferne" mitzuerleben hatte.

"Der ewige Jude"

Besonders bedrückend war meine Begegnung mit dem polnischen Judentum in Lodz (Litzmannstadt), wohin mich Goebbels gleich nach dem Feldzug in Polen mit dem Auftrag geschickt hatte, dort Dokumentaraufnahmen vom Alltagsleben sowie von den Sitten und Gebräuchen der Juden zu machen. Von einem Film war damals nicht die Rede; die Aufnahmen sollten für spätere Zeiten archiviert werden.

In Lodz angekommen, nahm ich mit den örtlichen Militärstellen sowie mit der jüdischen Gemeinde Kontakt auf. Hier sprach ich mit den Vorstehern und deren Mitarbeitern, die mir naturgemäß alle sehr bedrückt, ängstlich und mißtrauisch entgegenkamen. Ich erklärte ihnen, was für Aufnahmen ich machen lassen wollte. Aber wie sollten sie helfen können, nachdem ihre Synagogen geschlossen waren und sie auch keine Tiere mehr schächten durften? Nachdem ich hier sehr schnell alle notwendigen Erlaubnisse beschaffen konnte, wurden die langbebärteten Großvatergestalten schnell zutraulich und bedankten sich überschwenglich - was mich verlegen machte und sehr beschämte; denn ich sagte ihnen nicht, daß die Erlaubnisse mit den Dreharbeiten ihr Ende finden müßten.

Nach drei Tagen hatte ich für die Kameramänner der Wochenschauen "freie Bahn" geschaffen. Ich fuhr nach Berlin zurück und überließ sie ihrer Arbeit, deren Muster ich nun allabendlich dem Minister vorzuführen hatte. Goebbels war von ihnen so begeistert, daß er anordnete, hieraus einen Dokumentarfilm zu machen. Zu den Arbeiten, für die Drehbuchtexte, für Ergänzungsaufnahmen, für Beschaffung aus Filmarchiven zog er persönlich zusätzliche Fachleute heran; fast täglich beschäftigte er sich in irgend einer Form mit diesem Film, gab zu einigen Einstellungen und Passagen seine angeekelten, verabscheuenden Kommentare. Nach einigen Monaten ließ er Probemontagen vorführen, die jeweils anders zusammengesetzte Besuchergruppen begutachten mußten. Ohne daß wir davon erfuhren, zeigte er sie auch Hitler, der dann seinerseits Umschnitte und Textänderungen anordnete. Kurz und gut, besser: lang und schlecht, volle 13 Monate dauerte es, bis dieser doch relativ kurze Film uraufgeführt werden konnte.

Warum kam mein Name auf den Vorspann?

Auf Wunsch des Ministers mußte auf dem Vorspann mein Name als "Gestalter" erscheinen. Der Grund hierfür: die mangelhafte Beamtenbesoldung jener Zeit, die mich als Leiter der Filmabteilung und späteren Reichsfilmintendanten ein Jahresgehalt verdienen ließ, das nur ein winziger Bruchteil dessen war, was ein Regisseur oder Schauspieler oder Kameramann für einen einzigen Film erhielt. Mehrfach finden sich in Goebbels 'Tagebuch' ähnliche Notizen wie die vom 26.4.1940: "Frage der Finanzierung unserer Filmabteilung. Ich muß da höhere Gehälter zahlen, da sonst alles weg und zur Industrie läuft. Am Ende ist der

Fähige zu hohem Gehalt bei der Industrie und der Flachkopf bei niedrigem kontrolliert ihn."

Für Filmkünstler und Mitarbeiter, an denen ihm besonders gelegen war, hatte er daher bei Hitler eine sogenannte Führerliste erwirkt, auf die er deren Namen vermerkte, die nun, am Reichsfinanzminister vorbei, Sonderzahlungen erhalten durften. Bei jedem war eine genaue Begründung vonnöten, bei mir kam neben meiner Wochenschauarbeit eben "Der ewige Jude" auf die Liste wie auch mein Name auf den Vorspann. So gut Goebbels das auch gemeint haben mag, so schlecht ist es mir für den Rest meines Lebens bekommen. Zwar hat mich keines der zahlreichen Entnazifierungs-, Spruchkammer- und Strafgerichtsverfahren angesichts meiner Beweismittel wegen dieses Films verurteilt. Wohl aber galt ich jetzt in der Öffentlichkeit als das Schulbeispiel eines üblen Antisemiten. Dies um so mehr, als ich nie bestritten habe und auch jetzt nicht bestreite, ein "überzeugter Nazi" gewesen zu sein. Alle meine Freunde aus der damaligen Zeit, darunter auch nicht wenige Juden, haben miterlebt, wenn auch manchmal mit Kopfschütteln, daß ich meine positive Einstellung zu den Juden mit der zum National-Sozialismus immer gut miteinander habe vereinbaren können.

Vom "Inkaufnehmen!

Schließlich hatte ich mich der NS-Bewegung nicht wegen ihres Antisemitismus angeschlossen, von dem in Berlin-Niederschönhausen damals auch nichts zu spüren war (siehe Näheres S. 265 ff.). Und als sie in den Jahren ab 1933 judengegnerische und feindliche Maßnahmen zu treiben begann, überstrahlten bereits die staunenerregenden politischen und wirtschaftlichen Erfolge der NS-Politik alle Schattenseiten des öffentlichen Lebens. Wie zu allen Zeiten und in allen Ländern konnten auch hier angesichts der bei weitem überragenden Erfolge die wenigen Schattenseiten "in Kauf genommen" werden. Da von Auschwitz oder Holocaust nicht die Rede und schon gar nichts bekannt war, warum sollte man sich nicht auch in der Politik ebenso pragmatisch verhalten wie im alltäglichen Leben, in dem man ja oft genug Kompromisse eingehen muß zwischen einer vorbehaltlosen Billigung und einer radikalen Ablehnung? Ich kenne sogar einige, die den Antisemitismus nur zähneknirschend in Kauf nahmen, ja ihn am liebsten abgeschafft hätten, obgleich sie wie Schindler das Goldene Ehrenzeichen der NSDAP hatten.

Ende meiner "Vorstellung"

Wie 1933 mit der innerdeutschen Befriedung, mit der Schaffung der deutschen Volksgemeinschaft, wünschte ich mir ab 1939 auch die Schaffung einer Völkergemeinschaft mit den von uns besiegten Nationen. Warum sollte eine solche nicht möglich sein, da wir uns ja doch zum Prinzip der Nation bekannten und deren sozialistische Festigung einem friedlichen Miteinander nur förderlich sein konnte. Ja, sollte das nicht nur möglich, sollte es nicht eigentlich notwendig sein? Mußte es nicht zum Segen für alle werden, Zeit, Kraft und Geld nicht nur mit lächerlichen Grenzverschiebungen, Rüstungen und Kriegen zu verplempern?

Oder sollten derartige Vorstellungen etwa unserer 'Weltanschauung' widersprechen? Wenn ja, würde das wohl eher gegen die "Weltanschauung" sprechen als gegen die Vorstellungen. Indessen hat es eine artikulierte "Weltanschauung" in einem für alle verbindlichen Sinne nie gegeben. Was es gab, war ein bis zur Dürftigkeit lächerliches Parteiprogramm, das nicht einmal Hitler oder Goebbels ernstnahmen. Darum herum, drunter und drüber, mehr pragmatisch, mehr ad hoc und schon gar nicht prinzipiell und linientreu funktionierten (mehr oder weniger) die Strukturen und Apparate von Partei, Militär, Wirtschaft und Gesellschaft.

Über allem und dessen Innerstes beseelend und beherrschend war der Führer Adolf Hitler, den bislang das furchtbare Verhängnis getroffen hatte, in allen Fragen recht behalten zu haben, wenn auch mit einer entscheidenden Ausnahme, die ihn und zugleich alles von ihm Gedachte und Geschaffene total zerschmettern sollte.

DER FÜHRER HAT IMMER RECHT, diese im Anfang mehr zögernd und fragend verlautbarte Devise entwickelte sich binnen weniger Jahre zu einem pragmatisch bewiesenen und erhärtetem

Dogma, dem sich selbst hohe Intelligenzen wie Goebbels unterordneten. Vor allem festigte sich in Hitler selbst die Überzeugung, von der "Vorsehung" zu Großem auserkoren zu sein und darum aller Ratschläge irdischer Gehirne entraten zu können.

Dieses Kapitel, meine "Vorstellung", kann mit dem Beginn des Krieges abschließen und mit der Darstellung der Argumente, mit denen wir ihn begleiteten. So sachlich begründet und in sich logisch sie auch waren, so wenig zeigte sich in ihnen, ein Funke Kriegswille oder gar Begeisterung. Auch der schärfste Aufklärer unserer Alleinschuld (das heißt also Alleinschuld des deutschen Volkes) wird sie in jenen Septembertagen vergeblich auf den Straßen und Plätzen, in den Wohnungen und Gasthäusern gesucht haben. Und später erst recht.

In London und Paris genau so wenig?

Sehr richtig, darum ist auch niemals von der Alleinschuld des englischen oder französischen Volkes gesprochen worden.

Daß wir, daß das deutsche Volk, daß jeder seine Pflicht getan hatte, nachdem der Krieg einmal begonnen hatte, galt bis zu dieser Zeit als selbstverständlich. Kein Durchschnittsdeutscher, der normal dachte und fühlte, mußte sich damals herausgefordert fühlen, Widerstand zu leisten. Was immer uns damals als Verstoß gegen Moral und Ethik vorzuwerfen gewesen wäre, hätten wir unseren Gegnern um ein mehrfaches vorwerfen können. Ich nehme auch hier wieder die Tragödie der Juden aus, der ein besonderes Kapitel gilt.

Wie in meinem Buche "DIE VERSTRICKUNG" näher beschrieben, hatte ich mich in den ersten Kriegsjahren mehrfach zum Dienst an der Front gemeldet, aber immer eine schroffe Absage erhalten. Als ich dann nach meiner Absetzung 1943 eingezogen wurde, stand mir der Sinn schon lange nicht mehr danach, "das Ehrenkleid des Führers" zu tragen. Nur wenige Worte, wie es dazu kam:

Ich hatte es immer als meine Pflicht angesehen, der Produktion der von mir verantworteten Filmwochenschauen und seit 1939 auch allen Kultur- und Spielfilmen den strukturellen Rahmen zu geben, also die gesellschaftsrechtliche, organisatorische Form und auch die personelle Besetzung, die ein optimales Ergebnis erwarten ließen. Das setzte voraus, mit den wirtschaftlichen und künstlerischen Persönlichkeiten des deutschen Filmschaffens, also den Produktionschefs und -leitern, den Regisseuren und den herausragenden Schauspielstars laufend vertrauliche und vertrauensvolle Kontakte zu haben, ihnen den gewünschten Spielraum zu verschaffen, Hindernisse zu beseitigen, Intrigen zu beheben, Denunziationen aufzuklären usw.

Hierbei spielte "die Politik" eine wesentlich geringere Rolle, als der Außenstehende meinen könnte. Worauf es ankam, war einerseits die freie Entfaltungsmöglichkeit für die kreativen Künstler und deren lockere Einfügung in das Team des jeweiligen Films. Diese in sich schon ziemlich diffizile Aufgabenstellung wurde grundsätzlich und in Einzelfällen wesentlich erschwert durch Sonderwünsche des Ministers hinsichtlich der Themen- und Stoffwahl, der Besetzung oder größerer organisatorischer Maßnahmen technischer oder betrieblicher Art.

Nicht persönliche Großzügigkeit, nicht angeborene Liberalität, sondern Einsicht in die Sachzwänge filmkünstlerischen Schaffens war es, die meine Arbeit und meine Entscheidungen meist sehr viel mehr in die Geleise der Fachleute vom Film laufen ließen als in die des Ministers. Fast alle bedeutenden Filmwirtschaftler, Schauspieler, Regisseure, Dramaturgen, Autoren haben mir das in den Jahren nach 1945 bestätigt, als ich mich vor Gerichten und Spruchkammern zu "verantworten" hatte. Manche hatten es dabei wohl "etwas zu gut" gemeint, wenn sie in meiner Haltung sogar eine Art "Widerstand" zu erkennen glaubten. (Siehe: Die Dokumentation ab S. 150)

Das Faß zum Überlaufen

In meinem Buche "DIE VERSTRICKUNG" habe ich ausführlich dargelegt, daß ich mit Goebbels seit Ende 1939 oft heftige Auseinandersetzungen gehabt habe, in deren Verlauf ich unter dem Druck seiner Rügen und Anpfiffe meist nachgeben und zweimal sogar meine "sofortige Entlassung" hinnehmen mußte. Dabei war es meist um Beurteilungen von Filmdrehbüchern, von Besetzungen, von fertigen Filmen, von Charakteren gegangen, wobei ihm meine Einstellung immer viel zu lax erschien.

"Das Faß zum Überlaufen" brachten dann die 'Fälle' Werner Finck, Gustav Fröhlich und Erich Kästner, die ich z.T. ohne sein Wissen, z.T. gegen seinen Willen in die Filmproduktion eingeschaltet hatte. Mitgewirkt hatten auch Berichte über meinen angeblich "unwürdigen Umgang" mit tschechischen Kameramännern und französischen Schauspielern. Mit diesen hatte ich französische Volkslieder gesungen, jene darüber hinwegzutrösten versucht, daß man ihre tschechischen Namen in "europäisch klingende" umgewandelt hatte. Finck hatte ich einige Rollen zugeschanzt, obwohl er wegen seiner Kabarettätigkeit gesperrt war. Fröhlich hatte ich vom Militärdienst freistellen lassen. Und Kästner war seit je persona ingrata, weil er u.a. gedichtet hatte "wenn wir den Krieg gewonnen hätten, zum Glück gewannen wir ihn nicht." Ich hatte ihn unter Pseudonym das Drehbuch MÜNCHHAUSEN schreiben lassen. Ohne die von mir inszenierte Verschwörung aller wichtigen Abteilungsleiter-Kollegen hätte er es nicht schreiben können bzw. dürfen. Der Film wurde zu einem Renner bis in unsere Tage.

Wie gesagt, waren das alles Beispiele, die "das Faß zum Überlaufen" gebracht hatte. Gefüllt hatten es bereits ungezählte Kontroversen über mehr oder weniger wichtige Quisquilien, an denen das Filmschaffen noch zu keiner Zeit Mangel hatte.

Nur einmal hatte ich mich mit einem politischen Thema in die Nesseln gesetzt: Beraten durch den bulgarischen General Gantchew, mit dem ich seit Jahren befreundet war, schlug ich vor, den Krieg im Osten auf die Vernichtung des Bolschewismus zu beschränken, hierfür aber das russische Volk zu mobilisieren, anstatt es als "Sumpfmenschen" in die Reihen der Partisanen zu drängen. Auch für diese Meinung hatte ich alle Abteilungsleiter des Propagandaministeriums gewinnen können und auf dieser Grundlage eine Denkschrift verfaßt. Goebbels billigte sie und nahm sie mit ins Führerhauptquartier. Hier widerfuhr ihm eine so scharfe Zurechtweisung, daß er seine eigene ursprüngliche Zustimmung glatt verdrängte und mir strikt verbot, mich künftighin mit anderen als rein filmischen Themen abzugeben.

Das eigentliche Unglück war, daß Goebbels die Rußland-Denkschrift zur gleichen Zeit vortrug, als Hitler erfuhr, der Autor des Filmes MÜNCHHAUSEN habe sich hinter dem Pseudonym

Berthold Bürger versteckt und sei in Wirklichkeit der verrufene Dr. Erich Kästner.

Im Ganzen kann ich also auf eine stattliche Reihe von Begebnissen zurückblicken, an denen ich eine schicke "Widerstands-Story" hätte aufhängen können. So wenigstens ließ es mich der Spruchgerichtsvorsitzende in Hiddesen nach der Hauptverhandlung wissen, der sich ungewöhnlich intensiv mit meinem Lebenslauf beschäftigt und außerdem eine Menge einschlägiger Erfahrungen hatte.

Obgleich mir von jeher klar war, daß ich mir mit dieser "Masche", verbunden mit einem oft und kräftig wiederholten "Abschwören", mein späteres Leben ganz wesentlich hätte erleichtern können, habe ich hiervon keinen Gebrauch gemacht. Wenn ich gleichwohl im folgenden Abschnitt eine Dokumentation der Zeugnisse und Gutachten über meine Einstellung und meinen Einsatz für moderne Kunst sowie über meine praktische Arbeit im deutschen Filmschaffen folgen lasse, so wird man mir abnehmen können, daß ich dies nicht um selbstsüchtiger "Ziele" willen tue.

Dokumentation oder "Persilscheine"

Welche Ziele sollte ich - auf dem Wege in die Neunzig - denn auch noch erreichen wollen oder gar können? Immerhin soll diese Dokumentation zeigen, welche weiten Spielräume auch einem "Überzeugten Nationalsozialisten" sogar bis in die Zeiten höchster totalitärer Beanspruchung zur Verfügung gestanden haben, sich "weltanschaulich" und arbeitsmäßig zu arrangieren. Nicht nur in den Jahren meiner Gefängnis- und Lagerhaft, sondern auch in den Jahrzehnten danach habe ich erlebt, daß meine Einstellung und mein Verhalten keineswegs einzigartig gewesen sind.

Die "wichtigsten" Gutachten und Zeugnisse lasse ich als "Dokumentation" diesem Abschnitt folgen. Ein übelwollender Leser wird sie als Sammlung nichtssagender "Persilscheine" abtun. Der nachdenkliche Leser wird fragen, ob sie wirklich "nichtssagend" sind.

Ein "Persilschein" hätte seinem Aussteller eher Schaden, als mir Nutzen bringen können. Daß gewisse Kreise seinen Wert dennoch abstreiten, liegt daran, daß er den klischeebesessenen Weltbetrachtern, Zeitgeschichtlern und Journalisten unnütze Mühen bereitet. Wer im Jonglieren mit Schablonen und Stereotypen perfekt ist, tut sich mit seinem jeweiligen "Weltbild" wesentlich leichter, als wenn er es aus originalen Impressionen stückweise neu erschaffen müßte.

Kompliziert und oft auch erheiternd wird die Sache nur, wenn der Persilbriefschreiber selbst sich später einmal aus Ärger oder Enttäuschung dann doch wieder aus der Stereotypenkiste bedient. Hierfür zwei instruktive Beispiele:

Mit dem bekannten Erfolgschriftsteller Curt Riess hatte ich über lange Jahre gute Beziehungen. Darum überreichte er mir im Juli 1957 sein in Neuauflage erschienenes Buch "DAS GAB'S NUR EINMAL" und schrieb dazu: "... ich muß zwar dafür bezahlen, aber ich tue es gern, um Ihnen zu zeigen, daß mir an der Fortsetzung unserer guten Beziehungen etwas liegt."

In diesem Buch schrieb er unter anderem: "Goebbels traute Hippler nicht, da dieser gelegentlich wagte, eine Art von Nationalsozialismus zu vertreten, die Goebbels nicht paßte. Ein übler antisemitischer Film, bei dem Hippler als Hersteller genannt wurde, stammt bis in alle Einzelheiten von Goebbels."

Einige Jahrzehnte später ärgerte er sich über meine politische Einstellung, die nach seiner Meinung nicht demokratisch und liberal genug war. Er zieh mich sogar des Antisemitismus, obgleich er dieses nun wirklich hätte besser wissen müssen. Auch an meiner früheren Filmtätigkeit ließ er kein gutes Haar. Da er hierzu aus eigener Anschauung nichts sagen konnte, behauptete er, alle Filmwirtschaftler, Bosse und Künstler würden nur in verächtlichster Form von mir denken und über mich sprechen. Wie es wirklich war, zeigt die folgende Dokumentation.

Psychologisch ebenfalls aufschlußreich ist die Art, in der sich der bekannte kommunistische Publizist Axel Eggebrecht mit mir befaßte: Zwar bestätigte er mir wiederholt, daß ich ihm im Jahre 1942 trotz Kenntnis seiner Vergangenheit eine elektrische Schreibmaschine besorgt hatte. Auch hätte ich bei einer längeren

Unterhaltung einiges für ihn damals Verblüffende freimütig geäußert.

Als das deutsche Fernsehen 1980 eine abendfüllende Sendung von mir angefertigt hatte, wagte es deren Ausstrahlung nur mit einigen einführenden "rechtfertigenden" Sätzen des Herrn Eggebrecht. Ihn hielt man als ehemaligen Kommunisten für legitimiert, der Sendung über einen ehemaligen Nazi seinen Segen zu geben.

Eggebrecht tat dies (siehe S. 170), indem er an meine skeptischen, kritischen Worte erinnerte, die ich "in jener Winternacht mitten im Dritten Reich", "sehr redlich offen geredet" hätte. Während ich jetzt "erheblich mehr unsympathisch" sei, beim Versuch, "mich heute mehr rauszuwinden". Die Idee, daß ich jetzt genau so "redlich offen" geredet haben könne, war dem ehemaligen Kommunisten offenbar wesensfremd.

DOKUMENTATION

Zum Abschluß meiner dreijährigen (1945-1948) Internierung im Gefängnis Hamburg-Fuhlsbüttel und in den Lagern Neuengamme und Staumühle inserierte die Anklagebehörde beim Spruchgericht (21a) Hiddesen über Detmold in verschiedenen Zeitungen, darunter in den Berliner Filmblättern vom 11. Juni 1948: Auskünfte über Hippler erbeten: "Personen, die in der Lage sind, zweckdienliche Angaben über die politische Aktivität des Beschuldigen" zu machen, wollen sich umgehend zum AZ.5/ 3 Sp.Js 644/47 unter näherer Angabe der ihnen bekannten Tatsachen melden..."

Zur Hauptverhandlung am 28./29. September 1948 meldete sich niemand. Ebenso wenig zu den nachfolgenden Verfahren 1951 und später (in München und Berlin).

Dafür konnte ich mit Leumundszeugnissen und Beurteilungen fast der gesamten damaligen deutschen Filmprominenz aufwarten, von denen ich im folgenden eine Auswahl vorlege.

Vor den Filmleuten zitiere ich sechs der mir damals ebenfalls zugegangenen Aussagen aus dem Bereich der Bildenden Kunst. Sie beziehen sich auf meinen 1933 als Studentenführer bewiesenen Einsatz für die Freiheit der deutschen Kunst.

Die jeweiligen Originale für alle zitierten Äußerungen befinden sich beim Verfasser und stehen allen Interessenten zur Einsicht zur Verfügung.

Das Spruchgericht erkannte nicht wegen begangener Verbrechen, sondern wegen meines "Ehrenführerranges" in der SS auf zwei Jahre Gefängnis und 5000 Mark Geldstrafe, verbüßt durch dreijährige Internierung. Die Spruchkammern erkannten auf verschiedene Grade von "Belastung" mit entsprechenden wirtschaftlichen und beruflichen Folgen.

Urteil und Sprüche basieren auf rechtsstaatswidrigen Gesetzen und Perspektiven mit rückwirkender Kraft – im Gegensatz zur gegenwärtigen Betrachtungsweise der ehemaligen DDR-Repräsentanten, bei denen man die damals geltenden Gesetze anwendet.

Auszüge aus eidesstattlichen Erklärungen und Gutachten in Sachen Dr. Fritz Hippler

Bildende Künstler und Kunstwissenschaftler

Prof. Dr. h.c. Emil Nolde (15.2.1948)
Ich bestätige Herrn Dr. Hippler gerne, daß er sich Mai 1933 in einer Kundgebung des NSDStB im Auditorium maximum der Berliner Universität für die Freiheit der Deutschen Kunst, auch unter Hervorhebung meines Namens, unter persönlichem Einsatz, eindeutig zu der verfemten Kunst bekannt hat... Mir wurde vom Hitlerregime ein Mal- und Verkaufsverbot auferlegt und jede künstlerische Tätigkeit verboten. Möge die damalige klare Haltung von Herrn Dr. H. heute berücksichtigt werden.

Karl Schmidt-Rottluff (20.1.1948)
... es ist nicht mehr als meine Pflicht, für Sie zu zeugen. Sie haben sich damals mit hinreißendem Mut für die gefährdeten "entarteten" Künstler eingesetzt; es war die großartigste Demonstration gegen die Kunstpolitik des Dritten Reiches. Daß sie nichts zu hindern vermochte, kann die Kühnheit Ihres damaligen Bekenntnisses nicht mindern.

Erich Heckel (12.4.1948)
...ich höre, daß gegen Sie das Spruchkammerverfahren eröffnet ist und schreibe Ihnen, mir persönlich Unbekannten, daß ich mich erinnere, daß Sie sich seinerzeit bei den NS-Angriffen – so z.B. in Ihrer Rede im Auditorium maximum der Berliner Universität für die verfemten Künstler mutig eingesetzt haben. Ich hoffe und wünsche Ihnen, daß dieses Verhalten, das damals Ihre Maßregelung zur Folge hatte, jetzt Anerkennung findet.

Galerie Ferdinand Möller (23.4.1948)
... ich bestätige Ihnen gern, daß Sie 1933 bei Machtergreifung der NSDAP sich für die später in den entarteten Kunstausstellungen gezeigten Künstler anläßlich der in meinen Räumen veranstalteten Ausstellungen tatkräftig eingesetzt haben und mit der in der Berliner Universität veranstalteten Kundgebung für die

Freiheit der deutschen Kunst für die später verfemten Künstler eingetreten sind. Ich werde nicht vergessen, wie Sie einem der wüstesten Gegner drohten, ihn aus dem Saal weisen zu lassen, wenn er weiter die Veranstaltung störe.

Dr. Alfred Hentzen (3.5.1948)

... bestätige Ihnen sehr gerne, daß Sie im Juli 1933, als der Kampf um die moderne deutsche Kunst einen ersten Höhepunkt erreicht hatte, eine Studentenkundgebung in Berlin geleitet haben, in der in eben so scharfer wie mutiger Form für die verfemten Künstler, insbesondere für Nolde und Barlach und die Meister der "Brücke" eingetreten wurde. Die Kundgebung fand am Tage vor der Beurlaubung des Direktors der Nationalgalerie, Geheimrat Justi (jetzt Generaldirektor der Staatl. Museen), statt, hat also nichts mehr helfen können, aber sie hat damals sowohl Justi wie uns anderen Freunden der modernen Kunst Mut gemacht und gezeigt, daß wir auch unter der Studentischen Jugend Mitkämpfer hatten... Ich war damals Assistent an der Nationalgalerie, bis ich 1937 wegen meines Eintretens für dieselben "entarteten" Künstler zuerst beurlaubt, später ans Kaiser-Friedrich Museum versetzt wurde. Jetzt bin ich künstlerischer Leiter der Kestner Gesellschaft in Hannover.

Prof. Dr. Ludwig Thormaehlen (4.5.1948)

... ich war damals in der Nachbarschaft im Kronprinzenpalais Unter den Linden in Berlin Kustos an den Staatlichen Sammlungen... und begrüßte aufs lebhafteste die mutige Tat der Studentenschaft und ihr Eintreten für die zu Unrecht Verfolgten, das Dr. Hippler veranlaßt hatte. Ich weiß über Dr. Hippler sonst nichts. Aber diese Kundgebung damals, die erfreuliches Aufsehen erregte, schien mir Dr. H. zu den Wohlgesinnten zählen zu lassen, die sich dem Unsinn des Naziregimes entgegenstellten.

B) Film und Bühne

Generalintendant a.D. Boleslav Barlog (vom 27.4.1981)

Ja, es war eine große Zeit des deutschen Films. Dank für Ihre offenherzige und aufrichtige Schilderung der damaligen Zeitumstände. Ich weiß, daß alles ehrlichem Herzen entstammt, denn Sie waren damals auch für mich ein Schutzengel...

Rundfunksprecher der "Systemzeit", Regisseur, Intendant S.F.B. *Alfred Braun (29.1.1948)*

... meine Beschäftigung wurde überall abgelehnt, ich war der berüchtigte "SPD-Mann", durch Schutzhaft und Konzentrationslager als politisch anrüchig gebrandmarkt. Nur Herrn Dr. Hippler, der sich durch solche Einwände in seinem sachlichen Urteil nicht bestimmen ließ, habe ich es zu verdanken, daß ich wieder eine Existenz und einen künstlerischen Wirkungsbereich in Deutschland fand. Gegen alle Widerstände, die ich von anderer Seite sehr deutlich zu spüren bekam, hat er auch schließlich durchgesetzt, daß die Erlaubnis für mich erwirkt wurde, mit Erich Kästner zusammen ein Drehbuch zu schreiben, dessen Regie mir übertragen wurde... noch mehr als durch diese sachliche und mutige Haltung, mit der Dr. H., einen politisch anders Orientierten und von der Partei als anrüchig Behandelten begegnete, habe ich Dr. H.'s allgemeine Gesinnung in einer Reihe von Unterhaltungen kennengelernt, bei denen ich zugegen war. Ich kann z.B. bekunden, daß Dr. H. sich gegen eine nicht genügend humane Behandlung der Kriegsgefangenen in Deutschland in so leidenschaftlicher Form aussprach, daß ich für seine Sicherheit fürchtete, weil sich ein Teilnehmer der Unterhaltung, der die Politik des Dritten Reiches auch in dem Punkt rechtfertigen wollte, aufs Tiefste beleidigt fühlte... mir ist weiterhin bekannt, daß sich Dr. H. vielfach für politisch und rassisch Verfolgte im Bereich des Filmschaffens bis zur Selbstgefährdung eingesetzt hat.

Schauspieler und Regisseur Volker von Collande (18.1.1983)

... es ist wohl auf den Monat genau vierzig Jahre her, daß wir uns das letzte Mal in Lebensgröße sahen... Als ich mir im vorigen Jahr Ihr Buch "Die Verstrickung" kaufte (ich habe es verschlungen wie einen Krimi), tauchten alle Dinge wieder auf, als sei es erst gestern gewesen... und am 7. Febr. 1989:

... Ich bin mit meinen Begriffsdefinitionen im Laufe der Jahre sehr viel vorsichtiger geworden, – dennoch bin ich glücklich, in Ihnen so etwas wie einen alten Freund gefunden zu haben. Legen Sie mir diese meine Erklärung bitte nicht als plumpe Vertraulichkeit aus...

Die französische Schauspielerin Andrée Debar (10.10.1948)

... je suis heureuse de vous rendre le même service que vous m' avez rendu à Berlin Et c'est volontiers que je certifie qu'en 1942 à Berlin lorsque je travaillais, la Tobis et que vous étiez Reichsfilmintendant vous avez à plusieurs reprises temoignè votre sympathie à ma qualité de française malgrè les inconvénients que cela risquait d' entrainer pour vous. Notamment vous m'avez un jour prèvenu qu'une lettre anonyme, venant du Luxembourg, me dénonçait auprès des services de Goebbels comme française ayant été emprisonnée par la gestapo du Luxembourg. Ce qui m'a permis de me tirer à mon avantage d'une comparition devant Goebbels et de sauver probablement ma vie. Etant donné les services que vous avez rendus, non seulement à moi et ma mère, mais à d'autres personnes persécutées par le régime nazi, je vous souhaite que vous ne soyez pas davantage inquiété et je suis heureuse si je peux vous y aider...

Der Erfolgsautor und Dramaturg Dr. Erich Ebermayer (26.5. 1951)

Während seiner Tätigkeit im Propagandaministerium als Leiter der Abt. Film und als Reichsfilmintendant hatte ich in meiner Eigenschaft als Filmautor zahlreiche Begegnungen mit Dr. F.H.. Ich habe Dr. H. dabei nicht nur als einen ungewöhnlich befähigten, für seinen Posten absolut geeigneten Mann kennengelernt, was wohl unbestritten ist, sondern es immer als besonders angenehm empfunden, daß Dr. H. niemals bei der sachlichen Arbeit irgendwelche n.s. Gesichtspunkte in den Vordergrund rückte oder auch nur mir gegenüber betonte. Bei etwa einem Dutzend Drehbüchern, die während seiner Amtszeit von mir geschrieben und durch Dr. H.'s Hand gingen, hat Dr. H. nicht ein einziges Mal "weltanschauliche" Einwände erhoben. Bei allen Diskussionen handelte es sich ausschließlich um künstlerische Gesichtspunkte...

Autor und Rundfunkjournalist Axel Eggebrecht (8.3.1980)

... Ich erinnere mich übrigens nicht nur Ihrer Hilfe bei der Beschaffung einer elektrischen Schreibmaschine (es war eine Mercedes – ich brauchte sie meiner durch Kriegsverletzung von 1918 arg ramponierten Hände und Arme wegen), wir hatten einmal, ich glaube bei Helmut Schreiber (alias Kalanag) eine ziemlich intensive Unterhaltung, in der Sie einiges für mich, damals, Verblüffendes freimütig äußerten.

Werner Finck (14.7.1948)

Herr Dr. Fritz Hippler ist mir als ein oppositioneller Geist bekannt, der, was den Nationalsozialismus anbelangt, vielfach Wege einschlug, die dem Parteiprogramm stark entgegengesetzt waren. Meine Unterbringung im KZ, mein Ausschluß aus der Reichskulturkammer, waren Vorgänge, die ihn sehr empörten und ich weiß, daß er immer wieder versuchte, seinen Chef, den Reichspropagandaminister, umzustimmen. Auch, als ich Schwierigkeiten beim Film bekam, versuchte er mit bemerkenswerter Kühnheit, gegen den Stachel zu löcken. Er gehörte im übrigen immer zu den begeisterten Besuchern meiner Vorträge und der Katakombe, was allein schon für einen Mann seiner Stellung sehr kompromittierend war.

Schauspieler Gustav Fröhlich (8.7.1947)

... waren Sie es, der, obwohl ihm meine antinationalsozialistische Einstellung wohl bekannt sein mußte, getreu einem einmal gegebenen Versprechen verschiedene Versuche zu meiner Befreiung machte. Ich weiß, daß Sie es waren, der den entscheidenden Stellen meine Wiedereinstellung in den deutschen Film als opportun hinstellte, ... und daß Sie selbst wenige Wochen später strafweise zu einer ähnlichen Einheit geschickt wurden, als Ahndung für zu selbständige Entscheidungen in Ihrem Amt als Reichsfilmintendant. Wenn ich die hemmungslose Abneigung des Propagandaministers gegen meine Person bedenke, kann ich mir zusammenreimen, daß Ihre Hilfe mir gegenüber ihre Rolle bei Ihrer Entlassung aus Ihrer Filmtätigkeit gespielt haben mag.

Altmeister des Films, Produzent und Regisseur Carl Froelich (22.8.1948)

Dr. Fritz Hippler habe ich in meiner Eigenschaft als Regisseur und Inhaber meines Filmatelierbetriebs genauestens kennengelernt... Bei Verhandlungen in der Reichsfilmkammer und bei Sitzungen des Aufsichtsrates der Ufa habe ich ihn gut beobachten und feststellen können, daß seine Bestrebungen stets zum Wohle der Allgemeinheit, nie aber im Interesse der Partei gerichtet waren. Je länger er im Ministerium war und je höher er daselbst stieg und je mehr er aus diesem Grunde mit dem Minister zu tun hatte, desto unglücklicher wurde er. Er äußerte sich damals auch in Gegenwart meiner Frau fast wörtlich: "Sie wissen ja gar nicht, Professor, was da vorgeht. Sie haben ja keine Ahnung von dem Sadismus und der Größe der Gemeinheit des Dr. Goebbels. Ich kann es einfach nicht mehr ertragen, zu allem ja zu sagen und zu schweigen." Bald nach seinen Äußerungen zu mir fiel er ja auch in Ungnade und wurde aus dem Promi entfernt und mußte zur Strafe einfacher Soldat werden...

Bei Gelegenheit eines Vortrages, den ich dem Minister zu halten hatte, brachte ich das Gespräch auf Hippler und bat den Minister, diesem doch seine Lage zu erleichtern, da er doch ein kluger und vor allem ein anständiger Mensch sei. Fast wörtlich, mit erhobener Stimme, sagte Goebbels darauf: "Das war er eben nicht! Wenn Sie wüßten, welche Gemeinheiten und Niederträchtigkeiten sich dieser Mensch mir gegenüber erlaubt hat, würden Sie eine solche Bitte nicht aussprechen. Er hat sogar die Beamten gegen mich aufgehetzt."

Ich kann mir wohl ein Urteil über seine Charaktereigenschaften erlauben. Er ist ein grundanständiger Mensch, dem natürlich auch jedes Denunziantentum vollständig fernlag. Er und ich in meiner Eigenschaft als Präsident der Reichsfilmkammer hatten sehr oft Gelegenheit, rassisch verfolgten und politisch unliebsamen Menschen zu helfen, so z.B. Gustel Fröhlich, Heinz Rühmann und seiner Frau...

Bei dem Wirken Hipplers habe ich niemals Antisemitismus und Nazismus gemerkt. Ihm wie mir waren diese Begriffe fern. Man wird mir glauben, denn ich habe 45 Jahre lang an maßgeblicher Stelle für den Film gewirkt, habe ihn technisch und künstlerisch an der Seite von Oskar Messter mit aufbauen helfen, hatte, bevor die Nazis kamen, bereits meinen eigenen großen Filmbetrieb... war auch, bevor sie kamen, Präsident der Dachorganisation der filmschaffenden Künstler Deutschlands, wozu ich gewählt wurde von einer Mitgliedschaft, die zu 60 % aus jüdischen Künstlern bestand. Wenn Dr. H. ein schneidiger SS-Mann mit verbrecherischen Allüren gewesen wäre, hätte ich bestimmt niemals freundschaftlich und kameradschaftlich mit ihm gearbeitet und verkehrt. Eine 70-jährige Lebenserfahrung gibt mir das Recht, dieses entlastende Urteil über ihn auszusprechen und zu wünschen, daß die Spruchkammer meine Aussagen an Eidesstatt zu Hipplers Bestem anerkennt.

Autor, Dramaturg, Musik- und Filmwissenschaftler Dr. Leonard Fürst (8.9.1947)

Herr Dr. Hippler ist mir seit dem Jahre 1935 bekannt. Durch meine Arbeiten als Filmschriftsteller und Dramaturg hatte ich Gelegenheit, ihn bis 1943, dem Jahre seiner Entfernung aus dem Amt durch Goebbels, in seinen amtlichen Funktionen und als Persönlichkeit sehr genau kennen zu lernen.

Ich möchte ihn charakterisieren als einen Menschen von ungewöhnlichen geistigen Qualitäten, unter denen besonders eine streng wissenschaftliche Denkweise und ein außerordentlicher kritischer Verstand hervorgingen. Seine Gefühlslage ist bestimmt durch ein starkes Gerechtigkeitsgefühl und durch eine weite Toleranz allem Menschlichen und Geistigem gegenüber. Ein gewisser Zwiespalt in seinem Wesen ist vermutlich auf ein besonders stark ausgeprägtes Pflichtbewußtsein zurückzuführen. Durch die Berücksichtigung dessen erscheint im folgenden manches verständlich, das sonst unwahrscheinlich wäre. So stand er beispielsweise dem Dogma der Partei ebenso wie den Maßnahmen der Parteileitung von Anfang an ablehnend, in späteren Jahren sogar ausgesprochen feindlich gegenüber... Er hat vor dem Krieg mit Rußland gewarnt und meines Wissens auch (ich glaube, es war im Sommer 1942) gegen die deutsche Ostpolitik in einer Denkschrift Stellung genommen.

Allem von der NSDAP und der Parteileitung Empfohlenen stand er mit abgründigem Mißtrauen gegenüber. In seinem Bereich des Films hat er Parteimitglieder nicht nur nicht gefördert, sondern sie überhaupt nicht berücksichtigt... Mit Vorliebe, ja man kann sagen prinzipiell, suchte er für bedeutende Posten im deutschen Filmwesen die Vertreter aus den Kreisen jener damals so erbittert bekämpften Liberalisten. Von diesem Standpunkt aus wird es auch verständlich, daß er mich, der ich weder der Partei noch irgendeiner ihrer i.S. des Gesetzes belasteten Gliederungen angehörte, nach zweieinhalbjährigem Wehrdienst als Chefdramaturgen der Tobis uk-stellen ließ.

Seine geistige Einstellung wird am besten dadurch beleuchtet, daß er nicht nur in engem Kreise die literarischen Erzeugnisse der Parteiverlage lächerlich machte und zu seiner persönlichen Lektüre sich diejenigen Schriftsteller wählte, deren Werke 1933 vor dem Opernplatz in Berlin verbrannt worden waren... Ich habe seinen Kampf um Erich Kästner als wertvolle literarische Kraft für den deutschen Film miterlebt.

... seine Einstellung zur Judenfrage, die ebenfalls herrschenden Prinzipien der Partei widersprach. Er zeigte sich als ein Verächter des Antisemitismus und hat sich stets für Persönlichkeiten, deren Abstammung im Sinne der damaligen Zeit zweifelhaft war, eingesetzt. Aus eigener Kenntnis kann ich sein Eintreten für den damaligen Produktionschef der Terra, Alf Teichs, bestätigen, der wegen seiner Ehe mit einer Halbjüdin aus seiner Stellung entfernt werden sollte und nach seiner Scheidung weiterhin mit ihr zusammenlebte, was allgemein bekannt war. Außerdem förderte er, wo immer er nur konnte, meinen Freund, den verstorbenen Komponisten Walter Gronostay, der mit einer Halbjüdin verheiratet war und brachte die darüber empörten Stimmen aus dem Kreise der Partei schließlich zum Schweigen. Aus Dankbarkeit für seine Haltung schenkte ihm Frau Gronostay aus der Bibliothek ihres Mannes die Werke des jüdischen Schriftstellers Kurt Tucholsky... auf dem Gebiet der dramaturgischen Überwachung des deutschen Films, auf dem ich in den Jahren 1942/43 mit ihm wiederholt in enge Berührung kam, war sein Wertmaßstab die filmische Eignung und die künstlerische Qualität. In dieser Sphäre kam es zu den ersten ernsten Zusammenstößen zwischen ihm und dem damaligen Propagandaminister. Die tiefe Kluft, die beide trennte, wurde wesentlich verbreitert durch sein Eintreten für eine freie Kunstkritik und für die Anerkennung des ausländischen Filmschaffens. In Verfolg solcher Bestrebungen richtete er Studiovorführungen mit Meisterwerken französischer, amerikanischer, britischer, tschechischer, russischer usw. Filmkunst vor den Filmschaffenden ein und mußte erleben, daß sie ihm nach verhältnismäßig kurzer Zeit vom Minister verboten wurden. Sein kompromißloses Eintreten für damals unerwünschte Filmwerke wie Werner Hochbaums "Ewige Maske" und Willi Zielkes "Stahltier" sowie für manche andere, deren Titel mir heute nicht mehr geläufig sind, sein Einsetzen schließlich für künstlerische Persönlichkeiten wie Erich Kästner, Werner Finck, führten schließlich zum Bruch mit Goebbels...

Autor und Rundfunkjournalist Boris Goldenberg

Aus einem Brief an Wilhelm Heyne Verlag vom 18. Dezember 1977:

"... mit Hippler, den ich ebenso wie meinen Freund Prof. Richard Löwenthal um 1930 in Heidelberg kennenlernte, kam ich erst 1964 (nach 31 Jahren Emigration in Paris, Havanna, London) wieder in Verbindung"... "Mich interessierte, was aus all den alten Bekannten geworden war – auch aus politischen Gegnern, die sich in der Vor-Hitlerzeit mir gegenüber immer korrekt und fair verhalten hatten. Ich fragte bei meinem Freund Löwenthal, damals Professor an der FU Berlin, auch nach Fritz Hippler, den wir beide ja noch aus jenen Jahren kannten.." "Ich konnte mich Löwenthals Ansicht anschließen, da mir F.H. in jenen Jahren zwar als prominenter Nazistudent, aber gewiß nicht als Anti-Semit bekannt war. Wie zahlreiche andere Studenten aus korporierten Kreisen war er ... Idealist, der nach einem Sinn des Lebens suchte, antikapitalistisch eingestellter Nationalist, aber gewiß kein engagierter Antisemit... Ich war damals Gründer und Leiter der Kommunistischen Studenten in Heidelberg." "Mit Hippler, der die natioalsozialistische Studentenschaft führte, hatte ich häufig politische Auseinandersetzungen, die immer in sachlichem und korrektem Ton geführt wurden..."

Autor und Dramaturg Dr. Hermann Gressieker (4.11.1947)

Ich kenne Herrn Dr. Fritz H. aus gemeinsamer Tätigkeit im Filmwesen... bezeichnend für seine geistige Überlegenheit und seine aufrechte Charakterhaltung war seine 1937 erschienene Broschüre "Wissenschaft und Leben", die zwar – wie es damals gar nicht anders sein konnte – von der Forderung einer völkischen Wissenschaft ausging, zugleich aber mit großer Kühnheit und Entschiedenheit für die Freiheit der Wissenschaft gegen geistfeindliche Propagandamache und völkische "Berserkerei" eintrat. Das war das Äußerste an Liberalismus, was man damals wagen konnte. Diese Charakterhaltung führte ihn zu konsequenter Opposition gegen viele üble Erscheinungen des nazistischen Filmwesens. Die Zeitschrift "Der Deutsche Film", deren ständige Mitarbeiter wir waren, wurde von uns und einigen anderen als Organ dieser kulturpolitischen und moralischen Opposition benützt. Die Glossen, die Hippler unter dem Pseudonym "Wendelin" schrieb, geißelten mit verblüffender

Offenheit die Verantwortungslosigkeit und Korruption der Naziproduktion...

Neben seinem beruflichen Können war gerade diese mutige Gesinnung der Grund dafür, daß er auf meine Veranlassung als Lehrbeauftragter für Wochenschau und Kulturfilm an die deutsche Filmakademie berufen wurde. (Ich wirkte dort als Dozent für Filmdramaturgie). In der künstlerischen Fakultät, die unter ihren hauptamtlichen Lehrkräften keinen Pg. hatte, herrschte der gleiche Geist kulturpolitischer Opposition, wie wir ihn in der Zeitschrift vertreten hatten. Wie erwartet, half Hippler uns sehr wesentlich, die junge Generation zur Auflehnung gegen die Verbohrtheit und moralische Minderwertigkeit des Nazifilmbetriebs zu erhehen. Dieser beharrliche Widerstand, der als Sabotage verstanden wurde, war, wie alle Beteiligten bezeugen werden, der wahre Grund für die frühzeitige Stillegung der Akademie im Jahre 1940.

Stattdessen gründete Hippler als Reichsfilmintendant 1942 eine Lehrstelle für Filmnachwuchs. Obwohl ich inzwischen wegen fortgesetzter Polemik von höherer Stelle öffentlich angegriffen und verwarnt worden war, gab H. mir in der Lehrstelle die gleiche Position, wie ich sie in der Akademie gehabt hatte. Ich sah darin einen Beweis, daß er auch als Reichsfilmintendant unseren künstlerischen und moralischen Anschauungen treu geblieben war. Was H. in meinen Augen grundsätzlich von allem Nazitum unterschied, das war die Vorurteilslosigkeit und Aufrichtigkeit, die vielfach bis zur Grobheit ging, damit aber auch häufig eine mutige Selbstgefährdung bedeutete. Im übrigen wirkte er auf mich eigentlich überhaupt nicht als Parteimann und Beamter, sondern nur als Arbeitsfanatiker, speziell als Filmfanatiker, als filmkünstlerischer Praktiker und Idealist....

Generalintendant Gustaf Gründgens (15.6.1951)

... Heute erreicht mich die Nachricht, daß Ihr Fall erneut aufgerollt werden soll, mit dem Ziel, Sie in die Gruppe der Hauptschuldigen einzureihen. Da ich diese Meinung nicht teile, schreibe ich Ihnen, ungebeten und bitte Sie, über diesen Brief zu verfügen... Wir haben drei Begegnungen gehabt, deren ich mich entsinne. Die erste, um eine Besetzung und eine Szene in meinem Film 'Friedemann Bach' zu besprechen. Ihnen wollte eine bestimmte Wendung im Charakter meiner Rolle nicht einleuchten, und es gelang mir auch nicht, Sie zu überzeugen. Sie hatten dabei nur ein künstlerisches Interesse und nicht die Absicht, mich zu einer Änderung zu bewegen. Nun, ich machte diese Änderung doch, denn Sie hatten Recht. Im Hinausgehen sage ich zu meinem Begleiter etwas verblüfft: "Der versteht ja wirklich etwas von unserem Métier."

Nehmen Sie das als Zeugnis für Ihre Berechtigung, in Kunstdingen mitreden zu können; aus einem völlig ungebundenen Sinn für den Weg von Planung zur Realisierung.

Unsere zweite Begegnung war nach meinen Briefen an die Tobis, an Jannings und Steinhoff, die eindeutig feststellten, daß ich nur unter Zwang und unter Verzicht auf Honorierung in dem Film "Ohm Krüger" mitwirkte. In diesem Fall kam erst der damalige Reichsdramaturg Dr. Schlösser zu mir, dann nacheinander zwei Adjutanten von Goebbels. Ich stelle fest, daß Sie sich an diesen künstlerischen Zumutungen und politischen Erpressungen nicht beteiligt haben, obwohl es Ihres Amtes gewesen wäre...

Unsere dritte Begegnung fand in einem Luftschutzkeller Frederiziastraße in Charlottenburg statt. Wir waren beide Soldat geworden. Sie, weil Ihr Chef Sie hinausgeworfen hatte (ich hatte mich immer gewundert, daß das so spät geschah... Damals mußte ich Sie vor sich selbst und Ihrem Temperament schützen, aus dem die ganze Bitternis und Enttäuschung eines Mannes sprach, dessen Jugendideale zerstört waren, und Ihre Verbitterung bezog sich nicht auf Ihr äußeres Schicksal... Ich habe nie eine unfaire oder unanständige Handlung von Ihnen gehört, und ich möchte annehmen, daß sie mir zu Ohren gekommen wäre..."

Schauspieler und Sänger Johannes Heesters (13.11.1981)

... denn Sie waren es ja, der mit allen Mitteln versuchte, mich aus dem Gefängnis in Berlin zu befreien. Glauben Sie denn, man kann eine so gute Tat vergessen...

Schauspielerin Margot Hielscher (Brief vom 23.11.1977)

... Zu Dr. Goebbels: ich kann's nicht glauben, daß Du vergessen haben solltest, wie sehr gerade Du mir geholfen hast, nicht da zu sein, wenn er mich treffen oder sprechen wollte! Wie froh ich war, als ich mit den Aufnahmen zu "Auf Wiedersehen, Franziska!" nach Burghausen entfliehen konnte. Später nach

Prag mit den Filmen für die Bavaria. Du hast Dein Tagebuch oder Terminkalender. Ich habe meine Zeugen...

Schauspieler Emil Jannings (11.8.1947)

... konnte ich feststellen, daß Dr. Hippler für meine rein künstlerischen Pläne, im Gegensatz zu Dr. Goebbels, absolutes Verständnis hatte und bemüht war, die feindselige Haltung, die mir Goebbels entgegenbrachte, zu beseitigen...

... auch hier war es, soweit mir bekannt, Dr. Hippler, der meine Verhaftung verhinderte. Ferner ist mir bekannt, daß Dr. Hippler sich für andere, darunter politisch und rassisch verfolgte Künstler einsetzte, so z.B. für den Dichter Erich Kästner, den er unter dem Decknamen "Bürger" verschiedene Filme schreiben ließ, obwohl er als Autor verboten war. All diese Dinge hatten zur Folge, daß es zwischen Goebbels und Hippler zu einem offenen Konflikt kam. Dr. Hippler wurde seines Amtes enthoben und als einfacher Soldat an die Front geschickt..."

Dr. Erich Kästner (25.3.1947)

Dr. Fritz Hippler... bittet mich um einige Bestätigungen z.B. darüber, daß meine vorübergehende Sondererlaubnis (1942), Drehbücher zu schreiben, ausschließlich auf ihn zurückzuführen gewesen sei. Ohne daß mir die damaligen Vorgänge, die schließlich zu der Sondererlaubnis führten, näher bekannt sind, scheint in der Tat festzustehen, daß Dr. H. daran entscheidend teilhatte. Als Ende 1942 Hitler diese Erlaubnis widerrief und die beiden Filme "Münchhausen" und "Der kleine Grenzverkehr", deren Autor ich bin, ohne jede Autorenangabe erschienen, war Dr. Hipplers Position dadurch – ich kann von mir aus natürlich nicht beurteilen, ob dadurch allein – erschüttert...

Der langjährige Generaldirektor der Ufa (seit den Zwanziger Jahren bis 1945) Dr. h.c. Ludwig Klitzsch (25.5.1951)

... Es ist Ihr Verdienst, daß Sie versuchten, durch vorsichtige Handhabung Ihrer Vollmachten diese Benachteiligungen zu mildern oder gar zu vermeiden. Das führte bald zu schweren persönlichen Auseinandersetzungen zwischen Ihnen und dem Propagandaminister. Die Folgen, die sich für Sie daraus ergaben, bestanden schließlich in Ihrer Entlassung. Wie groß die Verstimmung des Ministers gegen Sie war, beweist die Tatsache, daß er sogleich nach Ihrer Entlassung Ihre militärische Erziehung veranlaßte. Ich glaube, daß diese Tatsache bei den Persönlichkeiten der deutschen Filmwirtschaft, die damals in leitenden Stellungen tätig waren, noch überall in stärkster Erinnerung sein wird.

Der besondere Haß des Propagandaministers galt bekanntlich der UFA und ihren führenden Männern. Ich habe es Ihnen damals hoch angerechnet, daß Sie mich hierüber jeweils unterrichteten und mich hierdurch in die Lage versetzten, Unheil zu verhüten....

Regisseur und Schauspieler Wolfgang Liebeneiner (12.4.1947)
Herr Dr. Fritz Hippler ist mir seit 1938 bekannt... die Arbeit der Filmakademie stand von vornherein in scharfem Gegensatz zu der offiziellen Filmpolitik, und Dr. H. übte unter dem Schutz der akademischen Lehrfreiheit schärfste Kritik an den Maßnahmen der NS Filmführung, und seine dramaturgischen und organisatorischen Ideen waren selbständig und standen im Gegensatz zum Propagandaministerium.

Als Leiter der Wochenschau setzte Dr. H. einige seiner künstlerischen und organisatorischen Ideen mit größtem Erfolg in die Tat um. Da seine Tätigkeit als Leiter der Wochenschau in die Zeit deutscher Siege fiel – später hatte Herr H. nichts mehr damit zu tun – wurde seine Arbeit ungeheuer populär, und Goebbels, der nie imstande war, die Ursache seines Erfolges zu analysieren, machte Dr. H. zum Reichsfilmintendanten... Dr. H. erfüllte zwar die Hoffnungen des Ministers als Organisator, enttäuschte ihn jedoch in immer zunehmenderem Maße in politischer und künstlerischer Hinsicht. Nach monatelangen Auseinandersetzungen wurde H. entlassen und in einer Rede vor den Filmschaffenden diffamiert. Es war in unseren Augen jedoch eine Anerkennung, als Goebbels sagte, daß Herr Dr. H. "nicht der Vertreter des Ministers gegenüber den Filmschaffenden, sondern der Vertreter der Filmschaffenden gegenüber dem Minister" gewesen sei. Später bezeichnete er die Arbeit Hipplers mehrfals als Sabotage und benützte jede Gelegenheit, um ihn schlecht zu machen...

Der tragische Irrtum Dr. Hipplers bestand darin, daß er glaubte, Dr. G. lenken zu können. Sobald Dr. G. das erkannte, mußte er fallen. Ich habe niemanden mit größerem Mut Goebbels widersprechen und ihn mit größerer Genugtuung ab absurdum führen hören. H. war den Filmschaffenden ein geschickter Anwalt im Propagandaministerium. Die besondere Stellung der Künstler gegenüber der Gestapo, ihre besondere Narrenfreiheit, die hunderte vor der Bestrafung und vor dem KZ, in das jeder normale Deutsche für weit geringere Denunziationen gekommen wäre, gerettet hat, ist Dr. H.'s Werk, das noch lange nach seinem Ausscheiden wirksam blieb...

H. verdankt seinen Aufstieg ausschließlich seiner persönlichen Tüchtigkeit. Die Ehrungen, die er erhielt, waren eine Folge seiner Leistungen auf dem Gebiet des Films, nicht aber seine Stellung eine Folge der Ehrungen. Er duldete jede Kritik und hat nicht nur niemanden wegen seiner antifaschistischen Gesinnung angegriffen, sondern sich im Gegenteil viele Argumente selbst zu eigen gemacht...

Generalintendant und Regisseur Herbert Maisch (27.6.1947)

... sehr gerne bestätige ich Herrn Dr. H., daß mir als Filmregisseur bekannt war, daß Herr Dr. H. in schweren Kontroversen mit dem Propagandaminister Dr. G. gestanden hat und daß er aus seiner Stelle als Leiter der Abteilung Film im Promi strafweise abgelöst und an die Front geschickt wurde. Ich selbst, der ich vom Promi aus im Film nur geduldet und nicht gern gesehen wurde, habe mehrfach erfahren dürfen, daß Herr Dr. H. bemüht war, Künstler und keine Parteiangehörigen an die maßgebenden Stellen im Film zu bringen. So hat er auch mir den Antrag gemacht, Produktionschef der Ufa zu werden, den ich aber aus politischen Gründen abgelehnt habe. In allen Unterhaltungen, die ich mit Herrn Dr. H. hatte, hat er sich niemals auf einen zelotischen Parteistandpunkt, sondern meist zum Gegensatz zu seinem Minister auf einen menschlichen und künstlerischen freien Gesichtspunkt gestellt...

Winnie Markus (Oktober 1947)

... ich habe in dem damaligen Reichsfilmintendanten, im Gegensatz zu vielen anderen, die ähnliche Positionen innehatten, einen in künstlerischen Fragen aufgeschlossenen Menschen kennen gelernt. Ich war überrascht, daß Herr Dr. H. trotz seiner exponierten Stellung alle Fragen und Wünsche meinerseits stets von der menschlichen und künstlerischen Seite betrachtete und keinerlei politischen Tendenzen nachgab. Ich kann weiterhin bestätigen, daß Herr Dr. H. einer der Wenigen war, mit dem man auch ein offenes Wort reden konnte. Wenn von den zwanzig Filmen, die ich immerhin in der Zeit von 1939 – 1945 drehte, heute nicht ein einziger verboten wurde, so habe ich es unter anderem auch Herrn Dr. H. zu verdanken. Außerdem wußte er von meinen Beziehungen zum Ausland und zu jüdischen Freunden und hat mir keinerlei Schwierigkeiten gemacht. Mir ist auch bekannt, daß Herr Dr. H. von nur wenigen den Mut hatte, im damaligen Promi auch einmal etwas Gegenteiliges als angeordnet wurde, zu sagen...

Fritz Odemar (24.2.1947)

... meine etwa drei privaten Zusammenkünfte ließen mich ihn niemals als ausgesprochenen Nazi oder Aktivisten erkennen, ich hatte im Gegenteil in seiner Gegenwart stets das Gefühl, offen und ehrlich meinen Unmut, ja – meine Feindschaft gegen die NSDAP äußern zu können, ohne irgendwelche Folgen für mich befürchten zu müssen. Er hat mir außerdem nach bestem Können geholfen, Frl. Margot Hielscher vor den oft unerträglichen Nachstellungen des Dr. Goebbels zu bewahren, was außerordentlich schwer war.

Henny Porten (13.6.1947)

Es ist mir ein aufrichtiges Bedürfnis, hier an dieser Stelle auszusprechen, daß Dr. Fritz Hippler einer der ganz wenigen Menschen in der Zeit des Naziregimes war, der in warmherziger und menschlicher Weise mir mein schweres Los erleichtert hat. Mein Mann ist Jude, das sagt wohl alles! Ich habe 12 Jahre hindurch einen verzweifelten und erbitterten Kampf geführt um meinen Mann und meine künstlerische Position und Existenz. Mein größter Feind war Dr. Josef Goebbels, der mit einer wahren Wollust mich menschlich quälte und künstlerisch erniedrigte und demütigte. Als Dr. Fritz Hippler als Reichsfilmdramturg eingesetzt wurde, änderte sich die Lage auch für mich. Er hatte für mich als Künstlerin großes Verständnis und höchste Anerkennung und empfand für mich als Frau aufrichtiges Mitgefühl mit meinem schweren Geschick, trotzdem er genau über die Einstellung Goebbels zu mir informiert war, gelang es ihm, gegen allen Widerstand mir wieder künstlerische Aufgaben zu verschaffen, die meiner würdig waren. Ich möchte von Herzen wünschen, daß das, was ich hier niedergelegt habe, dazu beitragen möchte, das augenblickliche Los des Dr. Fritz Hippler zu erleichtern. Ich bin bereit, die vorstehenden Angaben jederzeit eidesstattlich zu versichern.

Der langjährige Chef der Bavaria – dann der "Deutschen Wochenschau" – Heinrich Roellenbleg (18.6.1947)

Ich kenne Herrn Dr. F.H. seit etwa 1934/5. Er war immer ein großer Idealist und glaubte damals mit voller Überzeugung an die edlen Ziele der NS. Die Fehler und Schwächen des Regimes, die er erkannte und zugab, würden sich, wie er meinte, mit der Zeit normalisieren. Allmählich distanzierte er sich jedoch immer mehr von dem damaligen System und lehnte schließlich das "autoritäre Regime" völlig ab... Es ist mir bekannt, daß es zwischen ihm und Dr. Goebbels wiederholt zu heftigen Auseinandersetzungen kam, in denen H. seine rein sachliche, von parteipolitischen Gesichtspunkten unbeeinflußte Einstellung zum Vorwurf gemacht wurde.

Dr. H. hat während der Zeit seiner Tätigkeit als Reichsfilmintendant bedenkenlos und unter Einsatz seiner ganzen Person "Belastete" und rassisch Verfolgte in Schutz genommen, sich für Denunzierte eingesetzt und auch mir ermöglicht, jüdisch Versippte als Mitarbeiter zu halten. So erinnere ich mich an die Fälle von Bruno Stindt, Werner Finck, Erich Kästner, Gustav Fröhlich, Werner Klingler und andere. Niemals war für ihn die Parteizugehörigkeit eines Bewerbers maßgebend, sondern immer nur dessen sachliche Befähigung... er hat sich während seiner Tätigkeit immer nur von sachlichen Motiven im Interesse des deutschen Films und der darin Tätigen leiten lassen.

Heinz Rühmann (8.7.1947)

... bestätige ich Ihnen..., daß Sie sich in zwei besonderen Fällen betr. meine Frau und mich in vorbildlicher Form verhalten haben... Als bekannt wurde, daß meine Frau keine reine Arierin ist, machte ich Prof. Froelich davon Mitteilung, der Sie zu Rate zog. Sie haben den Fall dem damaligen Minister Dr. Goebbels vorgetragen und erreicht, daß meine Frau unter Schutz gestellt wurde und weiter arbeiten konnte. Es sind später noch oft Denunziationen gegen meine Frau erfolgt... und ich konnte dann immer auf Sie zurückgreifen und erreichen, daß meiner Frau –

selbst bei dem Kreisleiter in Halensee denunziert – nichts geschah.

Zu Punkt zwei, meine Person betreffend, wurde ich von dem damaligen Produktionschef der Terra, Dr. Brauer, auf das Schärfste denunziert, weil ich beabsichtigte, ins Ausland zu gehen und, wie Sie sich erinnern, hatten Sie eine ganze Liste von Anschuldigungen gegen mich vorliegen, die mindestens eine ganze Seite eines Briefbogens ausfüllten. Der damalige Minister Dr. G. beauftragte Sie mit der Untersuchung meines Falles und ersuchte Sie um disziplinarische Bestrafung. Ich muß heute genau so wie damals, als ich mich bei Ihnen bedankte, sagen, daß Sie die Untersuchung in vorbildlichster und fairster Form geführt haben und nach vier oder fünf Punkten die Untersuchung fallen ließen, Goebbels schriftlich einen Bericht machten, und Sie konnten mir nach zwei Tagen mitteilen, daß der Fall "bereinigt" sei.

Wer die damaligen Zeiten und Verhältnisse gekannt hat, kann verstehen, daß sowohl meine Frau wie ich in beiden Fällen stark gefährdet waren und Ihre Hilfestellung dankbarst anerkannt wurde...

Max Schmeling (15.2.1982)

... gern erinnere ich mich Ihres Namens und es werden auch viele aus der damaligen Zeit tun. Es ist mir noch in Erinnerung, daß damals viele Künstler bei Ihnen ein offenes Ohr fanden und Sie vielen Künstlern helfen konnten...

Magda Schneider (14.7.1951)

... Ich habe Herrn Dr. H. immer nur als einen künstlerisch, rein sachlich eingestellten Intendanten kennengelernt. Ich habe von Kollegen oft gehört, daß Herr Dr. H. sich sogar gegen Befehle von Minister Dr. Goebbels zur Wehr setzte und daß er in vielen Fällen versucht hat, Kollegen und Kolleginnen denen Unrecht geschehen war, zu helfen.

Dr. h.c. Max Winkler (11.8.1948)

... ich war von 1920 – 1945 Wirtschaftstreuhänder der jeweiligen Reichsregierung. Die Regierung Hitler war die 20. Reichsregierung, die mich am 6. März 1933 um Beibehaltung meiner Treuhandtätigkeit ersuchte... Ich habe wiederholt Gelegenheit gehabt, die Bemühungen Dr. Hipplers zu beobachten, wie er den Minister gut vorbereitet in sachlicher Form bat, die auf inhaltlichem, künstlerischem und persönlichem Gebiet über einen entstehenden Film bereits getroffenen Maßnahmen zu ändern oder aufzugeben, da die hinzugelegte Tendenz... zu einem Mißerfolg führen würde. Goebbels ließ sich fast nie von seiner Einstellung abbringen und erschwerte dadurch die Stellung Dr. Hipplers sehr. Da die Maßnahmen von Dr. G. oft auf unrichtigen Informationen beruhten, die ihm von dritter Seite zugetragen wurden, trat für Hippler die Notwendigkeit ein, sich schützend vor die ungerecht beurteilten Personen, Künstler oder Produktionschefs, zu stellen. Obgleich das sein persönliches Verhältnis zu Goebbels erschwerte, hat er es mit großem Mut und oft bis zum unangenehmen Zusammenstoß getan.

Bei Ausschaltung von nichtarischen Personen aus der Tätigkeit in der Filmproduktion hat Hippler nach seinem Vermögen den Betroffenen geholfen und sich vor sie gestellt und sie gehalten, so lange er konnte. ... Da Hippler bei seinen Handlungen keine Rücksichten auf Parteiwünsche nahm, sich sogar offen dagegen auflehnte, war Goebbels immer weniger mit seiner Personalpolitik einverstanden. Ich habe es immer dankend empfunden, daß Dr. H. nie die Gelegenheit nahm, bei seinen täglichen Ministervorträgen einseitige Darstellungen, Gehässigkeiten oder persönliche Diskreditierungen anzubringen. Sofort nach seinem Ausscheiden haben seine Amtsnachfolger anders gehandelt und die anständige Art und Haltung, wie sie Hippler immer bewiesen hat, vermissen lassen....

Abschrift vom Original des Briefes

Dr. Fritz Hippler 604 450
Compound IV / Internment Camp Staumühle 12.1.1947

an den bisherigen Gouverneur, der ihn hatte verhaften und dessen Theatergruppe auflösen lassen. Begründung: Die von Hippler geschriebene und inszenierte Cabarettveranstaltung sei geeignet, die Lagerdisziplin zu untergraben. Hippler widerspricht einleitend und schreibt dann:

"Im einzelnen darf ich folgendes ausführen:

1. Dr. Harster und ich glaubten, im Rahmen der auf lange Zeit berechneten Spielplangestaltung neben Musikprogrammen, klassischen, chorischen und unterhaltenden Charakters und neben Schauspielen verschiedenster Art auch ein Cabarett einschalten zu dürfen.
2. Das Cabarett der ganzen Welt nimmt die aktuellen Zeitfragen zum Vorwand szenischer Gestaltung, über die "der kleine Mann von der Straße" täglich spricht, wendet sie aber ganz bewußt in die ironische, satirische und witzige Atmosphäre, um über das lachen zu machen, worüber im Alltag geschimpft wird. Und es war von jeher meine stets offen geäußerte Meinung, man müsse der öffentlichen Meinung auch ein solches Ventil belassen.
   Daß die Glossen unseres Cabaretts in einen allzu zynischen Spott getaucht werden, liegt an unserem bitteren Schicksal in den letzten Jahren, insbesondere in der langen Internierungszeit begründet, die zu soviel familiären Tragödien geführt hat und endlich auch in dem Spruchkammerwesen, dessen juristische und logische Grundlagen nicht sehr schlüssig zu sein scheinen, und über das berufenere Stellen als ich, nicht zuletzt bedeutende Engländer, sehr kritische und zynische Urteile abgegeben haben.
   Im übrigen hat die Reaktion des Publikums während und nach der Vorstellung gezeigt, daß es sich auch über seine hiesigen Alltagssorgen gern hat zum Lachen bringen lassen.
3. Keinesfalls aber, das kann ich als Autor und Regisseur auf Ehre versichern, stand dahinter etwa die "propagandistische Tendenz oder Gesinnung" einer überwundenen Zeit. Von dieser NS Anschauung bin ich durch eigenes Erleben und Beobachten schon lange Jahre vor dem Zusammenbruch so gründlich geheilt worden, daß ich nicht einmal durch gewisse Vorgänge nach dem Zusammenbruch hätte beirrt werden können. Im übrigen glaube ich auch nicht daß jemand, der sich etwa im Innern noch als Nationalsozialist fühlt, sich so exponieren würde, daß er vor der Öffentlichkeit des Lagers und seiner Behörden ein solches Programm mit seinem Namen offen deckt.
4. Ich darf Ihnen in diesem Zusammenhang sagen, daß ich nicht zuletzt wegen meiner im ersten Absatz des Punktes

2) dargelegten und auch damals offen vertretenen Anschauung durch den Reichspropagandaminister Dr. Goebbels aus meiner Tätigkeit im Film entfernt und strafweise als einfacher Soldat zur Wehrmacht eingezogen worden bin.
Ein weiterer Grund für diese Strafmaßnahme war, daß ich Jahre hindurch, seit und sofern ich Gelegenheit dazu hatte, alle freiheitlichen Künstler, darunter auch so angefeindete wie die auch im alten deutschen Cabarett so bekannten Werner Finck und Erich Kästner, mit allen Mitteln gefördert und von ihnen die Strafen und Maßnahmen ferngehalten habe, die ihnen von einer engstirnigen NS Kulturführung drohten; nicht zuletzt deswegen setzen sich ja diese Künstler, die nun wieder in einer freiheitlichen Atmosphäre arbeiten dürfen, gegenwärtig für mich ein.

5. Ich sehe selbstverständlich ein, daß wir, solange im Internierungslager befindlich, keine Ansprüche auf demokratische Rechte und Freiheiten erheben können und daß auch das heutige Deutschland erst allmählich sich zu einer Demokratie entwickeln kann.

Interview Paul Karalos mit Herrn Axel Eggebrecht
(19. Juli 1981)

Frage:
Sie haben den ehemaligen Reichsfilmintendanten Dr. Hippler persönlich gekannt. Soll man einen solchen Mann mit dieser Vergangenheit heute im Fernsehen zu Wort kommen lassen?
Antwort:
Ich glaube unbedingt – unter einer Voraussetzung, daß man einiges Erklärendes zunächst mal sagt, die Aufgabe ist nicht ganz angenehm, die ganze Angelegenheit ist nicht ganz sympathisch, ganz ehrlich gesagt, ich will es versuchen. Ich habe den Dr. Hippler kennengelernt mitten im Krieg, ich glaube ungefähr im Neujahr 1943/44, und was sehr wichtig ist, zu einem Zeitpunkt, wo er sich bereits die Gnade seines Herrn Goebbels ziemlich verscherzt hatte. Ich bin im 1. Weltkrieg sehr schwer verwundet gewesen, was er alles wußte, war im KZ, im Gefängnis gewesen, lange verboten, konnte dann so Filme, wie mit Willi

Forst machen und ähnliche, das war überhaupt die Verbindung, ihn kennenzulernen und einer der Leiter der Bavaria-Film, Helmut Schreiber, später als Zauberer Kalanag weltberühmt, brachte uns zusammen. Ich brauchte eine elektrische Schreibmaschine, um mit meinen Händen arbeiten zu können, da kriegte ich eine Bescheinigung, das war ein ganz kurzer Vorgang, aber das Merkwürdige war nun, daß dieser Mann, der wußte, wer ich bin, auffallend offen, skeptisch, kritisch über das 3. Reich und über seine Arbeit und über das, was er von den Aussichten des Krieges hielt, gesprochen hat. Nun muß ich etwas ganz ganz Merkwürdiges sagen, den Film, den man nachher sehen wird, zeigt einen Mann, der erheblich mehr unsymphatisch ist, als der Mann, den ich damals im Krieg gesprochen hatte. Das war ein Mann, der zu einer gewissen Einsicht gekommen war, der mit mir, von dem er wußte, daß er im ganzen genommen sein Gegner war, sehr redlich offen geredet hat, der versucht, sich heute mehr rauszuwinden, als damals in jener Winternacht mitten im 3. Reich in Berlin im schon angebombten Berlin, wo er mit mir über seine Zweifel in diesem System gesprochen hat. Natürlich war dies ein hoher Funktionär des 3. Reiches. Nun, man wird es hören in diesem Film, wie er, Hippler, immer wieder versucht, seine Verantwortung für diese Sache abzuschieben. Das alles glaube ich ihm nicht recht und ich meine, man muß da sehr scharf darauf achten, auf die Zwischentöne, dann hat der Film allerdings, den man sehen wird, einen großen Wert, einen dokumentarischen Wert.

FRITZ HIPPLER / BÜCHER

Staat und Gesellschaft bei Mill, Marx und Lagarde
Ein Beitrag zum soziolog. Denken der Gegenwart.
39 Seiten / Junker und Dünnhaupt Verlag Berlin.

Jugend fordert
Junge Generation zwischen Gestern und Morgen
79 Seiten / Stalling Verlag Oldenburg

Wissenschaft und Leben
70 Seiten / Carl Winter's Universitätsbuchhandlung Heidelberg

Betrachtungen zum Filmschaffen
Vorwort Prof. Carl Froelich / Geleitwort Emil Jannings
7. Auflage 203 Seiten / Max Hesses Verlag Berlin

Die Verstrickung
Einstellungen und Rückblenden
304 Seiten / Verlag Mehr Wissen Düsseldorf / Neuauflage

Meinungsdressur
Ein heiter-kritisches Tagebuch
287 Seiten / Kurt Vowinckel Verlag / 2. Auflage

Verbrecher Mensch
Die Beobachtungen des Historikers Johannes Scherr
189 Seiten / Türmer Verlag

Schopenhauer heute
Kostproben und Denkanstöße
158 Seiten / Türmer Verlag / Neuauflage i. V.

Mein Pausenbuch
Kreuz und quer durch Witz und Geist
163 Seiten / Verlagsgesellschaft Berg / Neuauflage i. V.

Korrekturen
Zeitgeschichtliche Spurensuche, einmal anders
304 Seiten / Verlagsgesellschaft Berg

ECHOS UND URTEILE

DIE WELT: (Prof. Hofstätter) "... Hipplers Buch steht dem Bericht Albert Speers nicht nach ... es ist zeitgeschichtlich zweifellos interessant..." (Feuilletonchef Dr. Zehm): "... Sie zeigen ja recht eindrucksvoll, daß die anderen nicht besser gewesen sind als die Nazis, und das stimmt wohl auch im großen und ganzen..."

FRANKFURTER ALLGEMEINE: nennt "DIE VERSTRIKKUNG" in ihrer vierspaltigen Doppelbesprechung (23.11.81)

"Fundgrube und Lehrstück" ... es trage "zur Erklärung des NS mehr bei als viele Abhandlungen, die zu diesem Zwecke verfaßt wurden..."

HÖR ZU: "Der Autor, offen und rücksichtslos gegen sich selbst..."

DIE BUNTE: "... einen der brillantesten Beiträge zur Zeitgeschichte. Lesen!"...

JÜDISCHE RUNDSCHAU: "Lehrreich ist das Buch in jedem Fall. ... Der Autor... hat viel gelesen und kann mit dem Material virtuos umgehen..."

KOORDINIERUNGSRAT FÜR CHRISTLICH-JÜDISCHE ZUSAMMENARBEIT in seinem Rundschreiben vom 30.9.87: "... als Zeitdokument spannend, darüber hinaus aber ungemein lehrreich..."

ERNST JÜNGER: "... lese sie mit wachsender Spannung als ein wichtiges Zeitdokument..."

PROF. WOLFGANG LIEBENEINER: "... stilistisch ist es bravourös und dabei so wahr und wahrhaftig, wie man nur sein kann, dabei mit der Akribie eines echten Historikers und nachprüfbar genau recheriert..."

MANFRED ROMMEL, OB VON STUTTGART: "... was ich an Ihrem Buch sehr positiv fand, war Ihre Ehrlichkeit und Offenheit..."

PROF. KARL STEINBUCH: "... nach wenigen Seiten so gefesselt, daß ich es in einem Zug zu Ende las..."

PROF. CARL FRIEDRICH VON WEIZSÄCKER: "... es ist gut, solche Erinnerungen bekanntzumachen..."

HEINZ RÜHMANN: "... dazu kommt Ihre faire Einstellung gegenüber persönlichen Schicksalen. Nicht zu vergessen Ihre Hilfe, wie ich Sie erlebte..."

AXEL VON AMBESSER:"... ein Genuß zu lesen, mit welcher Vehemenz und Klarheit Sie den pseudodemokratischen Vorbetern... geantwortet haben..."

ARNO BREKER ("Michelangelo des 20. Jahrhunderts"): "Bin fasziniert von Ihrem großartigen Buch "Meinungsdressur".

PROF. GOLO MANN: "... Ich las zwei lange Abende in diesem Buch, sehr bald nach dem Empfang und fand sowohl Ihren Essay wie die Auswahl vorzüglich ... ... kurz und gut, ich glaube, Sie haben mit dieser Auswahl nicht nur Lesern, die bis dahin Schopenhauer gar nicht kannten, sondern auch solchen, die ihn recht wohl kannten, einen gewaltigen Gefallen getan..."

II. TEIL
BEIDERSEITS DES WEGES

1.) Kastrierte Zeitgeschichte

Das fehlende Datum

Bonn, Bundestag, 8. Mai 1985, 40. Jahrestag der Kapitulation. Es spricht der Bundespräsident, Richard von Weizsäcker. Wichtigster Satz seiner Ansprache:

"Wir dürfen den 8. Mai 1945 nicht vom 30. Januar 1933 trennen!"

Reaktion:

Das Hohe Haus explodiert in einem orgiastischen Jubelsturm...

Frage:

Wer würde wohl mit spontanem Lachanfall reagieren, erzählte man ihm einen Witz, unterdrückte aber die gesamte Pointe? -

Nun erzählte von Weizsäcker zwar keinen Witz, wohl aber unterdrückte er die Schlußpointe. Sie würde notwendigerweise gelautet haben müssen:

"Wir dürfen aber auch den 30. Januar 1933 nicht vom 28. Juni 1919 trennen!" (Der Tag von Versailles).

Der Bundespräsident hatte sie nicht vergessen. Er unterdrückte sie nur mit Bedacht.* Aus Rücksicht auf den Zeitgeist, den er mitgeschaffen, den er sorgsam pflegt und der ihm das zu danken weiß. Kann es der heutige Zeitgeist doch auf den Tod nicht leiden,

---

* Sein Amtsvorgänger Theodor Heuss hätte diese Pointe nicht unterdrückt. Schon 1932 hatte er geschrieben: "Die Geburtsstätte der Nationalsozialistischen Bewegung ist nicht München, sondern Versailles". Und der große sozialdemokratische Staatsmann Otto Braun sah mit Versailles "die Axt an die Wurzel der Weimarer Republik und die Giftsaat des neuen Nationalismus in den deutschen Boden gelegt."

Erinnerungen und Entwicklungen aus der Zeit vor 1933 ins Bewußtsein zu rufen.

Vergeßliche Zeitgeschichte

Wo derartige Zeitbilder dennoch lebendig werden, übt der Zeitgeist Druck aus. Die Folge - sie werden schief, wie jedes Bild, wenn man aufs Auge drückt. Sie verschwinden, wird der Druck zu stark; oder man weicht ihnen vorsichtshalber gleich von vornherein aus, bzw. drängt sie beiseite, wie einen ungebetenen, lästigen Gast.

So wundert es mich schon seit langen Jahren nicht mehr, daß niemand eine klare Vorstellung davon hat:

1. Wie einstens bis in die Gegenwart große Reiche und auch Kolonialimperien geschaffen und erhalten wurden, und daß hierzu blutige Gewalt und Krieg in jeder Form als selbstverständlich und legitim galten.
2. Daß neuer Nationalismus und moderner Militarismus einschließlich totalem Krieg (levée en masse) keinen anderen Vater haben als die Große Französische Revolution.
3. Welches die Kräfte und Mächte waren, die allesamt am Zustandekommen des Ersten und Zweiten Weltkrieges mitgewirkt haben; ja daß nach Churchills Worten diese beiden furchtbaren Kriege gleich einem zweiten Dreißigjährigen Kriege in einem engen schicksalhaften Zusammenhang zueinander stehen.
4. Wieviel ungezählte Millionen Deutsche aus Polen und aus der Tschechoslowakei von Haus und Hof verjagt und hingemordet worden sind (in den Jahren seit 1919, vor allem aber nach 1945).

Was heute "gewußt" wird oder wessen man sich bewußt zu sein glaubt, ist Flickwerk; es entspricht in seiner Zusammenstückelung genau den "Fakten" und Vokabeln, die der Sieger in Kriegszeiten "als Waffe" ersonnen hat. Und die nun gegen uns selbst zu handhaben wir durch die reeducation gezwungen und gelehrt worden sind. Seitdem emsig am Werk, die Ausgeburten dieses "Zeitgeistes" wie in einer Tretmühle in Bewegung zu halten.

Bewegung ist wohl nicht das richtige Wort. Denn für den etablierten Zeitgeschichtler gilt die Warnung aus der Antike: QUIETA NON MOVERE (Ruhendes nicht bewegen). Wer also bezweifelt, was uns damals unter den Aspekten des Krieges aufgezwungen worden ist, wer es "hinterfragt", oder wer nach wirklich zwingenden Beweisen forscht oder gar versucht, es mit eigenen, neuen Beweisen zu widerlegen, dem zollt man kein Lob als gewissenhaftem Historiker. Vielmehr wirft man ihm vor, den allgemeinen (meist "antifaschistischen") Konsens zu stören.

Abschreiben ist Trumpf

So erklärt sich der weitverbreitete "historiographische Inzest", nämlich die Tatsache, daß ein seriös wirken wollender Zeitgeschichtler am liebsten von einem anderen abschreibt - natürlich nicht plagiatorisch, sondern "wissenschaftlich" adaptierend. So erklärt sich, daß man die Gefahr scheut, in nähere Berührung mit Archivmaterial zu kommen, dessen Kenntnis redlicherweise zu einem Umdenken führen müßte, also zu einer Revision bisheriger Forschungsergebnisse.

Gewiß: ein großer Teil von Akten und Urkunden ist schon gleich bei und nach Kriegsende durch die Siegermächte beschlagnahmt, bis ins nächste Jahrtausend hinein gesperrt oder teilweise sogar vernichtet worden (mit Sicherheit vor allem, was für uns Besiegte hätte von Vorteil sein können). Aber aller Vorsicht zum Trotz sind noch übergenug Archivalien zur Verfügung, aus denen sich neue interessante Erkenntnisse gewinnen ließen.

Statt dessen benützen und berufen sich die "seriösen" Zeitgeschichtler lieber auf "Quellen", Tagebücher, Biographien und Gespräche, die längst als Erfindung, als Fälschung, als nicht authentisch, oder als nachträgliche Bearbeitung entlarvt worden sind. Als Beispiele verweise ich auf Graf Ciano, Gerhard Engel, Bernd Gisevius, Helmut Greiner, Felix Kersten, Erich Kordt, Hermann Rauschnig, Fritz Thyssen, Luis Trenker, Fritz Wiedemann...

"Revidieren" ist verpönt

Das Fehlen ernsthafter Quellenforschung wird nicht nur von deutscher Seite vermißt. Hierzu berichtet Dr. Alfred Schickel, der Leiter der Zeitgeschichtlichen Forschungsstelle Ingolstadt, eingestandermaßen ein revisionistischer Zeitgeschichtler (was übrigens ein Pleonasmus ist, müßte man doch ansonsten auch jeden Buchhalter "revisionistisch" nennen, da er sogar von Berufswegen verpflichtet ist, sich jederzeit einer Revision zu stellen...).

Schickel also berichtet von seinen Besuchen der National Archives in Washington, daß der dortige Direktor Robert Wolfe und seine hilfsbereiten Assistenten es kaum verstehen konnten, "daß sich bislang noch kein einziger namhafter Geschichtswissenschaftler aus der Bundesrepublik Deutschland zum Studium dieser Dokumente in ihrer Abteilung eingefunden hat."

David Irving, gleichfalls "Revisionist", bestätigt diese Beobachtung: Joachim Fest habe ihm mitgeteilt, für seine dickleibige, vielgerühmte Hitlerbiographie "nicht einmal das überaus reichhaltige Nationalarchiv in Washington aufgesucht zu haben". Darum, folgert Irving, "wurden nur alte Ansichten neu herausgeputzt und mit dem eindrucksvollen Ton von Sachkenntnis vorgetragen."

Zensur wird toleriert

Ihm selbst, so berichtet Irving, habe der Cheflektor seines Verlages aus seinem Manuskript Argumente herausgestrichen, da dieser sie "unannehmbar, ja gefährlich" fand. Ohne Irving zu fragen, habe er sie sogar ins Gegenteil verkehrt. Die Begründung war, daß hiermit Anschauungen vertreten würden, die hierzulande für die "gängige historische Beurteilung ein Affront" seien.

Wenige Jahre vorher (1978) hatte es bekanntlich einen Riesenskandal um Helmut Diwalds "Geschichte der Deutschen" gegeben. Hier war es unter anderem um den Heydrich-Plan gegangen, "alle Juden in den Osten zu evakuieren" und um die Bemerkung: Was sich in den Jahren nach 1940 tatsächlich abgespielt habe, sei "trotz aller Literatur in zentralen Fragen noch immer ungeklärt". Wegen dieser und ähnlicher Formulierungen hatte von der geplanten Auflage von 100.000 Stück nur ein Teil ausgeliefert werden dürfen. Von Diwald selbst forderte man, etwa 200 - 300 Seiten dieses Buches völlig umzuschreiben.

Derartige Einschränkungen widerfuhren nicht nur "privaten" Publikationen. So weiß Schickel zu berichten, daß die zwischen 1953 und 1962 im Auftrage des Bundesministeriums für Vertriebene und Flüchtlinge herausgegebene "Dokumentation der Vertreibung der Deutschen aus Ost- und Mitteleuropa" in acht Bänden und drei Beiheften sowie die 1952 erschienenen "Dokumente zur Austreibung der Sudetendeutschen" weder in der Geschichtswissenschaft noch in der veröffentlichten Meinung der Bundesrepublik ein nennenswertes Echo fanden. Die vom Koblenzer Bundesarchiv erstellte Dokumentation über Vertreibungsverbrechen wurde sogar unter Verschluß gehalten.

Es gehört nicht viel Phantasie dazu, sich vorzustellen, wie sich nun etwa die amtlichen Schulbuchempfehlungen im Umgang mit den deutsch-polnischen Beziehungen auswirken müsen.

Andere ähnliche Vorkommnisse gelangen meist nicht einmal zur Kenntnis der Öffentlichkeit. Außerdem läßt sich nur ahnen, wie viele Manuskripte bereits a limine abgewiesen werden, da sie "volkspädagogischen Anforderungen" nicht entsprechen. Derartige Anforderungen konzentrieren sich hauptsächlich um zwei Fragen:

Einmal um die Alleinschuld des deutschen Volkes an zwei Weltkriegen und am systematischen Millionenmord an den Juden. Beide Themen behandelt dieses Buch.

Alleinschuld als Grundlage

...unter dieses diktatorisch zwingende Rubrum drängen alle deutschen Politiker unsere jüngere Geschichte. Wenigstens tun das alle, die "ernst" genommen werden wollen.

Indem sie vordergründig vorgeben, dies geschehe in tiefer Erkenntnis aller Zusammenhänge und nach deren objektiver Würdigung, huldigen sie hintergründig dem Zeitgeist, der sie hierfür geziemend legitimiert. Das Volk der Nichtpolitiker übernimmt dieses Rubrum als Selbstverständlichkeit, denn niemand könne ja bestreiten, daß am 1. September 1939 Truppen des Deutschen Reiches in Polen einmarschiert sind.

Gewiß kann man, alle anderen Ursachen hierzu außer Betracht lassend, für diesen Einmarsch eine Alleinschuld feststellen.

Wie aber stünde es dann mit den anschließenden Kriegserklärungen Frankreichs und Englands, die dann in summa zum Weltkrieg auswuchsen - auch hier logischerweise alle anderen Ursachen außer Betracht lassend? Drängt sich hier nicht mit derselben Logik zumindest eine Mitschuld auf, die bereits als solche den Gedanken an eine Alleinschuld ausschließen müßte? Diese logischen Schlußfolgerungen werden zu faktischen erhärtet, wenn wir uns später den Ursach-Reihen zuwenden.

Nun hat 1945 der Sieger sein Schwert auf die Waage der Geschichtsgöttin geworfen und sie durch das Gewicht der Macht zum Stillstand gebracht. Die Besiegten hatten das hinzunehmen. Und sie nahmen es hin, bis in die heutige Zeit hinein. In einer Weise, die sich von freiwilliger Unterordnung und eigenhändiger Gleichschaltung nicht unterscheidet.

In der Welt der Politik, in der nun einmal Macht vor Recht zu gehen pflegt, mochte ein solcher Gehorsam vielleicht als ein besonders kluges Verhalten zu rühmen sein.

Wissenschaftliche Erkenntnis?

Da las ich mehrfach eine Verlautbarung eines der prominentesten, renomiertesten deutschen Staatsrechtler und einstens Rektors der Universität Tübingen, Prof. Dr. Eschenburg:

“Wer die Alleinschuld Deutschlands am Zweiten Weltkrieg bezweifelt, zerstört die Grundlage der Nachkriegspolitik.”

Diese an Inbrunst nicht zu überbietende Beschwörung unserer Alleinschuld verschlug mir den Atem. Ich konnte und mochte nicht glauben, daß ein deutscher Wissenschaftler sich solches zu eigen gemacht und auch formuliert habe. Also erkundigte ich mich bei ihm. Per Postkarte vom 19. Dezember 1980 antwortete er handschriftlich unter Quellenangabe: “Stimmt sinngemäß”. - - -

Hätte diesen Vertreter der noch heute herrschenden "wissenschaftlichen" Lehre nicht allein ein kurzer Rückblick stutzig machen müssen? Denn haargenau und wörtlich dieselben Vorwürfe, die uns 1945 nach 12 Jahren Hitlerdiktatur zur Last gelegt wurden, hatten wir ja bereits nach 1918 schon einmal hinnehmen müssen, als das Kaiserreich mit Wilhelm II. zugrundegegangen war. Schon als Schüler haben wir gelernt, daß Deutschland mit militärischer Gewalt und durch Hungerblockade zu dem Geständnis erpreßt worden sei, 1914 mit dem Krieg das größte Verbrechen gegen die Menschheit angezettelt und ihn in barbarischster Weise geführt zu haben. Auf dieses abgepreßte Geständnis stützten sich alle die harten Bestimmungen, die man uns als Wiedergutmachung auferlegte und die wir am 28. Juni 1919 in Versailles zu unterzeichnen hatten.

Wäre es für uns nicht tieftragisch, so könnte es heiter stimmen, daß die damals um Versailles herum vorgebrachten Anschuldigungen mit denen von 1945 fast identisch sind, wenn man jeweils zwei Begriffspaare miteinander vertauscht. Kaiser Wilhelm und Adolf HItler und Preußen mit Nazis.

Kritische Bedenken

Jedenfalls erlebte ich als junger Mensch, daß sich Politiker und Wissenschaftler während der ganzen Zeit der Weimarer Republik und auch noch danach um die Frage der deutschen Alleinschuld herumstritten.

Von deutscher Seite her wurde sie strikt und eindeutig verneint, und zwar nicht nur seitens der Nationalisten und Monarchisten, sondern auch der Liberalen, der Sozialdemokraten und der Kommunisten. Genau so von jeder Reichsregierung von 1919 - 1932.

Das Ausland hingegen bejahte anfangs verständlicherweise diese Alleinschuld mehrheitlich. Doch schon sehr bald wurden Stimmen laut, die das Ja nicht nur relativierten, sondern sogar ins Gegenteil umwandelten.

Selbst aus dem Munde der Staatsmänner, die auf feindlicher Seite vor 1919 die textlichen Einzelheiten des Versailler Diktates beraten, ausgearbeitet und mitbestimmt hatten, vernahm man im steigenden Maße Bedenken, wenn nicht sogar entscheidende Vorbehalte.

Es ist unmöglich, die Flut dieser Kritiken auch nur annäherungsweise im einzelnen zu beschreiben. Ihr Inhalt füllte eine ganze Bibliothek. Ein paar charakteristische Beispiele mögen genügen.

So bemerkte schon am 26. März 1919 der britische Premier Lloyd George in einer Denkschrift:

"Der Vorschlag der polnischen Delegation, über zwei Millionen Deutsche der Aufsicht eines Volkes von anderer Religion zu unterstellen, das noch nie im Laufe seiner Geschichte die Fähigkeit zur Selbstregierung bewiesen hat, muß meiner Beurteilung nach früher oder später zu einem neuen Kriege in Osteuropa führen."

Auch US-Präsident Wilson sagte schon 1919 ahnungsvoll: "Das einzig wahre Interesse Frankreichs an Polen besteht in der Schwächung Deutschlands, indem Polen Gebiete zugesprochen werden, auf die es kein Anrecht besitzt."

Wilsons Vertrauter, Lansing, sah in Versailles "die Quelle eines neuen Krieges"; genauso der welterfahrene Sven Hedin 1931: "die Sieger hätten die Grenzen zwischen den verschiedenen Völkern für einen kommenden Krieg nicht günstiger ziehen können..."

Der frühere italienische Ministerpräsident Nitti:

"Ich kannte von Grund auf diesen fluchwürdigen Vertrag und betrachtete ihn als den Ruin Europas... da er aus dem Geiste der Gewalt, der Lüge und des Raubes entstanden war."

US-Präsident (1929 - 1933) Herbert Hoover:

"Die Keime tausendjährigen angeborenen Hasses und tausendjähriger Furcht, die sich von Generation auf Generation vererbt hatten, lagen ihnen im Blut." (Gemeint waren die 26 Verhandlungsmächte von Versailles). "Zu jeder Stunde erhob sich die Rachsucht, erlittenes Unrecht zu vergelten... Es waren Bedingungen geschaffen, unter denen Europa niemals wieder aufgebaut oder der Menschheit der Frieden zurückgegeben werden konnte."

Der große französische Dichter Anatole France:

"Der fürchterlichste aller Kriege" (der Erste Weltkrieg) "hatte einen Friedensvertrag zur Folge, der kein Vertrag des Friedens ist, sondern die Fortsetzung des Krieges. Europa wird durch ihn zugrundegehen, wenn es nicht die Vernunft zu seinem Ratgeber wählt."

Selbst Winston Churchill, schon in jungen Jahren ein eifersüchtiger Kritiker deutscher Wirtschaftsmacht, kritisierte "die unsinnig hohen Reparationen" und protestierte gegen die Absichten der Alliierten, "daß sie Deutschland ausquetschen würden, bis die Kerne krachen."

In Frankreich bildete sich sogar eine Gesellschaft L' APPEL AUX CONSCIENCES. Sie erließ am 9. Juli 1925 einen Aufruf, der von etwa hundert Intellektuellen, zumeist Schriftstellern bekannter Namen, unterzeichnet wurde, als "Kundgebung freier Geister, die einen Aufruf an das Weltgewissen richten".

Er endet mit den Worten: "Der deutsche Nationalismus darf sich nicht täuschen. Er findet hier keinen Beweis von Schwäche, sondern nur einen Beweis französischer Redlichkeit und einen Schritt zur menschlichen Gemeinschaft. Das wird das Deutschland eines Goethe gewiß begreifen. In dieser tragischen Zeit spielt die europäische Zivilisation ihre letzten Karten aus. Sie ist verloren, wenn wieder ein mörderischer Krieg beginnt."

Meinungsumschwünge

Es ist keine Übertreibung zu sagen, daß die These von der deutschen Alleinschuld bereits gegen Ende der Zwanziger Jahre auch im internationalen Bereich aufgegeben worden war.

Nach weit über einem Jahrzehnt heftiger politischer und wissenschaftlicher Untersuchungen und Auseinandersetzungen war es zur allgemeinen Überzeugung geworden, daß kein Staat als Kriegsteilnehmer von einem Anteil an Schuld freizusprechen sei. Ohne den heute so geläufigen Begriff der "Vernetzung" zu kennen, hatte man sich zu einer "Erkenntnis" durchgerungen, die sich jedem durchschnittlichen Beobachter einer größeren Dorfprügelei als Selbstverständlichkeit anbieten würde.

Leider ist es auch keine Übertreibung zu sagen, daß keine der Unterzeichnermächte aus dieser allgemeinen Erkenntnis auch praktisch eine besondere Konsequenz gezogen hätte. Auch das nun nicht mehr alleinschuldige Deutschland blieb nach wie vor ein willenloses Objekt der "großen Politik".

Nachdem sanfte Töne und Bitten anderhalb Jahrzehnte hindurch ungehört verhallt waren und auch keine der Versailler Mächte Anstalten gemacht hatte, ihrer vertraglichen Verpflichtung zur Abrüstung nachzukommen, schlug Hitler lautere Töne an. Die Weltöffentlichkeit reagierte indigniert. Ihr war wohl Goethes Erkenntnis fremd: "Wer das Recht auf seiner Seite fühlt, muß derb auftreten, ein höfliches Recht will gar nichts heißen."

Am 30.1.1937 zog Hitler die erpreßte deutsche Unterschrift vom Versailler Diktat zurück. Kein Protest der beteiligten Mächte! Im Gegenteil: fast alle führenden Staatsmänner buhlten um seine Gunst und huldigten seinem "politischen Genie".

Als der von den meisten Kritikern des Versailler Vertrages vorausgesagte Zweite Weltkrieg beendet war und die deutschen sogenannten "Hauptkriegsverbrecher" sich vor dem Militärtribunal zu Nürnberg 1945/46 derselben Anklagephrasen zu erwehren hatten, wie sie 1919 vorgebracht worden waren, wiesen die Verteidiger der deutschen Seite selbstverständlich auf Versailles als den Beginn der Ursachenkette hin und legten entsprechende Dokumente hierzu als Beweisantrag vor.

Alle diese Anträge wurden als unerheblich abgelehnt, den Anwälten jedes Mal das Wort entzogen. Bis endlich der Präsident dieses rechtsstaatswidrigen "Gerichtes", Lord Justice Lawrence, am 26. März 1946 verkündete:

"Der Gerichtshof bestimmt, daß Zeugnisse über die Ungerechtigkeit des Versailler Vertrages, oder darüber, daß er unter Zwang zustande kam, unzulässig sind."

Wasch' mir den Pelz, aber mach' ihn nicht naß -? - das konnte auch ein Militärtribunal nicht durchsetzen. Der reine Sachzwang nötigte die Verteidigung, sich mit Versailles auseinanderzusetzen.

Nach mehreren rüden Unterbrechungen erklärte der Vorsitzende schließlich:

"... Da sie anscheinend nicht fähig sind, Ihre Rede so neu zu fassen, daß Sie den Anordnungen des Gerichtshofes entspricht, wird der Gerichtshof Sie in diesem Stadium nicht weiter anhören!"

Selbstbestimmung als Ziel!

Worauf hatten die Versailles-Kritiken eigentlich in der Hauptsache gezielt?

Zweifellos darauf, daß eines der vorgeblichen Ziele des Ersten Weltkrieges nicht nur nicht erreicht, sondern ins Gegenteil verkehrt worden war: die Selbstbestimmung der Völker.

Diese Parole war zwar nicht alt, sie klang aber sehr freiheitlich und demokratisch. Seit der Großen Französischen Revolution, vor allem nach den Napoleonischen Kriegen war allenthalben nationales Bewußtsein in die Herzen der Völkerschaften gedrungen. Vor allem zu den östlichen, über die deutschen Länder hinweg, angefeuert durch das Werk Johann Gottfried Herders.

So galt seit den dreißiger Jahren des 19. Jahrhundertes vor allem Polen als ein leuchtendes Leitbild einer edlen, stolzen und nach Freiheit dürstenden Nation; zumal man deren Staat mehrfach zerschlagen und unter nichtdemokratischen Staaten aufgeteilt hatte (Rußland, Preußen, Österreich-Ungarn).

Österreich-Ungarn

Der "Völkerkerker" Österreich-Ungarn

Neben den Polen waren da auch die Tschechen und Slowaken, die Ungarn und Kroaten, die Serben und Slowenen und noch viele andere im Tohuwabohu des Balkan, alle schmachtend im "Völkerkerker der österreich-ungarischen Doppelmonarchie". Wenigstens nach der Meinung der Alliierten, die ihr übelnahmen, daß sie mit dem Deutschen Reich verbündet war.

Denn praktisch hatte sich's in diesem "Völkerkerker" für alle sehr angenehm leben lassen. Keine Nationalität hatte freie Hand, eine andere zu unterdrücken; wenn auch vereinzelte Hitzköpfe um die tschechische oder magyarische oder deutsche oder serbische Vorherrschaft kämpfen mochten. Das Herrscherhaus wenigstens hatte kein Interesse daran, eine Gruppe zu benachteiligen oder zu bevorzugen.

Im Gegenteil, der Thronfolger Erzherzog Franz Ferdinand plante ein Reformprogramm, das die Gleichberechtigung noch weiter ausbauen, das allgemeine Wahlrecht einführen und vor allem den Kroaten, Bosniern und Dalmatinern wieder ihren eigenen Staat Illyrien verschaffen sollte. Hiermit zog er Serbiens Haß auf sich, das seit Jahrhunderten und mit allen Mitteln ein "Großserbien" anstrebte. Mit diesem balkanischen Hexenkessel war die Doppelmonarchie seit den Türkenkriegen halbwegs fertig geworden.

Nur war dadurch die Ansiedlung der verschiedenen Nationalitäten etwas durcheinander geraten, so daß jeder Teil das "Recht" beanspruchen konnte, zum eigenen Vorteil die Umsiedlung des anderen zu verlangen. Jedenfalls formierten sich überall schwarze Verschwörergruppen, denen einer der Attentäter vom 28. Juni 1914 angehörte.

Sarajewo 1914

Seine Schüsse in Sarajewo, ausgerechnet gegen den slawenfreundlichen Franz Ferdinand, waren der Anlaß zu Mobilmachungen und Kriegserklärungen, der schnell die Ursachenkette zum Ersten Weltkrieg abschloß.

Das wichtigste Glied dieser Kette, Großbritannien, war von der ersten Stelle in der Rangordnung der bedeutendsten Industrienationen abgerutscht und vom Deutschen Reich überholt worden. (Wenngleich seine Flottenstärke doppelt so mächtig war, zu schweigen von der seiner mutmaßlichen Bundesgenossen).

Dazu kam der offen genug artikulierte Rachedurst Frankreichs um Elsaß-Lothringen.

Endlich schürten aus Rußland panslawistische Bewegungen die Unruhe im Osten, insbesondere den serbischen Chauvinismus. Seit langer Zeit hatten sich diese Großmächte miteinander gegen Deutschland verbündet.

Deutschlands "Alleinschuld" hatte darin bestanden, sich mit Österreich-Ungarn verbündet und seine Bündnispflicht befolgt zu haben.

Zu aller Erstaunen drehten die "schmachtenden" Völkerschaften ihre Waffen nicht gegen den "Völkerkerker" ihrer Unterdrükker, sondern kämpften treu und tapfer, sogar gegen ihre slawischen Brüder.

Unter ihnen auch ein gewisser Feldwebel Josip Broz, der den Marschallstab im Tornister trug und später unter dem Namen Tito bekannter werden sollte.

"Neuordnung" nach Versailles

Mit dem Ende des Ersten Weltkrieges waren vier Reiche zerbrochen. Neben dem Deutschen Reich das Russische, das Osmanische sowie die österreichisch-ungarische Doppelmonarchie.

Nun hieß es für die Siegermächte, Europa neu aufzubauen. Mit zweiundzwanzig "Alliierten und Assoziierten" machten sich die Hauptmächte an die Arbeit: das waren USA, Großbritannien, Frankreich, Italien und Japan.

Zu den zweiundzwanzig zählte auch Polen, das bereits 1915 durch deutsche Truppen "vom russischen Joch" befreit worden war und sich am 5. November 1916 bei Kaiser Wilhelm und Kaiser Franz Josef für die staatliche Wiedergeburt des Landes bedankt hatte.

Auch der "Serbisch-Kroatisch-Slowenische Staat" zählte hierzu. Er verstand es, den Polen und Tschechen gleich, seine Lobby arbeiten zu lassen.

Diese Lobbies waren keineswegs von den Idealen gleichberechtigter Selbstbestimmung beseelt, sondern ausschließlich von der chauvinistischen Leidenschaft, die Vorherrschaft ihrer eigenen Nationalität durchzusetzen.

So schreckten sie nicht davor zurück, Geschichte, Landkarten und ethnographische Daten zu fälschen, z.B. zu ungunsten der deutschen polnische "Mehrheiten" zu schaffen.

Vor allem aber erfanden sie neue, noch nie dagewesene "Nationalitäten", wie z.B. die "tschechoslowakische" oder die "serbokroatische" oder gar die "jugoslawische", ohne ethnische, historische, religiöse und sprachschriftliche Unterschiede zu beachten.

Unter dem Schutzschild der so ergaunerten künstlichen Mehrheiten wurden neue Vielvölkerstaaten geschaffen, in denen Polen, Tschechen und Serben die jeweils anderen Nationalitäten schlimmer majorisieren konnten als je zuvor. Den Hauptmächten war dieser Mißbrauch der Minderheitenrechte völlig gleichgültig. Ihnen war es nie um deren gerechte Handhabung gegangen. Ihnen ging es nur darum, neue Staaten zu schaffen, die "von Natur" aus Feinde des Deutschen Reiches sein mußten. Und sie wurden dazu, indem man sie jeweils Millionen Deutsche als (stets virulente) Minderheiten vereinnahmen ließ. Diese "zuverlässigen" Neubildungen bildeten von nun an "die kleine Entente" bzw. den "cordon militaire". Sowohl gegen Deutschland wie auch (in zweiter Linie) gegen Rußland.

Selbstbestimmung nichts für Deutschland

Da war es erst mal klar, daß die größte Macht, um deren Niederringung der Erste Weltkrieg überhaupt geführt worden war, entscheidend gerupft und beschnitten wurde. Das Deutsche Reich mußte demnach ohne jede Volksabstimmung, die ja die unverzichtbare Basis für eine Selbstbestimmung gewesen wäre, folgende Gebiete abgeben, die kerndeutsch bzw. stark deutsch bestimmt waren - Elsaß-Lothringen, Posen Westpreußen, Memelgebiet, Hultschiner Ländchen, Oberschlesien, Danzig. In Nordschleswig, Ostpreußen, Oberschlesien und Eupen-Malmedy hatte es Abstimmungen zu dulden, die durch Manipulation, Drohung und Gewalt die ertragreichsten Gebiete von Deutschland abtrennten.

Ebenfalls ohne die beteiligten Völker zu fragen, entrissen die Siegermächte dem Deutschen Reich alle Kolonien und verleibten sie sich ein.

Ich beschränke mich hier auf diejenigen Bestimmungen des Versailler Diktates, die den heuchlerischen Charakter des "Selbstbestimmungsrechts der Völker" entlarven.

Denn gerade diese Bestimmungen, die zu unterschreiben Deutschland durch die Hungerblockade erpreßt wurde, trugen hauptsächlich dazu bei, Adolf Hitler und seinen Nationalsozialisten den Weg an die Macht zu ebnen.

Abrüstung nur für Deutschland

Welche anderen Faktoren ökonomischer, gesellschaftlicher, politischer und psychologischer Art zusätzlich daran mitgewirkt haben, habe ich in meinem Buch DIE VERSTRICKUNG ausführlich dargestellt.

In diesem Zusammenhang ist hier vor allem das allseitige Gelöbnis der allgemeinen militärischen Abrüstung hervorzuheben, das allerdings von keiner einzigen Macht - außer von Deutschland - eingelöst wurde.

So standen dem völlig abgerüsteten Deutschen Reich und seinem Hunderttausend-Mann-Heer (ohne Luft- und Panzerwaffe) die Hochrüstungen der ehemaligen Siegermächte und die der jetzt neugeschaffenen "kleinen Entente" gegenüber.

Obgleich oft genug feierlich beschworen, immer wieder von deutschen Staatsmännern angemahnt und ihnen auch zugesagt, unterblieb auch der kleinste Versuch einer Abrüstung als "vertrauenbildende Maßnahme". Auch Hitlers im Anfangsjahr sehr maßvolle, in ihrer Argumentation ausgewogene Appelle verhallten unbeachtet. Hätte er jetzt ein weiteres Jahrzehnt zuwarten sollen? Würde man sich dann endlich zur Abrüstung und zu wahrer Selbstbestimmung bereit finden? Jedenfalls erklärte Deutschland am 14. Oktober 1933 seinen Austritt aus dem Völkerbund.

Die Durchführung des Versailler Vertrages verhalf nicht nur Hitler an die Macht. Sie war hilfreich auch für die Deutschen, die durch die "Neuordnung" vom Reich abgeschnitten worden waren. Wer ist sich heute noch dessen bewußt?

Selbstbestimmung macht sich selbstständig

Wer will heute noch wissen, daß das vom US-Präsidenten Wilson mehrfach so feierlich proklamierte Selbstbestimmungsrecht der Völker im Falle des rein deutschen Österreich ganz besonders schmählich vergewaltigt wurde. Denn im Vertrauen hierauf hatte die "Provisorische Nationalversammlung" in Wien bereits am 12. November 1918 einen Beschluß gefaßt, dessen Artikel 2 hieß "Deutschösterreich ist ein Bestandteil der Deutschen Republik". Und die Weimarer Nationalversammlung hatte als Antwort am 21. März 1919 beschlossen: "Deutschösterreich tritt als Ganzes als ein Gliedstaat dem Deutschen Reiche bei".

Wer weiß noch, daß Frankreich die Durchführung dieser Selbstbestimmungsakte immer sofort verbot. Immer, denn sie wurden in den folgenden Jahren noch oft in den verschiedensten Formen versucht, immer getragen von einhelliger Zustimmung der Bevölkerung.

Noch im September 1931 wurde auf Betreiben Frankreichs durch den Ständigen Internationalen Gerichtshof in den Haag sogar eine Zollunion verboten, die das wirtschaftlich notleidende, hochverschuldete Österreich mit Deutschland plante. Was lag näher, als daß sich aus dieser jahrelangen Reibung hochtönender Ideale an den frustrierenden Verweigerungen die Glut entwickelte, in der chauvinistische Ressentiments und Anschlußgefühle zu kochen begannen?

Im März 1938 kochten sie dann über.

Bild-, Film- und Tonaufnahmen von diesen Tagen des Anschlusses ließen alle Betrachter, ließen vor allem das Ausland erschauern. Gegen diese anbrandende Woge spontaner Raserei verbot sich auch nur der Gedanke an einen alliierten Militäreinsatz. Es blieb die Hoffnung, das alles möge nur ein auf wenige Tage begrenzter Taumel gewesen sein. Indessen ergab die Volksabstimmung vom 10. April ein JA von 99 %. Es war eine Abstimmung unter internationaler Kontrolle. Auch die Teilnahme der Österreicher am Zweiten Weltkrieg war eine solche "Kontrolle".

Dennoch holten die darob wohl etwas beschämten Alliierten Österreich in die Reihe der "Sieger". Und bemühten sich nach

1945 um den hanebüchenen “Beweis”, die Bewohner unserer tausendjährigen Ostmark seien ein nichtdeutscher Stamm mit “eigener” Sprache.

Tschechoslowakei

Das Flugzeugmutterschiff

Die “Neuordnung” hatte aus den Trümmern des “Vielvölkerstaates” in Gestalt der Tschechoslowakei einen anderen Vielvölkerkerker entstehen lassen. An der Wiege dieses skurrilen “Staates” standen nicht verantwortungsbewußte Politiker oder auch nur Kenner der ethnischen Gegebenheiten, sondern reine Militärstrategen, die hiermit ein riesiges “Flugzeugmutterschiff” hinstellen wollten. Von ihm aus wollte man, wie der französische Luftfahrtminister Pierre Cot sagte, im Kriegsfalle deutsche Orte und Industrien mit Bomben angreifen können. In dieser “Tschechoslowakei” stellten die Tschechen mit nur 48 % das Staatsvolk, mit dem bzw. unter dem als zweitstärkste Minderheit die 3,5 Millionen Deutschen rangierten, dann erst die 2,3 Millionen Slowaken und die vielen Hunderttausende Ungarn, Ruthenen, Polen usw. Kurz, der richtige Name wäre gewesen: Tschecho-Germano-Slowako-magyaro-Rutheno-Polonien.

Durch ihre “Majorität” als “Tschechoslowaken” fühlten sich die Tschechen legitimiert, die anderen Minderheiten zu unterdrücken und zu benachteiligen. Hierzu benützten sie alle Möglichkeiten, steuerlich, schulisch, sprachlich, kulturell.

Ihr Terror begann mit dem Massaker vom 4. März 1919, dem über 100 Menschen zum Opfer fielen. Er wurde auf breiter Front im gesamten, deutsch bewohnten Sudetenland fortgesetzt.

Ungezählte Beschwerden wurden an den Völkerbund gerichtet, ohne daß ihnen nachgegangen worden wäre. Der Anschluß Österreichs bewog das “Staatsvolk” zu noch rücksichtsloserer Tschechisierungspolitik derart, daß selbst der Sonderbeauftragte des britischen Premiers im April 1938 den Rat erteilte, die Sudetendeutschen Gebiete abzutrennen.

Deutsche Selbsthilfe

Nach sorgfältigen Untersuchungen der ethnischen Gegebenheiten vor Ort und nachdem sich der britische Premier selbst in die Verhandlungen eingeschaltet hatte, empfahlen England und Frankreich der Tschechei, "zur Sicherung ihrer Lebensinteressen und zur Aufrechterhaltung des Friedens" diese Gebiete dem Reich zu übertragen.

Am 21. September 1939 nahm die tschechische Regierung "schmerzerfüllt die in London ausgearbeiteten Vorschläge" an, auf deren Grundlage im Münchener Abkommen die Räumung auf den 1. Oktober festgelegt wurde. Gewiß war der Entschluß der britischen und französischen Regierung auf das ungestüme Drängen Hitlers hin erfolgt. Ebenso gewiß hatte auch die Unterdrückung durch die tschechische Regierung immer ungestümere, zum Teil blutige Formen angenommen, die notwendigerweise immer hitzigere Reaktionen auslösten.

Genau ein halbes Jahr vor der Räumung hatten sich in freien Wahlen 92 % der deutschen Bevölkerung für die Sudetendeutsche Partei und den Anschluß an das Reich ausgesprochen. Damit war eine Lawine in Bewegung geraten, die sowohl die tschechischen Mobilmachungen, wie die Verhängung des Standrechtes überrollte.

Das Protektorat

Die Deutschen waren nicht die einzige Minderheit, die sich gegen ihre Kujonierung zur Wehr gesetzt hatte. So erhielten Anfang Oktober auch die Slowakei und die Karpathoukraine ihre Autonomie.

Obgleich Prag diese anerkannte und deren Völker sie mit über 90 % der Stimmen gutheißen, greift die tschechische Zentralregierung mit massivsten Maßnahmen in diese "autonomen" Kabinette ein, indem sie deren Ministerpräsidenten und auch einige Minister durch tschechenhörige Marionetten ersetzen läßt.

Als am 10. März 1939 der slowakische Ministerpräsident Tiso abgesetzt wird, besetzen Ungarn die Karpathoukraine. Die Slowakei erklärt ihre vollkommene staatliche Unabhängigkeit.

Hitler besetzt den tschechischen Reststaat und stellt Böhmen und Mähren, einst tausend Jahre Bestandteil des Reiches, als autonomes Protektorat unter die Oberhoheit des Reiches.

Seine Begründung: er habe die neuen Grenzen vom Oktober nur unter der Bedingung garantiert, daß die Tschechen sich mit ihren anderen Minderheiten "friedlich und nicht durch Unterdrückung" auseinandersetzen. Und gegen diese Bedingung sei mehrfach verstoßen worden.

Auf englische Proteste antwortete Hitler: "Genau so wenig, wie englische Maßnahmen in Nordirland und Palästina deutscher Kontrolle unterstehen, so wenig ist das bei diesen alten deutschen Kurfürstentümern der Fall!"

Und die Garantiemacht England unternahm nichts, da "der Staat, den wir zu garantieren beabsichtigten, von innen zerbrach und so sein Ende fand."

Heydrich und Lidice

Kaum war das Protektorat ein halbes Jahr alt, da brach der Krieg aus. Heydrich, der stellvertretende Reichsprotektor, betrieb eine Politik, die das tschechische Volk nicht nur von jedem Gedanken an Widerstand fernhielt, sondern es sogar zu bereitwilliger Kooperation motivierte.

Da der britische Geheimdienst bei seinen Versuchen, mit abgesetzten Fallschirmagenten Sabotage- und Widerstandsnester aufzubauen, kläglich scheiterte, bereitete er ein Attentat vor, das die Deutschen zu einem Vergeltungsschlag provozieren sollte.

Die Ausführenden sprangen in Ortsnähe von Lidice bei Kladno ab, dessen männliche Bevölkerung sie versteckte.

Nachdem Heydrich am 4. Juni 1942 ermordet worden war, erfolgte fünf Tage später auf Grund zahlreicher verräterischer Hinweise die erwartete Vergeltung der Deutschen.

Durch ein Exekutionskommando der tschechischen Protektoratsgendarmerie ließen sie 173 Männer aus Lidice erschießen und die Ortschaft selbst zerstören. Grausame Rache, aber durch Völker- und Kriegsrecht gedeckt und in ähnlichen Fällen in der ganzen Welt als "Repressalie" genau so gehandhabt.

Das Attentat hatte sein Ziel erreicht: das gute Einvernehmen mit den Tschechen war zerstört.

Vertreibung als Strafe

Kein Wunder, daß die Feindpropaganda hieraus ein in seiner Abscheulichkeit einzigartiges deutsches Verbrechen machte. Und daß die tschechischen Chauvinisten hiermit rechtfertigen wollen, bei der Vertreibung von Millionen Sudetendeutschen nach 1945 Hunderttausende zu Tode geprügelt, gefoltert, ersäuft und verbrannt zu haben. Eine Vertreibung, die nichts anderes sein sollte, als die himmlische Strafe für deutsche Alleinschuld.

Eine Vertreibung übrigens, für die der ehemalige Staatspräsident Dr. Benesch schon 1939, lange vor Lidice, konkrete Pläne entwickelt hatte. Eine Vertreibung, die von tschechischer Seite verharmlosend nur als "Aussiedlung" bezeichnet wurde, für die keine Entschuldigung gesprochen und auch keine Entschädigung geleistet wurde oder wird. Auch das gehört wohl zum Kapitel moderner Neuordnung...

Selbstbestimmung nichts für Kommunisten

Nach dem Ende des Zweiten Weltkrieges fielen gleich der Tschechoslowakei auch Polen, Jugoslawien und Ungarn in den Machtbereich des kommunistischen Ostblocks und damit der marxistisch-bolschewistischen Ideologie. Hiermit endete jede Lebensmöglichkeit für die nur in einem demokratischen Kontext sinnvolle und realisierbare "Selbstbestimmung der Völker".

Wenn sich diese Staaten trotzdem der Tatsache rühmten, alle Nationalitätenprobleme "gelöst" zu haben, so waren sie damit nicht heuchlerischer als die westlichen Demokratien: Von ihnen hatten sie ja alle diese Konflikte unverändert übernommen, es aber auch verstanden, nach Ausrottung der unbequemsten Minderheit die Unbequemlichkeiten der anderen, kleineren mit Ideologie und Gewalt vom öffentlichen Bewußtsein fernzuhalten.

Nach dem Ende der kommunistischen Welt offenbarten sich diese so lange unterdrückten Konflikte mit der Gewalt angestauter und plötzlich befreiter Kräfte.

In der Tschechoslowakei, die sich ja des deutschen Hauptproblems mit blutiger Gewalt "entledigt" hatte, vollzog sich die Lösung des restierenden slowakischen Hauptproblems in zivilisierten Formen. Havel, ein Nichtpolitiker, also ein charaktervoller Mann, rief nicht zu den Waffen, sondern willigte ein, als die Slowaken 1992 endlich von ihrem Selbstbestimmungsrecht Gebrauch machten und damit der Lüge von der "tschechoslowakischen" Nation ein Ende setzten.

"Neuordnung" im Balkan

Zu den Folgen von "Versailles" zählt auch der "jugoslawische Komplex".

In dem durch das Attentat von Sarajewo ausgelösten Ersten Weltkrieg (siehe Seite) hatte Serbien auf alliierter Seite gegen die sogenannten Mittelmächte gekämpft. Damit also auch gegen die Völkerschaften, die in der Doppelmonarchie vereint waren.

Am 1. Dezember 1918 konstituierte sich Serbien zu einem "Königreich" der Serben, Kroaten und Slowenen", das am 6. Januar 1929 unter König Alexanders diktatorischem Regime in ein "Königreich Jugoslawien" umgewandelt wurde.

Da sich die Serben als Staatsvolk aufspielten und, seit Jahrhunderten ein "Großserbisches Reich" erstrebend, die anderen Nationalitäten unterdrückten, hatte sich in Kroatien eine republikanisch ausgerichtete Bauernpartei gebildet, aus der die Ustascha hervorging. Von Ante Pavelic gegründet, durch Mussolini unterstützt, sollte sie 1941 die Autonomie für Kroatien durchsetzen.

Serbien: Eintritt und Austritt

Im Zweiten Weltkrieg wurde das Königreich sowohl von den Achsenmächten wie von den Alliierten umworben. Nach Ungarn,

Slowakei, Rumänien und Bulgarien schloß sich am 25. März 1941 auch Jugoslawien den Achsenmächten an.

Zwei Tage später machte ein Putsch der serbischen Offiziere diesen Schritt wieder rückgängig, worauf am 6. April die deutsche Armee einmarschierte und Jugoslawien am 17. April kapitulierte.

Nun wurde Jugoslawien unter die Achsenpartner aufgeteilt, ebenfalls ohne Beachtung ethnischer Daten.

So entstand der "Unabhängige Staat Kroatien", der unter dem "Poglavnik" Ante Pavelic große serbische Gebiete bis kurz vor Belgrad und fast die ganze Bosnien-Herzegowina vereinnahmen durfte. Und so sahen sich jetzt die Kroaten mit nicht einmal der Hälfte der Bevölkerung einem unbezwingbaren Völker- und Religionsgemisch gegenüber.

Kroatien: Mordbrennerbanden

Diese kritische Situation zu beseitigen, sahen die Kraoten keinen anderen Weg, als die zweitgrößte ethnische Minderheit, also die Serben, zu beseitigen.

Ihre Ustascha bildete Mordbrennerbanden, die alle Serben, derer sie habhaft wurden, auf grausamste Art abschlachteten. Ihr Ziel war es, etwa die Hälfte der knapp zwei Millionen "kroatischer Staatsbürger" serbischer Nationalität umzubringen und den Rest zu vertreiben oder zum Katholizismus zwangszubekehren; alles unter den Augen und mit Segen der Kirche.

Rache der Tschetniks

Die Serben reagierten rasch: aus den Resten der jugoslawischen Armee erstanden nach deren Kapitulation die königstreuen Tschetniks unter dem Obersten Mihailowic. Im Kampf für Großserbien rächten sie sich jetzt an den Kroaten durch womöglich noch größere Grausamkeit.

Als dritte Kraft trat im Frühsommer 1941 Tito ins Licht der Öffentlichkeit. Anfangs bemühte er sich, die Tschetniks an die

Seite seiner Partisanen zu bringen, galt Mihailovic doch als Favorit der Alliierten.

Da das Bündnis an dessen Mißtrauen scheiterte, wurde Tito schnell zur alleinigen Verkörperung des jugoslawischen Widerstandskrieges. Der Kampf seiner Partisanen wurde immer blutiger durch - völkerrechtlich allerdings gebilligte - deutsche Repressalien geahndet: für jeden getöteten Wehrmachtsangehörigen wurden 100 Zivilisten erschossen.

So kam es, daß den Massenmorden der Ustascha und der Tschetniks, dem Kampf und den Repressalien der Wehrmacht und der Partisanenarmee fast zwei Millionen Menschen zum Opfer fielen.

Tito wird Marschall

Nach der Kapitulation der Italiener ließ sich Tito durch den Antifaschistischen Volksbefreiungsrat zum Präsidenten und Marschall ernennen, als welcher er einem bundesstaatlich organisierten neuen Jugoslawien vorstand.

Der Krieg wurde in den blutigsten Formen fortgesetzt, zum Abschluß und weit darüber hinaus charakterisiert durch grausame Massenmorde an Kriegsgefangenen und sogenannten Verrätern. Zu Hunderttausenden wurden sie alle, die sich über die Grenze hinweg in den Schutz der dort einmarschierten britischen Armee geflüchtet hatten, an die Partisanen ausgeliefert, um von diesen massakriert zu werden. Eine halbe Million der in Jugoslawien lebenden Deutschen wurden ermordet oder vertrieben. Sicherlich auch als Strafe für ihre "Alleinschuld".

Drei Jahre später löste sich Tito aus der Umarmung des von Moskau geführten Ostblocks und wurde zum allseits anerkannten Sprecher der Dritten Welt. Innenpolitisch verkündete seine Partei, alle nationalen Fragen seien gelöst. Vorsichtshalber hatte der Kroate Tito die serbische Übermacht erheblich beschnitten: Mazedonien wurde zur selbständigen Republik, Kosowo und Vojvodina wurden autonom.

Dennoch regierte Belgrad zentralistisch und nahm insbesondere den prosperierenden Republiken Kroatien und Slowenien den größten Teil ihrer Steuer- und Deviseneinnahmen ab.

Widerstände, die bis zum Aufruhr gingen, wurden von Tito mit und ohne Gewalt unterdrückt.

Nach seinem Tode 1980 entbrannte in allen Staaten der Widerstand gegen den Zentralismus, der seinerseits im Zeichen Großserbiens mit dem "dümmsten aller Kriege" antwortete.

In ihm prallten uralte, lange Zeit unterdrückte Ressentiments und Haßgefühle aufeinander. Seit den Zeiten der Türkenbedrohung hatte die Habsburger Monarchie längs ihrer Südgrenze auf dem gesamten kroatisch-slawonischen Gebiet serbische Bauern angesiedelt, "Wehrbauern" sozusagen, mit dem Ziel einer "Militärgrenze" gegen das Osmanische Reich. War dieses auch seit einem Dreivierteljahrhundert verschwunden, so flammte doch der großserbische Nationalismus wieder auf. Und der verlangte serbische Grenzen für alles Land, in dem Serben wohnten. Dazu erwachten Rachegefühle aus der Zeit des Zweiten Weltkrieges und übertönten die friedlich gewordene Nachbarschaftsstimmung.

Wieder kam ein unvorstellbar grausamer Bürgerkrieg in Gang. 1992 zerbrach Jugoslawien, zerbrach ein Kunststaat, den Siegerwillkür geschaffen hatte, verbluteten und verbluten Völker, die den Versprechungen dieser Sieger geglaubt hatten.

"Neuordnung" in Polen

In dem vom Deutschen Reich wiederhergestellten selbständigen polnischen Staat hatte im November 1918 Pilsudski die vollziehende Gewalt übernommen.

Da ihm als Staatsgebiet Kongreßpolen und Westgalizien nicht genügten, riß Polen sofort die gesamte Provinz Posen an sich, deren größere Städte meist deutsche Mehrheiten hatten.

Auch in Westpreußen und in Schlesien wurden die deutschen Volksteile durch blutigen Terror unterdrückt und so für die festgesetzten Abstimmungen vollendete Tatsachen geschaffen.

Deutsche Versuche, Widerstands- und Verteidigungsgruppen aufzustellen, wurden von den französischen Besatzungstruppen verhindert. Dafür sicherten sie den Polen von vornherein große Teile des oberschlesischen Industriegebietes zu, obgleich die folgende Abstimmung am 20. März 1921 60 % für Deutschland erbrachte.

Der deutsche Reichskanzler Wirth, übrigens zeit seines Lebens ein leidenschaftlicher Gegner deutscher Nationalisten, sein Motto "der Feind steht rechts", klagte: "Was hätte ein polnischer Staat für die Welt bedeuten können, wenn er sich innerhalb seiner natürlichen Grenzen bewegt hätte? Haben Sie je ein Volk gesehen, das uns derart schmählich behandelt hat wie gerade das polnische Volk? Wir hätten den Wunsch gehabt, nachdem Polen zur Staatlichkeit erwacht ist, uns mit diesem Volk zu verständigen... Warum keine Verständigung? Weil die politische Leidenschaft, weil grenzenloser Hochmut die Welt nicht zur Ruhe kommen lassen will."

Polnischer Heißhunger

Das waren wahrhaft prophetische Worte, auch für die folgenden achtzehn Jahre.

Denn nicht nur gegen Deutschland wandte sich die polnische Angriffslust. Auch gegen Litauen und Rußland führte Polen kompromißlose Angriffskriege, selbstverständlich unter Mißachtung des Selbstbestimmungsrechts der Ukrainer, der Litauer und auch der Weißrussen.

Niemand erhob darob Klage, denn Polen gehörte zu den "Siegern", als neuer Nationalitätenstaat und Völkerkerker: mit knapp 56 % des polnischen Staatsvolkes, 18 % Ukrainern, 11 % Juden, 7 % Deutschen, 6 % Weißrussen, 1 % Litauern usw.

In Frankreich sprach man 1929 von Polens nationalistischem Fieber. "Niemals ist in der Geschichte der Heißhunger nach Land in einem derartigen Wahnsinn getrieben worden. Und die Völker, deren es sich bemächtigt hat, die tyrannisiert es, beleidigt es und zermürbt es."

Nach Akten gewalttätiger Landnahme ging Polen an die radikale Entdeutschung bzw. Polonisierung, an die sogenannte Agrarreform, also die Enteignung des deutschen Grundbesitzes, an den

Boykott des deutschen Handels, zu schweigen von Schikanen aller Art wie Verweigerung von Schankkonzessionen an deutsche Gaststätten, Behinderung handwerklicher und freier Berufe usw.

Gegenüber der allgemeinen Arbeitslosigkeit mit 16 % betrug die der Deutschen 60 - 80 %. Schikanen und Unterdrückung wurden begleitet durch Wellen des Terrors und blutiger Gewalt. Der gewünschte und gewollte Effekt: eine Massenauswanderung Deutscher von weit über 1 1/2 Millionen.

Krieg oder Freundschaft

Appelle und Beschwerden an den Völkerbund blieben ohne Gehör. Bestenfalls bewirkten sie, daß Polen mit einem milden Rüffel "bestraft" wurde. Unter der Diktatur des Generals Pilsudski wandelte sich die polnische Aggressivität in konkrete Kriegspläne gegen die damals hoffnungslos unterlegene Weimarer Republik.

Nachdem England und Frankreich ihre Mithilfe versagten, änderte Pilsudski seinen Kurs: Er hatte noch am 6. März 1933 Truppen auf der (zum Hoheitsgebiet Danzigs gehörigen) Westerplatte absetzen lassen, hoffend, mit einer kriegerischen Auseinandersetzung außer Danzig auch Ostpreußen und Oberschlesien "heimholen" zu können.

Doch schon Mitte November 1933 kam es auf deutsches Betreiben zu einem Freundschaftsgespräch zwischen Hitler und dem polnischen Botschafter Lipski, dem im Januar 1934 ein sensationelles Abkommen folgte; mit ihm wurde nicht nur beiderseits der Friede und ein billiger Interessenausgleich garantiert, sondern auch der neunjährige Zollkrieg beendet. Der deutsche Verständigungswille wurde von deutschnational-konservativer Seite heftig kritisiert. Ernst von Weizsäcker, damals Gesandter in der Schweiz, schrieb anerkennend: "Kein parlamentarischer Minister von 1920 bis 1933 hätte so weit gehen können" (wie Hitler).

Polonisierung non-stop

Trotz dieser offiziellen Verständigungspolitik auf höchster Ebene geht die deutschfeindliche Polonisierungsaktion durch mittlere und untere Behörden unvermindert weiter.

Den Schutz der deutschen Minderheit durch zweiseitige Verträge zu sichern, lehnt der polnische Außenminister Beck kategorisch ab. Desgleichen, hierüber eine "Bindung internationalen Charakters" einzugehen, da diese eine "Beeinträchtigung der Souveränität" sei.

So werden Massenentlassungen deutscher Arbeitskräfte vor allem in Oberschlesien fortgesetzt, werden 600 Deutsche aus der Halbinsel Hela ausgewiesen.

Auch gegen Litauen richtet sich der Polnische Imperialismus. Durch Drohung mit militärischem Einmarsch wird es gezwungen, sofort die Grenzen des 1920 von Polen annektierten altlitauischen Gebietes von Wilna anzuerkennen.

Polen annektiert

Auch die Tschechoslowakei, die sich gerade von den Sudetengebieten hatte trennen müssen, blieb nicht ungeschoren. In Hitlers Fahrwasser kündigte Polen den polnisch-tschechischen Minderheitenvertrag von 1925 und verlangte ultimativ die Herausgabe des Teschener Gebietes. Frankreich protestierte zwar und wollte vermitteln. Aber Polen lehnte ab und marschierte ein: Teschen, das Olsa-Gebiet und noch sechs Landkreise in den Karpathen wurden im Oktober 1938 polnisch.

Vor der auch hier einsetzenden Polonisierungswelle flohen schon bis zum 5. November 1938 über 5000 Deutsche, die bislang 20 Jahre tschechischer Bedrückung hatten ertragen müssen.

Deutschland will Generalbereinigung

Am 24. Oktober 1938 schlug Deutschland als "Generalbereinigung" vor, daß der ja zu 95 % deutsch besiedelte Freistaat

Danzig, dem mehrfach bekundeten Willen der dortigen Bevölkerung entsprechend, zum Deutschen Reich zurückkehrt; mit dem Reich verbunden durch exterritoriale Auto- und Eisenbahn quer durch den polnischen Korridor. Hierfür solle Polen handelspolitische Präferenzen und Absatzgarantien im Danziger Gebiet erhalten; ferner wollte Deutschland den Bestand des Korridors sowie die polnische Annektion Posens, Westpreußens und ostoberschlesischer Gebiete anerkennen und deren Grenzen garantieren.

Der Weg zum Krieg

Polens Außenminister lehnte auch nur den Gedanken an eine Rückkehr Danzigs strikt ab: Diese Pläne weiterhin zu verfolgen, bedeute den Krieg mit Polen.

Dafür erhielt Polen am 24. März 1939 eine Garantieerklärung seitens Englands und Frankreichs und erließ am gleichen Tag einen Mobilmachungsbefehl.

Diese Garantie, am 31. März offiziell im Unterhaus verkündet, war ein ausgesprochener Blankoscheck für Polen, jederzeit einlösbar, wie immer es sich verhalten mochte. Sie galt "für den Fall irgendeiner Aktion, die klarerweise die Unabhängigkeit bedroht" und gegen die sich Polen bewaffnet zur Wehr setzt.

Polnische Illusionen

Parallel zu dieser auf einen Krieg zielenden Politik auf höchster Ebene verstärken sich deutschfeindliche Kundgebungen, Entlassungen, Schulschließungen, Terrorakte, mehren sich die Zahlen Flüchtender, die zum Teil an der Grenze verhaftet und mit Existenzverlust bestraft werden.

Polen, dessen Starrsinn durch die Garantien ins Unermeßliche gesteigert ist, hat keine Angst vor deutschen Gegenmaßnahmen. Es weiß, daß Deutschlands Rüstung nicht vollendet ist und glaubt zu wissen, daß Deutschlands Wirtschaft und Technik sich in einem chaotischen Zustand befindet. Wenige Tage nach Kriegsbeginn werde die polnische Armee in Berlin einmarschieren - solche und ähnliche Illusionen verbreiten die Chauvinisten in Flugblättern und öffentlichen Kundgebungen.

Warnungen

Vergebens warnen skeptische Stimmen klarsehender polnischer Persönlichkeiten: Graf Szembeck, Staatssekretär im Außenministerium: "Im Westen gibt es allerlei Elemente, die offen zum Krieg treiben: die Juden, die Großkapitalisten, die Rüstungsfabrikanten. Alle stehen heute vor einer glänzenden Konjunktur... Die Zerstörung unseres Landes würde sie gleichgültig lassen. Im Gegenteil, da später alles wieder aufgebaut werden müßte, würden sie auch daran verdienen. sie behandeln uns wie Neger."

Im August 1939 erreicht der polnische Terror seinen Höhepunkt. 70.000 Flüchtlinge befinden sich bereits in den Sammellagern. Ohne Resultat bleiben deutsche Bemühungen um Verständnis und friedliche Regelungen.

Im Gegenteil: ein Vertrag vom 25. August verstärkt noch einmal die englischen Garantieverpflichtungen gegenüber Polen.

Hitler schlägt darauf ein deutsch-britisches Übereinkommen vor, das am 28. August auf britische Bereitschaft stößt. Allerdings nur unter der Bedingung, daß Deutschland und Polen sich friedlich einigen.

Polen diskutiert nicht

Auch Deutschland ist einverstanden, obgleich skeptisch nach allen bisherigen Erfahrungen. Es bittet um den Besuch einer polnischen Persönlichkeit, die mit allen Vollmachten versehen sei, und zwar für den 30. August. Für dieses Treffen waren deutsche Vorschläge ausgearbeitet, die der Chefdolmetscher des Auswärtigen Amtes zu seiner freudigen Überraschung als "richtiggehenden Völkerbundsvorschlag" bezeichnete.

Aber es erschien keine Persönlichkeit aus Warschau. Der dortige britische Botschafter hatte Beck empfohlen, auf das deutsche Verhandlungsangebot nicht einzugehen. Und Botschafter Lipski erklärte, keine Verhandlungsvollmacht zu haben. Er war durch ein Geheimtelegramm Becks angewiesen worden, sich auf keinen Fall "in sachliche Diskussionen einzulassen". Der deutsche Nachrichtendienst erfuhr dies. Darüberhinaus erklärte Polen am Nachmittag des 30. August die Mobilmachung. Damit waren die Würfel gefallen.*

Am 1. September 1939 um 4.45 Uhr begann der Krieg

Das deutsche Linienschiff SCHLESWIG-HOLSTEIN beschoß die Westerplatte, das zu Danzig gehörige einstige Seebad, das Polen zu einer stark bewehrten Festung ausgebaut hatte. Von hier aus hätte im Verein mit den zahlreichen polnischen Militärstützpunkten in Danzig solange Widerstand geleistet werden sollen, bis die polnische Armee sie entsetzt haben würde. Jedoch war die deutsche Armee schneller.

Aber für die Deutschen in Polen, und auch für die Polen, die in freundnachbarlichen Beziehungen zu Deutschen gestanden hatten, brach jetzt allenthalben eine Schreckenszeit an. In vielen Orten kam es zu pogromartigen Terrorakten, dessen bekanntester als der "Bromberger Blutsonntag" mit etwa 1.000 Toten in die Geschichte eingegangen ist. Zehntausende wurden in polnische Konzentrationslager verschleppt und konnten erst durch die deutsche Armee wieder befreit werden.

---

* Das heißt, eigentlich waren die Würfel nicht ganz fallen gelassen worden. Noch am 2. September, als das deutsche Heer bereits am zweiten Tag marschierte, erließ der deutsche Außenminister an die Deutsche Botschaft in London folgende Weisung: "Der Führer ist bereit, aus Polen wieder herauszugehen und auch für den angerichteten Schaden einzustehen, unter der Voraussetzung, daß wir Danzig und die Straße durch den Korridor erhalten, wenn England im deutsch-polnischen Konflikt die Vermittlung übernimmt. Sie sind vom Führer ermächtigt, diesen Vorschlag dem englischen Kabinett zu unterbreiten und sofort Verhandlungen hierüber aufzunehmen". Aber niemand fand sich, die Würfel aufzuheben.

In diesem Zusammenhang kann der Verlauf des Krieges übergangen werden, da hier nur die Fernwirkung von Versailles darzustellen war. Wozu allerdings gehört, den von polnischem Chauvinismus vorgetragenen Imperialismus zu erwähnen. Denn nach dem Zweiten Weltkrieg holte sich die Sowjetunion das Gebiet zurück, das Polen 1920 erobert und im Frieden von Riga am 18. März 1921 annektiert hatte.

Sprung nach Westen

Nun behauptete Polen, aus diesem östlichen Teil "wenigstens 5 Millionen" Polen evakuieren und in seinem westlichen Teil unterbringen zu müssen. Für diesen "Sprung nach Westen" verlangte und erhielt es die Einverleibung Ostdeutschlands bis zur Oder-Neiße-Linie, über die hinaus nun unter grausamsten Bedingungen an die 10 Millionen Deutsche von Haus und Hof zu vertreiben und nach Westen zu transferieren waren.

Daß anstatt der "wenigstens 5 Millionen" dann nur etwas mehr als eine Million Polen in diesen Teil Ostdeutschlands "umgesiedelt" wurden, unterstreicht den Betrugscharakter dieses weder ethnographisch noch politisch noch wirtschaftlich zu begründenden "Gebietsaustauschs".

Selbst General Anders, der angesehenste polnische Soldat des Zweiten Weltkrieges, verwarf diese "Lösung", indem er sagte: "Polen hat weder an Menschenzahl noch materiell die Möglichkeit, das deutsche Gebiet bis zur Oder zu absorbieren. Dieses Gebiet ist ein Geschenk voller Gefahren. Es kann sich nur um eine vorübergehende Lösung handeln, die ihr Ende haben wird, wenn Polen seine Freiheit zurückgewonnen hat."

Polonisierung wie eh und je

Trotz solcher Einsichten und Warnungen ging der antideutsche Terror nicht zurück: Nach wie vor im folgenden Halbjahrhundert wurden und werden Deutschsprechende zusammengeschlagen oder ins Gefängnis gesteckt, Fluchtversuche grausam bestraft, Namen polonisiert, Optionen für Polen erpreßt, Auswanderungsgesuche chicanös abgelehnt usw.

Als wohl symptomatisch für zumindest eine politische Strömung in Polens öffentlicher Meinung darf endlich noch eine Erklärung zitiert werden,die der polnische Staatspräsident Lech Walesa 1991 im Zeichen der deutschen Wiedervereinigung abgegeben hat:

"Ich schrecke selbst vor einer Erklärung nicht zurück, die mich in Deutschland unpopulär macht. Wenn die Deutschen Europa erneut in der einen oder anderen Art destabilisieren, sollte man nicht mehr zu einer Aufteilung Zuflucht nehmen, sondern dieses Land einfach von der Landkarte ausradieren. Der Osten und der Westen besitzen die notwendige fortgeschrittene Technologie, um diesen Urteilsspruch durchzuführen."

Fazit:

Sinn dieser wie aller Anmerkungen und Zitate ist nicht, Anklagen gegen Polen oder sonstwen auf den Weg zu bringen. Wohl aber: Fakten, Zusammenhänge und Stimmungslagen bewußt zu machen, die geeignet sind, dieses tragische Kapitel unserer gemeinsamen Geschichte realistischer zu betrachten.

Solches ermöglichte, ja nötigte zu einer Revision von seit langem obsoleten Vorurteilen: Weder ist Polen das unschuldige, edle, wehrlose, still duldende Opfervolk, noch ist Deutschland immer und überall eine auf Kriege bedachte Militärmaschine mit dem einzigen Ziel, sich die Welt zu unterwerfen.

2.) Ein Rundum-Blick...

zeitlich wie räumlich, erweist sich als nötig. Vor allem der ungeduldige Leser, mehr noch der von festen Vorurteilen besessene, wird fragen: Warum sind wir auf den letzten Seiten teilweise in die Zeit vor dem Ersten Weltkrieg abgeschweift. Genügte es nicht, sich mit dem deutschen Einmarsch in Polen zu bescheiden? Hätte man damit nicht zugleich Beginn und Ursache für den Zweiten Weltkrieg? Hätte man damit vor allem nicht auch den "Alleinschuldigen"?

Wer so urteilen möchte, durchdenke die Worte des Nobelpreisträgers Aldous Huxley: "Die bestimmenden Umstände eines jeden Ereignisses in irgendeinem Teil des Weltalls bestehen aus allen früheren und gleichzeitigen Ereignissen in allen Teilen des Weltalls". Vor allem bei den komplexesten Ereignissen... "das sind Ereignisse der menschlichen Geschichte. Wenn wir z.B. die bestimmenden Umstände des jüngsten Krieges feststellen wollen, sind wir gezwungen,... eine große Vielfalt von Ursachen in Betracht zu ziehen: vergangene, gleichzeitige, örtliche, ferne, psychologische, soziologische, politische, wirtschaftliche..." Diese Worte buchstäblich nehmend, müßten wir bis zu Karl dem Großen zurückgehen, womöglich bis zum Urknall.

Wir haben uns auf die nächste vorangehende Etappe beschränkt, an deren Beginn das Diktat von Versailles steht. Und mit ihm das in steigendem Maße ablehnende Echo und die unheilvolle Perspektive auf einen neuen Krieg.

Hier frappiert uns besonders Churchills Retrospektive, wenn er am 27. April 1944 an Stalin schreibt: "Ich betrachte diesen Krieg als einen Dreißigjährigen Krieg von 1914 an."

Denn zu Beginn des Ersten Weltkrieges hatte auch er zu den einsichtsvollen Staatsmännern gehört, deren Worte ungehört verhallt waren: "Es gibt keine gehässigere Brutstätte des Krieges und seiner Ursachen als das Vorhandensein abgetrennter und unzufriedener Nationalitäten, die auf künstliche Weise von ihren Stammverwandten und ihrer rechtmäßigen Heimat abgeschnitten sind."

Daß diese Erkenntnis nicht in den Wind gesprochen worden sein sollte, zeigte er etwa acht Jahre später, als er im Unterhaus rief: "Wenn die englische Regierung wirklich wünscht, etwas zur Förderung des Friedens zu tun, dann sollte sie die Führung übernehmen und die Frage Danzigs und des Korridors ihrerseits wieder aufrollen, solange die Siegerstaaten noch überlegen sind. Wenn diese Fragen nicht gelöst werden, kann keine Hoffnung auf einen dauerhaften Frieden bestehen." Diese Mahnung erging ein viertel Jahr vor Hitlers "Machtergreifung".

Danach allerdings wechselte Churchill die Gangart.

Am 17. September 1934 sagte er zu dem Deutschen Ex-Reichskanzler Brüning: "Deutschland muß wieder besiegt werden, und dieses Mal endgültig!"

Er sagte das nicht aus einem momentanen Ressentiment heraus. Er wiederholte diese seine Willensäußerung so häufig und in den verschiedensten Variationen, daß an ihrer Ernsthaftigkeit nicht gezweifelt werden kann.

1936 klang es so: "Wir werden Hitler den Krieg aufzwingen, ob er will oder nicht."

Der wißbegierige Zeitbeobachter wird fragen, ob diese Kriegsbereitschaft nicht vielleicht aus der frühzeitigen Erkenntnis resultierte, daß es sich bei Hitler um ein ähnliches Ungeheuer handele wie bei Kaiser Wilhelm. Solche "Erkenntnisse" kamen ihm allerdings erst immer, wenn ein Krieg im Gange war. 1936 z.B. analysierte er die englische Außenpolitik noch "friedensmäßig" nüchtern und realistisch: Sie habe darin bestanden, "sich der stärksten, aggressivsten, beherrschenden Großmacht auf dem Kontinent entgegenzustellen... Es handelt sich nicht darum, ob es Spanien ist oder die französische Monarchie oder das französische Kaiserreich oder das deutsche Kaiserreich oder das Hitlerregime. Es handelt sich nicht um Machthaber oder Nationen, sondern lediglich darum, wer der größte oder der potentiell dominierende Tyrann ist..."

Eine solche Analyse hat man des öfteren nicht nur aus Churchills Mund, sondern auch von jedem gehört, der sich bemühte, das Wesen der englischen Außenpolitik zu beschreiben.

Zog Großbritannien aus dieser Erkenntnis dann die letzte Konsequenz, führte es also Krieg, so versäumte es nie, der nicht beteiligten Umwelt diese blutige Pille in einer Hülle süßen Backwerks zu kredenzen. So wurden aus der Niederwerfung von Kolonialvölkern deren christliche Missionierung und aus dem Würgegriff gegen Deutschland Rettung der höchsten Werte für die bedrohte Welt.

Blick nach drüben

Vorerst aber fahndete Churchill noch nach der notwendigen Rückenstärkung, um diese Konsequenz zu ziehen. Er wußte, wo sie zu finden war.

Viele weltkundige Menschen wußten es ebenfalls. So z.B. der bekannte Weltreisende Colin Ross, den schon seit 1933, dem

Jahre des Amtsantritts Franklin Roosevelts, (eine Vermutung) "mit wachsender Sorge erfüllte. Nämlich die Vermutung, daß in Amerika dunkle Kräfte zum Krieg trieben".

Minutiös beobachtete er die Schritte "auf dem Wege, die Welt in einen Krieg zu stürzen, um die USA aus ihren inneren Wirren herauszuführen". Und schon 1935 stellte er in Chicago fest:

"Ein bestimmter und keinesfalls einflußloser Kreis von Schriftstellern, Vortragsrednern und Zeitungsschreibern bemüht sich seit einigen Jahren, die amerikanische Bevölkerung davon zu überzeugen, daß 1. ein Krieg in nächster Zukunft bevorsteht, und daß 2. die USA ihm nicht fernbleiben könnten."

Dieselbe Sorge erfüllte 1938 den damaligen polnischen Beobachter in Washington, Jerzy Potocki. In seinem Bericht nach Warschau schreibt er über eine Aktion, die Roosevelt zum Vorkämpfer für Freiheit und Menschenrechte machen soll und zu der die Herren Baruch, Lehmann, Frankfurter, Morgenthau u.a. teilgenommen hätten, um dann fortzufahren: "Die Gruppe von Leuten, die die höchsten Stellungen in der amerikanischen Regierung einnehmen... ist im Grunde doch durch unzerreißbare Bande mit dem internationalen Judentum verbunden. Für sie war das Herausstellen des Präsidenten ein genialer Schachzug. Sie haben auf diese Weise einen sehr gefährlichen Herd für Haß und Feindseligkeit auf dieser Halbkugel geschaffen und haben die Welt in zwei Lager geteilt...um die Außenpolitik Amerikas zu beleben und auf diesem Wege zugleich die kolossalen militärischen Vorräte zu schaffen für den künftigen Krieg..."

Diese Kreise, über die Colin Ross und Potocki berichteten, wußten, daß sie sich auf Roosevelt würden verlassen können. Hatte dieser doch schon 1914 als junger Stellvertreter des Marineministers schriftlich seiner Hoffnung Ausdruck gegeben, daß "England eingreifen und zusammen mit Frankreich und Rußland in Berlin Frieden diktieren wird."

Wie im Ersten so im Zweiten Weltkrieg: In der Tat konnte Prof. Tansill Beweismittel vorlegen, "daß Roosevelt jedes Mittel, an Chamberlain heranzukommen, benutzte, um ihn zum Krieg zu drängen."

Einer seiner vertrautesten Mitarbeiter, Harry Hopkins, erzählte, daß Roosevelts ganzer Haß auf Hitler gerichtet war: "Für ihn gab es nichts Wichtigers, als Hitler zu schlagen."

Und als Churchill einmal laut bezweifelte, ob es Roosevelt wirklich ernst mit dem Kriege sei, erklärte dieser: "Ich will den Krieg nicht erklären, ich will ihn führen. Wenn wir den Kongreß bäten, den Krieg zu erklären, müßten wir drei Monate debattieren!" Dann versprach er, daß "die USA auch ohne angegriffen zu werden, in den Krieg eintreten würden..."

Am 25. April 1939 sagte der US-Botschafter Bullitt in Paris: "Der Krieg in Europa ist eine beschlossene Sache. Amerika wird in den Krieg eintreten, nach Frankreich und Großbritannien."

Neben vielen gleichartigen Aussagen führender angloamerikanischer Staatsmänner ist von besonderem Interesse, was der US-Kriegsminister Forrestal in seinem Tagebuch unter dem 27. Dezember 1945 über sein Gespräch mit Joe Kennedy (Vater des ermordeten US-Präsidenten, damals Botschafter in London) berichtete: "Weder Franzosen noch Engländer würden Polen zum Kriegsgrund gemacht haben, wenn sie nicht unablässig von Washington angestachelt worden wären... Chamberlain, sagt Kennedy, habe festgestellt, Amerika und die Juden hätten England in den Krieg gezwungen (America and the Jews forced England into the war)." (The Forrestal Diaries, New Yor 1951, S. 121 ff.)

Ein Beweisbogen

Ohne zu zögern, dürfen wir uns dem Historiker George M. Crockers anschließen, der feststellte: "Daß Franklin D. Roosevelt den Krieg wollte, ihn förderte und geradezu herausforderte, kann heute nicht mehr ernsthaft bestritten werden."

Hiermit runden wir den Beweisbogen ab:

1. England glaubte, in Deutschland eine Bedrohung seiner Jahrhunderte alten "balance of power" sehen zu müssen. Nur ein Krieg könnte diese Balance wiederherstellen. Aber wie ihn vor der Öffentlichkeit begründen? - Nichts leichter als das; wo ein Wille ist, ist immer auch ein Weg:
2. Deutschland habe so häufig gegen heiliges Völkerrecht verstoßen, insbesondere gegen das Diktat von Versailles. Zwar betrachte Deutschland diesen als nichtig, da er nur

durch Erpressung entstanden sei. Das aber rechtfertige nicht, ihn einseitig als nichtexistent zu erklären.

3. Nach dem "Heimholen" Österreichs und der Sudetendeutschen habe Deutschland die Resttschechoslowakei zerschlagen. Zwar handele es sich hier um Erfüllung alter Minderheitenwünsche bzw. um Herzogtümer des alten Deutschen Reiches bzw. um die Schaffung der langersehnten slowakischen Souveränität. - Dennoch sei das alles eine offene Bedrohung Europas.
4. Jetzt müsse endgültig Schluß sein: Wenn auch Danzigs urdeutsche Bevölkerung sich an Deutschland anschließen wolle, so stehe dem der Wille Polens entgegen, das einen Zugang zum Meer benötige. Zwar habe es einen solchen in Gdingen inzwischen erhalten. Zwar könne es in Danzig weiterhin Sonderrechte erhalten. Dennoch müsse Danzig eine "Freie Stadt" bleiben.
5. Da sowohl Deutschland wie Polen auf ihren entgegengesetzten Standpunkten beharrten, bestand die Gefahr, daß Polen nachgeben könne. Dies zu verhindern, gaben sowohl England wie Frankreich in aller Form die Garantie ab, Polen mit allen Mitteln zur Hilfe zu kommen, falls es sich so bedroht fühlt, daß es zu den Waffen greife.
6. Hierdurch ermutigt, glaubte Polen, den Sieg schon in der Tasche zu haben und Deutschlands Verhandlungsangebote ablehnen zu können. Mit Recht urteilte der Kriegsgeschichtler Liddel Hart: "Die Garantie an Polen war der sicherste Weg, frühzeitig eine Explosion und einen Weltkrieg herbeizuführen. Sie verband ein Höchstmaß von Versuchung mit offener Provokation." Und Churchill sah gegen Ende des Krieges in ihr "eine Entscheidung, die mit Gewißheit zur Niedermetzelung von Millionen Menschen führen mußte."
7. Von jeher sahen England und Frankreich mit voller Klarheit, daß sie niemals in der Lage sein könnten, ihre Garantie auch wirklich einzulösen. Sie gaben sich daher alle Mühe, hierfür die Mithilfe der Sowjetunion zu gewinnen. Aber Polen war dieser "Mithelfer" zu unheimlich, hatte es ihm doch 1921 ein Riesenstück entrissen, das jetzt (1939)

Ostpolen hieß und das sich die Russen sicherheitshalber zurückholen würden. Es lehnte ab.

8. Polen vertraute auf seine eigene, seit langem kriegsmotivierte Armee sowie auf die 110 französischen Divisionen, das englische Expeditionskorps und die Royal Air Force im Westen, die die 33 deutschen Divisionen in wenigen Tagen zu Paaren treiben würden.
9. Polens Siegesgewißheit wurde nicht wankend, als das deutsche Reich mit der Sowjetunion am 23. August 1939 einen Nichtangriffsvertrag abschloß. Kalkül der Sowjetunion: den Krieg zu ermöglichen, der ihr neue Interessengebiete erschloß, und die kapitalistischen Staaten schwächen würde.
10. In Ansehung und Kenntnis aller vorstehend genannten Faktoren forderte Deutschland ultimativ den Besuch eines bevollmächtigten polnischen Staatsmannes, und lehnte Polen dieses Ultimatum faktisch ab. Der schon mehrfach verschobene Einmarsch erfolgte am 1. September.

So unbestreitbar dieser Einmarsch, richtiger die bewaffnete Invasion, sich als eine völkerrechtswidrige Handlung darstellt und so unbestreitbar die deutsche Verantwortung hierfür ist, so muß es doch gestattet sein, ein paar Fragen zu stellen: Fragen, wohlgemerkt, aus der Perspektive des 31. August 1939.

Eine alberne Frage?

Zunächst eine Frage, die albern scheint und albern bleibt, aus welcher Perspektive sie auch gestellt sein mag. Wem hätte damals Danzig "eigentlich" zugesprochen werden müssen, also "rein rechtens", ganz "objektiv und unabhängig" betrachtet?

Diese Frage stellt auf den möglichen Wegen zu ihrer Beantwortung so viele Hürden auf, daß sie dabei auf der Strecke bleibt.

Auf dem historischen Weg wäre da die Frage nach dem Ersterwerber. Jeder "erste" ließe und läßt aber die Frage nach einem Vorgänger offen. So lange, bis sich die Forschung nach dem früheren in das Dunkel, in die Nacht der Vorzeit verliert.

997 wurde Danzig zuerst als Stadt unter polnischem Namen erwähnt. Aber was war mit dem Handelsplatz daselbst, etwa zur Zeit der römischen Kaiser? Diese Prioritätskonflikte zwischen Slawen und Germanen bleiben wohl ewig ungelöst.

Und was wäre mit der Frage nach dem Längstbesitzer? Müßte er nicht den Zuspruch erhalten? Etwa, wenn die Summe seiner Besitzjahre größer ist als die seiner Mitbewerber? Auch dann, wenn diese Jahre sich in viele Zeitfetzen aufsplittern? Auch, wenn sie in der Hauptsache im Mittelalter oder noch davor liegen? Auch, wenn sie, wie im Falle Danzigs, zu verschiedenen Herzögen gehörten, zwischen dem polnischen König und dem Markgrafen von Brandenburg strittig waren, vom Deutschen Orden mit Waffengewalt erworben, sich unter diese, mal unter jene "Oberhoheit" zu beugen hatten?

Auf dem ethnologischen Wege wäre diese Frage sofort zu beantworten. Denn seit Jahrhunderten beträgt die deutsche Mehrheit hier mehr als 90 %. In früheren Zeiten aber war die Frage nach der ethnologischen Zugehörigkeit irrelevant. Erst seit den Dreißiger Jahren des 19. Jahrhunderts drang die Bedeutung der Nationalität ins allgemeine Bewußtsein.

Mit Sicherheit aber würde das moderne Polen einem Deutsch-Votum-Danzigs keine Beachtung schenken, ein dahin ergehendes Urteil als nicht rechtens betrachten.

So bliebe denn der Weg der technisch-ökonomischen Rationalität. Wer braucht Danzig nötiger? Und hier ergäben sich ungezählte Lösungsmöglichkeiten, für jede Art und Menge von Bedarf. Lösungen, die sich mit der ethnologischen Lösung durchaus vereinbaren ließen, ohne unbedingt ein Übermaß an "gutem Willen" zu erfordern.

Aber ohne ein Mindestmaß ginge es freilich auch nicht. Unwahrscheinlich, daß ein traditionell imperialistisches Polen jemals ein solches Mindestmaß würde aufbringen wollen. Daß es, durch die Garantien gestärkt, sich stark genug fühlte, nicht wollen zu müssen, war einer der Anlässe zur Invasion; wie diese ihrerseits einer der Anlässe zum Weltkrieg Nummer Zwei.

3.) Gewissensfragen um Weltkrieg Nr. 2

Das Fazit aus dem Beweisbogen und aus der Antwort auf die alberne Frage: Maßgebende Wirtschafts- und Finanzmächte in den USA, die bereits den Eintritt in den Ersten Weltkrieg bewirkt hatten, bewogen den US-Präsidenten als ihren Sprecher, die britischen Staatsmänner auf Kriegskurs gegen den gefährlichen Handelskonkurrenten Deutschland einzustimmen und darin zu bestärken. Die Briten, um ihr geheiligtes Mächtegleichgewicht besorgt, akzeptierten dankbar diese Partnerschaft der USA. Mit Frankreich an der Seite, bestärkten sie Polen, den völkerrechtsgemäßen Forderungen Deutschlands nicht nachzugeben. Mit ihren Garantien taten sie so, als wollten sie Polens Freiheit schützen und möglicherweise Deutschland von einem Krieg abhalten.

Beides verkauften sie der Weltöffentlichkeit als Ausfluß höchster Moral. Und das, obgleich sie wußten, ihr Garantieversprechen nie erfüllen zu können; dafür aber Deutschland an der Wahrnehmung seiner elementaren Rechte zu behindern.

Deutschland, seit zwanzig Jahren, nämlich seit Versailles, in so vielen Fragen an der Nase herumgeführt, wollte nun den Polen mit Gewalt nehmen, was sie nicht gewaltlos hergeben wollten.

Es empfand: diese seine Gewalt, die einen Unrechtszustand abschaffen soll, ist nicht unmoralischer, als die angedrohte Gewalt, mit der die Gegenseite einen völkerrechtswidrigen Zustand aufrechterhalten will. Und es wußte außerdem: die Gewalt der Gegenseite ist gar nicht realisierbar, warum also noch zögern?

Würde sich übrigens nicht auch jeder Brite, jeder Franzose am Ende die Frage vorlegen müssen:

Was würde ich selbst für rechtens und moralisch ansehen, wären Southampton oder Marseille von England oder Frankreich genau so abgetrennt wie Danzig von Deutschland? Hätten sich alle Bemühungen um eine friedliche Vereinigung zerschlagen, legitmierten mich dann nicht Menschen- und Völkerrecht, mir mit Gewalt zu holen, was man mir rechtswidrig vorenthält?

Wer könnte ernstlich daran zweifeln, daß die Antwort mehrheitlich JA hieße?

War es also nach normalen Maßstäben wahrscheinlich, daß eine deutsche Invasion notwendigerweise größere Kriegshandlungen nach sich ziehen würde oder gar müßte? Wie oft wurde in der Weltgeschichte mit ähnlichem gedroht, ohne daß es glücklicherweise auch immer eingehalten worden wäre? Lagen hier Moral und Recht nicht viel zu eindeutig vor jedermann offen zu Tage? Könnten und würden sich England und Frankreich einen Krieg als völkerrechtliche Repressionsmaßnahme überhaupt leisten können?

Hören wir zu diesem Komplex einmal einen ausgewiesenen Fachmann, Liddel Hart, den "bedeutendsten, zeitgenössischen englischen Kriegsgeschichtler", als den Field Marshal Montgomery of Alamein ihn gerühmt hat: "Niemand, der die Situation nach militärischen Gesichtspunkten wog, konnte sich als wahrscheinlich vorstellen, daß England und Frankreich Polen wirklich bis zum Kriege inclusive unterstützen würden - in dieser hoffnungslosen strategischen Lage, wenn Rußland auch noch dazu bewogen werden konnte, abseits zu stehen."

Nun kann und darf sich ein Kriegsgeschichtler vieles als extrem wahrscheinlich vorstellen. Er wird es mit Fassung ertragen, wenn trotzdem das extrem Unwahrscheinliche eintritt, - es sei denn, solche Irrtümer begegneten ihm zu oft.

Der verantwortliche Staatsmann aber steht und fällt mit der Richtigkeit seiner Vorhersage. Hitlers Vorhersage war falsch. Das war sein Fehler und ist zu Kriegsbeginn seine Hauptschuld.

Wollte Hitler den Weltkrieg?

Wie nun aber, wenn er die Folgen aus den Garantien richtig eingeschätzt und einen "richtiggehenden" größeren Krieg voll einkalkuliert haben sollte?

Dagegen sprechen bereits schon die nackten Tatsachen: 1939 hatte Deutschland nur 75 Divisionen mit einem Friedensheer von 400.000 Mann. Polen hatte 1.5 Millionen Soldaten, Frankreich 2.7 Millionen mit einer sehr viel stärkeren Panzerwaffe. Die britische Flotte war unvergleichlich viel stärker als die deutsche.

Der britische Historiker Taylor urteilte: "Sogar 1939 war die deutsche Wehrmacht für keinen längeren Krieg ausgerüstet, und 1940 waren die deutschen Landstreitkräfte den französischen in allem unterlegen, mit Ausnahme der Führerschaft... Und der deutsche Rüstungsstand von 1939 bietet den entscheidenden Beweis, daß Hitler keinen allgemeinen Krieg und wahrscheinlich überhaupt keinen Krieg beabsichtigte." (Probably not intending war at all.")

Zur Abrundung noch die Urteile dreier Fachautoritäten:

Generaloberst Beck, Generalstabschef:

"Die wehrwirtschaftliche Lage Deutschlands ist schlechter als 1917/18".

General Thomas, Wirtschaftssachverständiger der Wehrmacht: "Kriegsvorbereitungen sind praktisch nicht erfolgt, sondern zum größten Teil erst im Laufe des Krieges improvisiert worden."

Poensgen, Generaldirektor der wichtigsten deutschen Rüstungsschmiede behauptete bis Kriegsausbruch, es könne nicht zum Kriege kommen, denn Deutschland sei bei weitem nicht ausreichend gerüstet und verwende nur 4 % der Stahlerzeugung für die Rüstung.

Weltmacht oder Weltherrschaft?

Wenn nun die Tatsache eine so deutliche Sprache reden, erscheint dann die Entstehungsgeschichte des Zweiten Weltkrieges nicht in einem anderen Licht? Nicht unbedingt, denn das Licht wurde von vornherein energisch korrigiert. Der Krieg ging ja angeblich nicht nur um Freiheit und Ehre Polens. Polen hatte zu existieren aufgehört, als auch die Sowjetunion einmarschiert war.

Nein, jetzt ging es darum, den Krieg gegen Deutschland zum Siege zu führen, auf daß es nicht die ganze Welt unterjoche und ihr das NS-System überstülpe. Denn dies und nichts anderes sei Hitlers wahres Ziel.

Das habe er zwar nicht gesagt, aber bereits durch seine Taten bewiesen: Er habe das Rheinland besetzt, Österreich, Sudetenland, Memelgebiet, Protektorat dem Deutschen Reiche einverleibt; alles Verstöße gegen das Vökerrecht, auch wenn das tausendmal früher Herzogtümer des Deutschen Reiches gewesen sein mochten...

Und auch wenn ein jedes der bereits existierenden Weltreiche, Großbritannien, USA, Frankreich, Sowjetrußland usw. durch gleiche Frevel gegen das Völkerrecht jeweils um ein mehrfaches größer geworden sein mochte als dieses Großdeutsche Reich.

Und wenn dieses selbst nichts anderes erstreben sollte, als eine ebensolche Großmacht zu werden, so mußte man dies doch in "Weltherrschaft" umetikettieren, um diesen Krieg zu rechtfertigen, andernfalls man ja mit derselben Begründung auch alle anderen Großmächte hätte bekriegen müssen.

Balance of power

Churchill selbst hat in lichten Momenten derartige Einsichten geäußert, sofern er überzeugt sein konnte, hiermit seiner eigenen Kriegspropaganda nicht zu schaden.

Eine geradzu klassische Formulierung dieses Sachverhaltes fanden wir in THE NINETEENTH CENTURY, September 1943:

"England kämpft, um die "balance of power" aufrechtzuerhalten - aus diesem Grunde und aus keinem anderen. Die allgemeine Ansicht, daß Deutschland diesen Krieg (von 1939) begann, um die Welt zu beherrschen, ist unserer Meinung nach falsch. Deutschland wünschte, eine Weltmacht zu sein, aber Weltmacht und Weltherrschaft sind nicht dasselbe... Auch wenn Deutschland das Modell einer Demokratie gewesen wäre und England von einem politischen System, das dem System Hitlers geglichen hätte, beherrscht worden wäre, würde England trotzdem unter Zwang gestanden haben, das Gleichgewicht Europas aufrechtzuerhalten... Ein despotisches Deutschland, das nicht stark ist, ist besser, als ein liberales Deutschland, das zu stark ist."

Jeder war "schuld"

Halten wir ein mit unseren Überlegungen über Ursache und Anlaß, die zum Zweiten Weltkrieg führen mußten und geführt haben. Sowohl aus der Perspektive weit vorausblickender Staatsmänner seit 1919 bis 1939 wie aus der wissenschaftlichen Retrospektive seitdem.

Sind auch Nuancen manchen Einzelfaktums vielleicht anders interpretierbar, so ergeben die Fakta in summa doch zweifellos ein Bild, das es unmöglich macht, die Alleinschuld ausschließlich der deutschen Seite zuzuweisen. Bei vernünftiger Betrachtung sine ira et studio wird das jeder gerecht und billig denkende zugeben müssen.

Wie die Schuld unter den Beteiligten im einzelnen zu verteilen wäre, wird allerdings noch lange strittig bleiben.

Ganz unstrittig aber dürfte sein, daß von einer Alleinschuld des deutschen Volkes schon gar keine Rede sein kann. Und daß der Begriff einer "Schuld" im christlichen Sinne, die also durch "Sühne" zu tilgen wäre, sich immer nur auf den einzelnen Menschen beziehen kann. Auf ein Kollektiv bezogen, wird er deformiert und stiftet nur Verwirrung.

4.) "Barbareien"?

Bekanntlich wirkt eine Lüge um so glaubhafter, je mehr Details sie umgeben.

Darum begnügt man sich auch nicht, der Welt die Lüge von der deutschen Alleinschuld immer und immer wieder ins Gedächtnis zu rufen. Wo immer nur möglich, garniert man sie mit konkreten Kriegsgeschehnissen, die in der Verkleidung von Kriegsverbrechen dem deutschen Alleinschuldkonto angelastet werden. Hier die bekanntesten "Verbrechen":

Guernica

Eines der prominentesten Beispiele hierfür entstammt sogar den Vorkriegsjahren, als General Franco in seinem Kampf gegen die Roten Brigaden deutsche und italienische Schützenhilfe erhielt. Am 26. April 1937 wurde dabei die baskische Stadt Guernica mit Bomben belegt.

Noch am selben Tag ging es wie ein Sturmwind um die Welt, dessen Wehen bis zum heutigen Tag immer wieder lebendig wird, meist im Zusammenhang mit Pablo Picassos berühmtem Riesengemälde GUERNICA. Als Sachverhalt stehe "unwandelbar fest", daß deutsche Maschinen diese heilige Stadt der Basken, obzwar offen und unverteidigt, dem Erdboden gleichgemacht und dabei Tausende Einwohner getötet hätten. Als "erstes Flächenbombardement der Kriegsgeschichte" ein barbarisches Kriegsverbrechen, "jedes Jahr ein Anlaß zur Besinnung..." Und in der Tat wird dieses "Sachverhaltes" alljährlich seit über einem Halbjahrhundert gedacht.

Demgegenüber stehen ebenso lange folgende Tatsachen fest: Guernica war "der Schlüsselpunkt der baskischen Front vom 25. April"; Besetzt und verteidigt von acht baskischen und zwei Bataillonen aus Santander; über den Bahnhof liefen Truppen- und Munitionstransporte, über die Brücke ging der Vormarsch der roten Einheiten. Um die Zahl von Tausenden Toten glaubhaft zu machen, wurden die Einwohnerzahlen künstlich überhöht angegeben und behauptet, es sei außerdem Markttag gewesen. Dieser war allerdings an diesem Tage wegen der Nähe der Front ausgefallen. Die Gesamtzahl der Todesopfer lag zwischen zweihundert und zweihundertfünfzig. Die Größe des Gebäudeschadens erklärt sich aus dem überwiegenden Holzbau, der Enge der Straßen, dem Mangel an Feuerlöschmitteln und der Tatsache, daß in der Stadt durch Dynamiteros zahlreiche Sprengstofflager angelegt waren, die während des Luftangriffes in die Luft gingen oder möglicherweise beim Abrücken der Roten zur Explosion gebracht wurden.

Tschenstochau

Erwartungsgemäß hatte Polen seitens der Garantiemächte keine Unterstützung erhalten und binnen zweier Wochen sein Feldheer verloren. Da ging schon gleich mit Kriegsbeginn die Nachricht um die Welt, deutsche Soldateska habe das polnische Nationalheiligtum, die Wallfahrtskirche und die Schwarze Madonna von Tschenstochau, zerstört. Eine eindrucksvolle Lüge, die noch sofort an Ort und Stelle durch Inaugenscheinnahme der internationalen Öffentlichkeit widerlegt werden konnte.

Warschau

Inzwischen war Warschau mit einer Besatzung von 100.000 Soldaten zur Verteidigung eingerichtet worden. Nach wiederholten Aufforderungen zur Übergabe und nach der Ablehnung, einen deutschen Parlamentär zu empfangen, wurden am 16. September 1939 über Warschau Flugblätter abgeworfen mit der Forderung nach kampfloser Übergabe binnen 12 Stunden. Bei Weigerung solle die Zivilbevölkerung binnen weiterer 12 Stunden die Stadt auf bestimmten Straßen verlassen.

Am 17. September bat der Warschauer Stadtkommandant, seinen Parlamentär zu empfangen. Obgleich akzeptiert, erschien dieser nicht; hingegen wurde die polnische Zivilbevölkerung zu härtestem Widerstand aufgerufen. Darum begann am 25. September der Großangriff auf Warschau zu Lande und aus der Luft. Wenn hierbei auch in Ausnahmefällen Kirchen und Hospitäler beschädigt wurden, so deswegen, weil die Verteidiger ihrer Kennzeichnungspflicht nicht nachgekommen waren. Der dortige französische Luftattaché bestätigte in seinem Bericht ausdrücklich: "Die deutsche Luftwaffe hat die Bevölkerung nicht angegriffen", sie "hat nach den Kriegsgesetzen gehandelt... "nur militärische Ziele angegriffen." -

Trotzdem werden diese völkerrechtlich voll gedeckten militärischen Maßnahmen bis zur Gegenwart ebenfalls als barbarische Vergewaltigung einer friedlichen offenen Stadt gebrandmarkt. Und das nicht nur von Seiten des "Feindes", sondern mehr und dezidierter noch von unseren deutschen Medien.

Rotterdam

Wie Warschau, so war auch Rotterdam bei Beginn der deutschen Offensive eine verteidigte Stadt, die sich also nicht auf den Schutz durch die Haager Landkriegsordnung berufen konnte.

Dennoch forderte der deutsche Befehlshaber sie mehrfach zur Übergabe auf. Als diese nicht erfolgte, kam es zu einem Ultimatum; dann auf holländisches Ersuchen zu einem weiteren Aufschub mit Waffenruhe. Von diesem neuerlichen Aufschub konnte der bereits am Vortage angeforderte Bomberverband nicht mehr benachrichtigt werden. In letzter Sekunde unaufhörlich abgefeuerte rote Leuchtkugeln wurden durch die Rauchentwicklung eines seit Tagen im Hafen brennenden Passagierdampfers überdeckt.

So kam es durch Ausfall exakter Nachrichtenübermittlung zur Ausführung des zwar vorher geplanten, aber aufgeschobenen Angriffs, der nach Lage der Dinge "als Teil der taktischen Offensive" völkerrechtlich gedeckt war.

Da die deutsche Führung es verabsäumte, die unglückselige Verknüpfung von Nachrichtenpannen untersuchen und der Weltöffentlichkeit zugänglich zu machen, ermöglichte sie der feindlichen Seite, eine ebenfalls bis heute virulente Propagandalüge zu verbreiten:

So wiederholte Associated Press noch im Mai 1969 folgende Behauptung: "Deutsche Bomber töteten am 14. Mai 1940 in Rotterdam 30.000 Menschen."

Auf vorgebrachte Zweifel räumte der General News Editor ein, Opfer einer "sonst zuverlässigen" Quelle geworden zu sein. Nach der Encyclopedia Britannica seien es nur 900 gewesen; diese Tatsache sei jetzt in seinen Akten vermerkt.

Auf weitere Nachforschungen hin stellte das Niederländische Staatliche Institut für Kriegsdokumentation im November 1977 fest, die genaue Zahl der getöteten Zivilisten sei noch immer nicht bekannt, die "beste Schätzung" besage "über 600 und weniger als 900!"

Wen wollte es wunder nehmen, daß die noch heute im Schwange befindlichen um das Dreißigfache höheren Horrorzahlen sich dem Erinnerungs- und Vorstellungsfeld der Journalisten lieber, leichter und nachdrücklicher einverleiben als die kleineren?

Als ebenso "selbstverständlich" erscheint, daß für Entstehung und Verschärfung des allgemeinen deutsch-englischen Luftkrieges ab 1940 die deutsche Seite mit der Hauptschuld belastet wird.

Demgegenüber ist festzustellen, daß bis zum 10. Mai 1940, dem Beginn der Großoffensive gegen Frankreich, von beiden Seiten nur Aufklärungsflüge durchgeführt wurden, abgesehen von englischen Bombenangriffen auf militärische Ziele im September 1939.

Beide Luftwaffen folgten dem Völkerrecht. Der britische Premier Chamberlain hatte erklärt, niemals Terrorangriffe auf Zivilpersonen zu unternehmen.

Und auch Hitler hatte durch einen strikten Befehl jeden Bombenangriff auf englische Landziele, selbst auf Hafenanlagen und Kriegswerften, verboten.

Das änderte sich grundlegend, als am 10. Mai Churchill Premierminister wurde. Bereits in der ersten Nacht eröffnete er den strategischen Luftkrieg gegen das deutsche Festland. (36 Bomber gegen Mönchen-Gladbach). Und zwar mit Nachtangriffen, die dem Kriegsrecht widersprachen, da eine Unterscheidung friedlicher von militärischen Zielen bei Nacht damals nicht möglich war. So wurden in den ersten drei Nächten von 71 Luftangriffen 51 auf ausgesprochen nichtmilitärische Ziele gezählt. Allerdings hatte die englische Regierung auch am 10. Mai erklärt, daß sie sich das Recht zu allen Maßnahmen vorbehalte, die ihr zweckmäßig erschienen.

Über den Luftangriff vom 10. Mai urteilte der britische Jurist F.J.P. Veale: "... damit wurde zum ersten Male vorsätzlich jene Kriegsregel durchbrochen, die besagt, daß Kriegshandlungen sich nur gegen bewaffnete Kräfte des Feindes richten dürfen."

Daß Deutschland bislang nicht zurückschlug, unterstreicht der hervorragende Militärschriftsteller Liddel Hart: "Zu einer Zeit, als er überlegene Bomberstreitkräfte hatte, war Hitler bemerkenswert zurückhaltend, sie gegen die Städte seiner Gegner einzusetzen. Und in den Glanztagen seiner Macht versuchte er wiederholt, zu einem Waffenstillstand im Städtebombardement zu gelangen. Weder wir Engländer noch die Amerikaner, als sie in den Krieg eintraten, wurden durch solche berechnenden Überlegungen über die schließlichen Wirkungen solcher grenzenlosen Massenvernichtung zurückgehalten."

Übereinstimmend schreibt der britische General Fuller: "Hitler schlug zunächst nicht zurück, aber es ist kein Zweifel, daß diese Angriffe auf westdeutsche Städte ihn förmlich darauf hinstießen, nun auch seinerseits zum Angriff überzugehen."

Vergeltung zur Luft

So verkündete Hitler am 4. September 1940 öffentlich, er habe englische Bombardements auf zivile Wohnviertel seit drei Monaten unbeantwortet gelassen und werde ab sofort Nacht für Nacht Antwort geben. Drei Tage drauf kam es zum ersten Großangriff auf London, dem dann weitere folgten, immer ausdrücklich als Repressalien im Sinne des Völkerrechts vorgestellt.

Die britischen Generale Fuller und Spaight und auch der Nobelpreisträger Blackett bezeichneten diese Vergeltungsmaßnahmen gegen London als rechtens, insbesondere, da die Deutschen "vor unserem 6. Angriff auf Berlin angekündigt hatten, sie würden zurückschlagen, wenn wir unsere Angriffe nicht einstellten."

Im Gegensatz hierzu schildert Churchill in seinen Erinnerungen, warum er damals die Befehle zum Bombenkrieg auf zivile Ziele gegeben habe: "Die Hungerblockade ist unwirksam geworden, aber es gibt etwas, was den Gegner ebenso niederzuwerfen vermag: das ist ein alles vernichtender und alles ausrottender Luftkrieg mit ganz schweren Bombern von England aus gegen das Nazi-Heimatland."

Coventry

Um das Gemüt der Briten auf derartige "ausrottende Luftkriege" einzustimmen, war jedes Mittel recht.

So bekam der britische Secret Service am 14. November 1940 bereits etwa 7 Stunden früher Kenntnis von dem geplanten deutschen Nachtangriff auf Coventry. Dies geschah mit Hilfe der deutschen Codiermaschine ENIGMA, in deren Besitz sich die Briten seit etwa zwei Jahren gesetzt hatten. Statt an den Bürgermeister von Coventry ging diese Meldung an Churchill, der nun reichlich Zeit gehabt haben würde, durch Evakuierungsmaßnahmen Tausenden Menschen Leben und Gesundheit zu retten.

Da hierdurch aber Deutschland die getarnte Indienstnahme der Enigma durch die Briten möglicherweise hätte erkennen können, entschied Churchill gegten die Evakuierung.

Er bewahrte das Geheimnis von Enigma und bezahlte dafür mit 380 Toten und 800 Schwerverletzten, die er dafür als unschuldige Opfer barbarischer Luftpiraterie aufs deutsche Schuldkonto setzte.

Verschwiegen wurde und wird bis heute, daß Coventry einen Schwerpunkt der britischen Flugmotoren- und Autoindustrie darstellte und daß der Angriff eine zwanzigprozentige Einschränkung der britischen Flugzeugproduktion zur Folge hatte. Das vielgeschmähte "Coventrieren" war also in Wahrheit Kriegshandlung gemäß dem Völkerrecht, für die allerdings ein deutsches Staatsoberhaupt noch nach einem halben Jahrhundert eine Reue- und Bußaktion zelebrierte.

Lügen um Dresden

Zum traurigen Höhepunkt der systematischen Menschenschlächterei aus der Luft wurde die militärisch völlig sinnlose Verwüstung Dresdens. Zum traurigen Tiefpunkt allerdings, was die Zahl der von deutschen Medien permanent genannten Todeszahlen anbetrifft: sie werden nämlich immer nur mit 35.000 beziffert.

Was aber stets verschwiegen wird, ist, daß es sich bei dieser Zahl nur um voll identifizierte Opfer handelte. Hinzu kommen noch 50.000, die nur teil-identifiziert waren (durch persönliche Erkennungszeichen, Eheringe usw.), sowie 168.000, an denen nichts mehr zu identifizieren war.

Insgesamt also in Wahrheit 253.000 Todesopfer, ermittelt durch die für die Bergung Verantwortlichen (Verwaltungsdirektor der Stadt sowie Erster Generalstabsoffizier im Verteidigungsbereich Dresden) und von ihnen amtlich als letzte Zahlen Ende April 1945 "nach oben" gemeldet.

Moral als Ziel

Ich habe die vorstehend angedeuteten deutschen "Greueltaten zur Luft" mit den Tatsachen konfrontiert und entsprechend korrigiert. Auch in ihrer aufgeblähten Propagandagestalt schrumpfen sie zu einem Nichts im Vergleich zu dem völker- und menschenrechtswidrigen Luftterror der Alliierten.

Denn am 14. Februar 1942 hatte auf Betreiben Churchills das britische Kriegskabinett beschlossen, "daß das Hauptziel der Operationen die Moral der feindlichen Zivilbevölkerung, vor allem der industriellen Arbeiterschaft sein sollte."

So kam es zu immer verheerenderen Flächenbombardements vor allem auf dichtbesiedelte Arbeiterwohnviertel, denen am Ende Millionenheere von Toten, Verwundeten, Obdachlosen zum Opfer fielen. Militärisch sinnlos, da die deutsche Rüstungsindustrie noch bis in den Januar 1945 hinein steigende Produktionszahlen vorweisen konnte.

Nochmals, es ging in diesem Zusammenhang nicht darum, alliierte Kriegs- und Menschlichkeitsverbrechen aufzulisten. Vielmehr geht es darum, die Fälle zu notifizieren, an denen die feindliche Propaganda das deutsche "Verbrechertum" bzw. unsere "Alleinschuld" mit besonderem Nachdruck aufgehängt hat und noch aufhängt. Einige weitere prominente Beispiele:

Katyn

Da waren 1940 rund 15.000 kriegsgefangene polnische Offiziere auf Befehl Stalins durch Genickschuß ermordet und in einem Walde bei Katyn verscharrt worden. Dieses Verbrechen wurde prompt uns Deutschen in die Schuhe geschoben und noch vor dem Internationalen Militärtribunal zu Nürnberg zum Anklagepunkt gemacht. Es dauerte fast ein halbes Jahrhundert, bis die

Sowjets ihre Schuld zugaben und die Gedenktafeln an das "deutsche Verbrechen" beseitigten.

Deutsche "Kriegsüberfälle"

Daß Deutschland am 6. April 1941 in Jugoslawien und Griechenland einmarschierte, also über viel schwächere Staaten herfiel, gilt als ein besonders charakteristisches Zeichen für deutsche Kriegslust.

Daß man hiervon trotzdem in der öffentlichen Meinung keinen sonderlichen Gebrauch macht, liegt an der allgemeinen Einsicht, daß diese durch England provozierten Feldzüge a priori allen deutschen Interessen sogar zuwiderliefen. Obgleich schnell siegreich beendet, waren sie geeignet, das Gelingen des hierdurch aufgeschobenen größeren "Verbrechens" ernstlich zu gefährden.

Denn daß die Deutsche Wehrmacht am 22. Juni 1941 zum Angriff auf die mächtige Sowjetunion antrat, gilt noch heutigen Tages als heimtückischer, feiger Überfall auf einen nichtsahnenden, friedliebenden Staat.

Tatsache ist, daß die sowjetische Massenproduktion von Panzern und Flugzeugen schon lange Jahre vorher auf rein offensiven Einsatz gezielt war.

Das gleiche galt für die Massenproduktion von Segel- und Gleitflugzeugen; auch standen mehr als 200mal so viele Fallschirmspringer zur Verfügung wie sie die übrige Welt hatte.

Vor allem war die gesamte sowjetische Westgrenze in ihrer Infrastruktur ausschließlich darauf eingerichtet, Hinterland für eigenen Nachschub in Richtung Westen darzustellen. Seit Juni 1941 wurden ungeheure Truppenbewegungen beobachtet. Alle Transporte und Bereitstellungen, Reserven und hierfür mobilisierte Aufwendungen deuteten daraufhin, daß die Sowjets ihre Großoffensive zwischen dem 6. und 10. Juli 1941 begonnen haben würden, wären ihnen die Deutschen nicht zuvorgekommen. Das bezeugen nicht nur der deutsche Generalstab, die Abteilung Fremde Heere Ost, sondern (lange vor der Wende) maßgebende sowjetische Generale und Kriegsakademiker.

Daß Deutschland am 11. Dezember 1941 den Krieg an die USA erklärte, könnte man als krankhafte Entartung von deutscher Kriegslust deuten, wäre nicht jedem offenbar, daß hier endlich der Punkt erreicht war, langjährigen Kriegsprovokationen der USA nicht mehr tatenlos zuzusehen. Mehrere Jahre hatte Roosevelt alles daran gesetzt, Japan und Deutschland zu einer Kriegserklärung zu bewegen.

Denn er war bekanntlich zum Präsidenten nur gewählt worden, weil er seinen Landsleuten hoch und heilig geschworen hatte, die USA nie in einen Krieg zu führen. Seit 1940 setzte er daher alles daran, Deutschland und Japan offen zu provozieren, ihrerseits mit dem Krieg gegen die USA zu beginnen.

Entgegen allen Neutralitätsverpflichtungen hatte er von Anfang an Waffen an England geliefert, zuerst "Cash and Carry", dann "Lend and Lease". Später tauschte er 50 US-Zerstörer gegen eine Insel in der Karibik. Dann spendierte er der Sowjetunion, als sie in den Krieg eintrat, eine Anfangslieferung an Waffen, Flugzeugen, Panzern, Textilien von 1 Milliarde Dollar ohne Gegenleistung. Auch hatte die US-Atlantik-Flotte Anweisung, deutsche Schiffe und Flugzeuge zu verfolgen und deren Bewegungen alle vier Stunden den Briten per Funk zu melden. Schließlich landeten in Island US-Truppen, um die dort stationierten 15.000 Briten abzulösen...

Hitler hingegen hatte strikte Befehle an die deutsche Kriegsmarine erteilt, sich durch nichts zu einer bewaffneten Konfrontation hinreißen zu lassen. Zu Roosevelts Ärger wurden sie strikt befolgt.

Als auch Japan auf ähnliche Provokationen nicht die gewünschte Reaktion zeigte, verschärfte Roosevelt die wirtschaftlichen Repressionen bis zur Handels- und Ölsperre und zum ultimativen Abbruch aller Verhandlungen, der Japan vor die Alternative stellte, bedingungslos zu kapitulieren oder anzugreifen.

Über die Dechiffriermaschinen für den japanischen Geheimdienst erfuhren Washington, die Philippinen und auch London alle Einzelheiten der sich zuspitzenden Lage, endlich auch Zeitpunkt und Stärke des bevorstehenden Angriffs auf Pearl Harbour.

Nur dem dort befehlshabenden Admiral wurde sowohl ein solches Dechiffriergerät wie auch jede Information vorenthalten.

Ihr Überfall sollte den Japanern so leicht wie möglich gemacht werden. Sie sollten bei geringem eigenen Schaden möglichst große Verluste verursachen, um dadurch endlich Kriegsbegeisterung und Rachegefühle der Amerikaner zu wecken.

Wie es geplant war, so geschah es. (7. Dezember 1941). Endlich durfte Roosevelt Japan den Krieg erklären. Er bekam ihn damit endlich auch gegen Deutschland.

Seine Frau Eleanor konnte 1949 in ihren Erinnerungen notieren, daß der Präsident, als er die Nachricht erhalten, so heiter war wie seit langem nicht. Öffentlich aber bezichtigte er Japan empört eines heimtückischen Überfalls, der die USA fünf stolze Schlachtschiffe und mehr als 3300 Tote gekostet habe.

Lidice

Das "Massaker von Lidice" (4. Juni 1942) ist bereits (siehe S. 193 ff.) als eine durch das Völkerrecht gedeckte Vergeltungsmaßnahme gegenüber mutmaßlichen Mittätern am Bombenanschlag gegen den stellvertretenden Reichsprotektor vorgestellt worden.

Laconia

Nach dem 12. September 1942 wandte sich das "Weltgewissen" empört gegen die deutsche Kriegsmarine. Sie dürfe laut neuestem Befehl künftighin Schiffbrüchige nicht mehr retten und bergen.

Tatsächlich hatte Großadmiral Dönitz einen solchen Befehl gegeben. Aber warum? Das deutsche U-Boot 156 hatte den britischen Truppentransporter Laconia versenkt und sofort durch offenen Funkspruch alle in der Nähe befindlichen Schiffe um Hilfe bei den Rettungsarbeiten ersucht. Als es selbst mit anderen U-Booten bis zur Grenze ihres Fassungsvermögens Schiffbrüchige aufgenommen hatte, wurde es mehrfach durch US-Bomber angegriffen. Der Großadmiral: Ich habe eigene U-Boote aufs Spiel gesetzt, um britische Schiffbrüchige zu retten; der Gegner hat deren Leben riskiert, um die U-Boote zu vernichten. Derartige Fälle mußten künftig ausgeschlossen werden. Daher dieser "grausame" Befehl.

Monte Cassino

Das berühmteste Kloster der katholischen Christenheit Monte Cassino sei am 15. Februar 1944 durch die deutsche Wehrmacht dem Erdboden gleichgemacht worden. Unwiederbringliche Kunstschätze seien dabei zugrunde gegangen.

Aber genau das Gegenteil war richtig: schon seit dem 15. Oktober 1943 hatte der damalige Major Julius Schlegel in Erkenntnis der drohenden Gefahr auf eigene Kappe fortwährend auf 120 Lastkraftwagen alle Kunstschätze in den Vatikan bringen lassen. So waren dem "überflüssigen und sinnlosen" Luftangriff nur die Gebäulichkeiten des ehrwürdigen Klosters zum Opfer gefallen, in dem sich übrigens seit langer Zeit kein deutscher Soldat mehr aufgehalten hatte.

Ardeatinische Höhlen

Im März 1944 habe der deutsche Major Kappler 335 italienische Zivilisten in den Ardeatinischen Höhlen bei Rom "ermorden" lassen. Hier handelte es sich ebenfalls um eine völkerrechtlich zulässige Repressalie für einen Bombenanschlag kommunistischer Partisanen, dem 34 Menschen sofort erlagen, 10 weitere danach den Folgen ihrer Verletzung. Mit der Erschießung von 335 Geiseln unterschritt Kappler die ihm befehlsmäßig auferlegte Repressalquote von 1:10, um deren weitere Milderung er sich bemüht hatte. Trotzdem billigte ihm das italienische Militärtribunal nur für die Tötung von 320 Geiseln Befehlsnotstand zu und erkannte wegen der anderen auf lebenslangen Kerker. Erst nach über 30 Jahren (1977) befreite ihn seine tapfere Frau in einer Nacht- und Nebelaktion; wenig später erlag er einem Krebsleiden.

War übrigens die Respressalquote von 1:10 eine spezifisch deutsche Bestialität? - Französische, englische und amerikanische Truppen verhängten beim Einfall in Westdeutschland weitaus grausamere: in Stuttgart 1:25, in Berlin 1:50, in Leutkirch, Saulgau und im ganzen Südharz 1:200.

Oradour

Bis zum heutigen Tage verdüstert das Gemetzel von Oradour die deutsch-französischen Beziehungen: Die Waffen-SS habe dort am 10. Juni 1944 alle Männer erschossen, dann die Frauen, Alten und Kinder in eine Kirche gesperrt und dort lebendigen Leibes verbrannt. Auch habe man Kinder in Backöfen gesteckt oder sie an Türen festgenagelt.

Die sich über viele Jahre hinziehenden Untersuchungen ergaben, daß Oradour ein Zentrum der französischen Partisanen (Marquisards) war, unter Führung des sowjetischen Hauptmanns Guingouin. Anrückende deutsche Truppen waren beschossen worden und hatten einen noch brennenden deutschen Sanitätskraftwagen vorgefunden. Darin sechs Deutsche gefesselt und bei lebendigem Leibe verbrannt. Etwa zur gleichen Zeit fanden sie einen höheren deutschen Offizier, ebenfalls eines qualvollen Todes gestorben.

Alle Akten zum Oradourprozeß wurden auf Weisung von Präsident de Gaulle bis ins 21. Jahrhundert unter Verschluß genommen. Die Angeklagten erhielten lediglich Gefängnisstrafen, kamen aber alle überraschend schnell wieder auf freien Fuß.

Oberstleutnant E. Matthes, der als aktiver Stabsoffizier der Bundeswehr 1963/4 vor Ort umfangreiche Ermittlungen anstellte, erfuhr vom Bürgermeister und von zahlreichen Augenzeugen aus der Bevölkerung, daß die Deutschen die Kirche nicht angesteckt, sondern sogar unter Lebensgefahr versucht hatten, Frauen und Kinder zu retten. Die starken Brände seien vor allem durch die explodierenden Munitionsvorräte der Partisanen verursacht worden.

In Anbetracht der heute noch im Schwange befindlichen Greuelnachrichten über Oradour, als das größte deutsche Kriegsverbrechen auf dem westlichen Kriegsschauplatz, sei auf Herbert Taeges eingehende Untersuchung WO IST KAIN hingewiesen, in der auch OTL Matthes' eidesstattliche Bekundungen über die Ergebnisse seiner Nachforschungen, besonders seiner Zeugeneinvernahmen, dokumentiert sind.

Marzabotto

Das angebliche Massaker an der Zivilbevölkerung von Marzabotto hielt vor allem die italienische Öffentlichkeit auf lange Jahre in Atem. Der deutsche Major Reder wurde dafür über 40 Jahre eingesperrt. In dieser Zeit gelang es in mühseliger Arbeit, trotz heftiger kommunistischer Sabotage, soviel Entlastungsmaterial vorzulegen, daß man Major Reder in seine österreichische Heimat entlassen mußte.

In Wirklichkeit hatte Reder mit seiner Einheit Marzabotto nie betreten. Vielmehr hatten sich einige Bürger der in der Umgebung kämpfenden Partisanenarmee angeschlossen, andere waren beim Vorrücken der Alliierten deren Bomben und Granaten zum Opfer gefallen. Die unbewiesenen Anklagen hatten zur Verurteilung genügt. Auch war unberücksichtigt geblieben, daß Reder bei allen seinen Einsätzen nicht einmal von berechtigten Repressalien Gebrauch gemacht, ja sogar gefangene Partisanen wie normale Soldaten behandelt hatte.

Malmedy

Weltweites Aufsehen erregte Sefton Delmers Nachricht im Soldatensender Calais, die Waffen-SS habe am 17. Dezember 1944 bei Malmedy über 1.000 wehrlose amerikanische Kriegsgefangene ermordet.

Als Tatsache wurde später ermittelt, daß die ca. 100 gefangenen Amis zunächst nach "rückwärts" weitergeschickt worden waren, da deren Offiziere sich ehrenwörtlich verpflichtet hatten, jede Kriegshandlung zu unterlassen.

Als einige Gruppen trotzdem plötzlich den Widerstand wieder aufnahmen, kam es zu Gefechten, denen 21 amerikanische Soldaten zum Opfer fielen.

Die “Eingeständnisse” weiterer “Erschießungen” wurden mit furchtbaren Foltermethoden erpreßt. So berichtet der US-Richter van Roden, bis auf zwei von insgesamt 139 untersuchten Fällen hätten alle “durch Fußtritte in die Hoden unheilbare Schäden erlitten.”

Der daraufhin 1946 in Dachau durchgeführte Malmedyprozeß endete mit 43 Todesurteilen, 22mal lebenslänglich, acht Zeitstrafen. Jahrelange Revisionsbemühungen rechtlich denkender US-Bürger blieben ohne Ergebnis, da zu keinem Urteil eine Begründung vorlag und eine Revisionsinstanz gar nicht vorgesehen war.

Immerhin war das Dachauer Urteil für das Nürnberger IMT ausreichend, die gesamte Waffen-SS zu einer “verbrecherischen Organisation” zu erklären. Und das genügt prominenten Deutschen noch heute “der” Waffen-SS pauschal ungezählte grausame Verbrechen zuzuschieben. Daß keines der sie “ahndenden” Dachauer Urteile jemals vollstreckt wurde, kann sie weder beirren, noch auch nur stutzig machen.

Daß sich die ehemaligen Alliierten nicht motiviert sehen, die aus wilder Kriegszeit stammenden Anschuldigungen gegen den deutschen Feind offen und feierlich zu dementieren, mag einleuchten. Weniger aber, daß deutsche Journalisten, Schriftsteller und Politiker förmlich miteinander eifern, diese meist längst widerlegten Propagandalügen unkritisch als eigenes Wissen in ihren Medien zu wiederholen und in antideutschem Sinne möglichst noch zuzuspitzen. Am wenigsten verständlich bleibt, daß sie im gleichen Takt alle Kriegsgreuel unserer früheren Gegner herunterspielen, wie z.B. besonders auffällig zum Thema des Luftkrieges und insbesondere der Vernichtung Dresdens. Am wenigsten verständlich? Doch wohl nur für den, der den Erfolg der Umerziehung nicht gebührend zu würdigen weiß...

Diese hatte bekanntlich mit dem IMT von Nürnberg begonnen. Hier wurden alle deutschen Hinweise auf Bestimmungen des Völkerrechts barsch zurückgewiesen, auf die sich sonst alle Kriegführenden von jeher hatten berufen dürfen. Schon gar nicht zugelassen wurden Hinweise auf Kriegsverbrechen gleicher Art von der Gegenseite. Begründung: dieses Argument TU QUOQUE (Du auch) würde deutsche Greueltaten nicht ungeschehen machen, und die allein stünden hier zur Anklage...

5.) Die Justizgroteske von Nürnberg

Das im November 1945 zusammentretende Internationale Militärtribunal (IMT) bündelte sämtliche tatsächlichen und vermeintlichen deutschen Schandtaten in vier Anklagepakete: Verschwörung gegen Frieden; Verbrechen gegen den Frieden; Verstöße gegen das Kriegsrecht; Verbrechen gegen die Menschlichkeit.

Gleichzeitig erfand es gänzlich neue Straftatbestände und verstieß bereits damit gegen einen der bedeutsamsten Rechtsgrundsätze NULLUM CRIMEN, NULLA POENA SINE LEGE (keine Strafe ohne zur Tatzeit bestehendes Gesetz). Darüber hinaus verstieß es flagrant gegen das rechtsstaatliche Gebot der Gewaltenteilung, vereinte es doch in sich Gesetzgebung, Anklage und Rechtsprechung.

Wie kam es zum IMT?

Wie das Ganze zustandekam, schildert ausführlich Nahum Goldmann, der langjährige Präsident des Jüdischen Weltkongresses, in seiner Autobiographie: Dieser Kongreß habe schon 1940 das "Institut für jüdische Fragen" geschaffen und es mit "entsprechenden Vorarbeiten beauftragt, daß die Naziverbrecher nicht ungestraft davonkamen."

Dann schreibt er: "Die Idee, Politiker und Militärs für Verbrechen gegen die Menschlichkeit gerichtlich zu belangen und zu verurteilen, war etwas völlig Neues im Völkerrecht. Viele Juristen, befangen in den Begriffen der alltäglichen Jurisprudenz, hatten ihre Zweifel oder waren gar ausgesprochen dagegen."

Goldmann nennt die "Nürnberger Prozesse einen der großen Marksteine in der Geschichte der internationalen Gerechtigkeit und Moral", die sich "auch in Zukunft zur Warnung und Abschreckung als sinnvoll erweisen" werden.

Von dieser Zukunft haben wir, hat der Leser, nun schon ein halbes Jahrhundert lang, ganz entgegengesetzte Erfahrungen einsammeln können.

Bombastische Anklagen

Dabei hatte sich der US-Ankläger, Justice Jackson, solche Mühe gegeben, als er am 21. November 1945 sagte: "Die Untaten, die wir zu verurteilen und zu bestrafen suchen, waren so ausgeklügelt, so böse, und von so verwüstender Wirkung, daß die menschliche Zivilisation es nicht dulden kann, sie unbeachtet zu lassen, sie würde sonst eine Wiederholung solchen Unheils nicht überleben."

Die Angeklagten, die er als "armselige Gestalten" bezeichnet, sind nach ihm "Sinnbilder eines wilden Nationalismus und Militarismus und all jener ständigen Umtriebe und Kriegstreiberei, die Generationen auf Generationen Europa in Kriege verstrickt, seine Männer vernichtet, seine Heimat zerstört und sein Leben arm gemacht haben."

Anklagen, deren bombastisches Wortgepränge es spielend mit dem der Sieger von 1919 aufnehmen konnte und die es nunmehr "nur noch" zu "beweisen" galt.

Geknebelte Verteidiger

Die unheilige Dreieinigkeit von Gesetzgeber-Ankläger-Richter schöpfte ihre Machtfülle in empörender Weise aus. Sie beschaffte sich jedes (auch gefälschtes oder durch Erpressung und Folter erlangtes) Anklagematerial, erschwerte und behinderte die Verteidigung, indem sie Akten unterdrückte und Entlastungszeugen gewaltsam fernhielt, ins Irrenhaus internieren oder bis zur Bewußtlosigkeit foltern ließ.

Daß Deutschland mehrfach und schwer gegen den "Vertrag von Versailles" verstoßen habe, war zwar ein Hauptanklagepunkt. Der Verteidigung aber wurde sofort das Wort entzogen, wenn sie aus ihrer Sicht auf Versailles zu sprechen kam.

Über derlei haarsträubende Vorgänge in diesem sogenannten Gerichtsverfahren liegen zahlreiche, dickleibige Dokumentationen vor, auf die ich den Leser verweisen möchte.

In diesem Zusammenhang möge genügen, daß ich den US-Richter Charles F. Wennerstrum vom Obersten Gericht in IOWA zitiere, der in Nürnberg z.T. als Präsident tätig gewesen ist: "Wenn ich vor sieben Monaten gewußt hätte, was ich heute weiß, wäre ich niemals hierher (nach Nürnberg) gekommen... Die ganze Atmosphäre hier ist ungesund. Es wurden Juristen, Schriftführer, Vernehmer und Ermittler beschäftigt, die erst in den letzten Jahren Amerikaner wurden. Ihre persönliche Vergangenheit war in den Haßgefühlen und Vorurteilen Europas befangen."

Der britische Richter Norman Birkett meinte, der IMT sei "nur der Form nach ein Gerichtsverfahren": Der britische Hauptankläger Lord Shawcross schrieb "von einer großen Enttäuschung"; insbesondere, bekannte er 1970, sei die "weitere Gefangenschaft von Hess" eine Beleidigung jeglichen Gerechtigkeitsbegriffes. Bekanntlich hielt man Heß bis zu seinem Tode im Kerker (1989), blieb der Hergang seines "Selbstmordes" bis heute ungeklärt.

Am Ende dieser alliierten Unrechtsjustiz wurden 866 "Naziverbrecher" hingerichtet, Tausende wurden zu langen Kerkerstrafen verurteilt. Das alles nicht nur, um vergangene Verbrechen zu sühnen, sondern auch um künftige zu verhindern: "auf daß nie wieder ein Krieg ausgehe von deutschem Boden..."

Diese infame Floskel wird heutzutage allgemein nachgebetet. Nicht zuletzt auch von allerhöchsten deutschen Würdenträgern. Infam deshalb, weil sie hintenherum suggeriert, daß Kriege in früheren Zeiten immer wieder oder doch zumeist von deutschem Boden ausgegangen sind.

6.) Goldmedaille fürs Kriegführen

Wären wir wirklich "kriegerischer", so müßte Deutschland (=Preußen) zumindest ebenso viele, wenn nicht mehr Kriege geführt haben als jeder unserer Nachbarn. Wenden wir uns also zunächst einmal diesen zu und zählen nach:

Da haben wir unseren angeblichen "Erbfeind" Frankreich. Es war seit etwa 1200 in den Hundertjährigen Krieg mit England verwickelt, der dann durch zahllose kürzere fortgesetzt wurde. Daneben und zwischendurch führte Frankreich weitere Kriege gegen Normandie, Burgund, Italien, Habsburg, Spanien, Niederlande, Persien und auch Preußen. Allein in dem Jahrhundert nach Napoleons Niederlage führte es acht Kriege, davon nur einen mit Preußen (1870). Und den hatte es selbst erklärt.

England führte seit 1588, da es die spanische Armada zerschlug, bis 1914 insgesamt vierzehn Kriege, davon keinen mit Deutschland.

Rußland führte zwischen 1815 bis 1914 im ganzen acht Kriege, aber keinen mit Deutschland (=Preußen).

Drei international bekannte Historiker gaben als Ergebnisse ihrer allgemeinen Analysen folgende Zahlen bekannt:

Kurt Arnade, jüdischer Professor an der Universität New York, zählte von 1480 - 1956 insgesamt 382 Kriege. Beteiligt waren:

	1480-1850	1851-1956	insgesamt
England an	58	20	78 Kriegen
Frankreich	53	20	73
Spanien	54	10	64
Rußland	50	12	62
Österreich	46	6	52
Polen	25	5	30
Deutschland (Preußen)	15	8	23

Professor Quincy Wright zählte von 1680 - 1940 287 Kriege, an denen teilnahmen:

England	zu 28 %
Frankreich	zu 26 %
Spanien	zu 23 %
Rußland	zu 22 %
Österreich	zu 19 %
Türkei	zu 15 %

Polen	zu	11 %
Italien	zu	9 %
Holland	zu	8 %
Preußen, Dtschl.	zu	8 %

Professor Pitirim Sorokin analysierte sogar zwölf Jahrhunderte bis zum Jahre 1925 und ermittelte, wie sich der Prozentsatz an Jahren verteilt, da sich die führenden europäischen Mächte im Krieg befanden:

Spanien	67 % Kriegsjahre
Polen	58 % Kriegsjahre
England	56 % Kriegsjahre
Frankreich	50 % Kriegsjahre
Rußland	46 % Kriegsjahre
Holland	44 % Kriegsjahre
Italien	36 % Kriegsjahre
Deutschland	28 % Kriegsjahre

Wer trotz dieser eindeutigen Ergebnisse darauf beharrt, Deutschland den Hauptanteil an Kriegsschuld zumessen zu wollen, ist damit immerhin von der schwachsinnigen These abgekommen, es trage die "Alleinschuld".

Er könnte aber vielleicht geltend machen, es komme weniger auf die Quantitäten der Zeit an als vielmehr auf den Geist, auf die innere Neigung, auf die Haltung, auf die Bereitschaft zum Tragen von Uniform und Waffe.

Das wäre freilich schwer abzumessen. Sollte man etwa die ruhmreichen Mitglieder der Jahrhunderte alten académie française als Militaristen einstufen, weil sie sich bei ihren Treffen in eine Uniform kleiden und mit einem Degen gürten?

Ist der Drill in der Fremdenlegion oder in der Roten Armee "friedlicher", als er "bei Preußens" war.

Sind die Phonstärken beim Gebrüll eines britischen Sergents schwächer, seine Paradegebärden ziviler als bei seinen deutschen Kollegen?

Liegt es vielleicht am Stolz auf eine ruhmreiche Vergangenheit? Aber wäre das etwas typisch Deutsches?

Ein so ziviler Geist wie der große schwedische Forscher Sven Hedin erzählte in seinem letzten Gespräch mit Hitler: "Unsere Trophäensammlung ist größer als die Deutschlands, Österreichs, Frankreichs, Englands, Italiens und Spaniens zusammengelegt."

Hitler rückte näher und rief aus: "Was, wie ist das möglich?" - "Sie brauchen nur die im Krieg genommenen Fahnen in unserem Zeugenhaus und anderen Sammlungen zusammenzuzählen, sie machen eine Zahl von über 4.000 Stück aus." - "Wunderbar, großartig", rief Hitler begeistert.

Wer die Alleinschuld vertritt, wird dieses Beispiel nicht akzeptieren, da es in die ferne Vergangenheit verweise. Wirklich typisch für den aggressiv-militärischen deutschen Geist sei z.B. das Prinzip der verbrannten Erde.

Typisch deutsch? Nun, zu diesem Prinzip, waren die Russen unsere Vorbilder und Lehrmeister sowohl 1813 wie im letzten Krieg. Auch für "friedlichere Menschen" ist es einfühlsam.

Die norwegische Dichterin Sigrid Undset bekennt: "Ich bin keinem einzigen Schweden begegnet, der sein Land im Falle eines Angriffs nicht bis zum Letzten verteidigen wollte, selbst wenn sein geliebtes Stockholm und all die anderen herrlichen Städte eingeäschert würden."

Nein, trotz des erpreßten "Geständnisses" von Versailles, trotz der ständig wiederholten "Bekenntnisse" zu deutscher Alleinschuld wird es auch weiterhin nicht möglich werden, für alle diese anklägerischen Bezichtigungen wirklich schlüssige Beweise zu erbringen.

Der Mensch - ein Wolf

Seit es Menschen gibt, heißt es HOMO HOMINI LUPUS (der Mensch ist für den Mitmenschen ein Wolf). Von jeher war Krieg die ständige Beschäftigung der Stämme und Völker Europas. Zunächst als Zusammenprall bewaffneter Horden von Jägern und Nomaden. Und mit dem Ziel, den Feind insgesamt und unterschiedslos zu vernichten. Eine Vorwegnahme des modernen "totalen Krieges".

Mit der Entwicklung zum Bauern und zu arbeitsteiligen Staaten entwickelten sich auch die Formen, an einem Kriege mitzuwirken, schieden sich also die Krieger von den Nichtkämpfern; es entstanden Milizen, die Ritter mit ihren Vasallen und endlich die stehenden Heere der absolutistischen Könige, angesichts derer die Zivilbevölkerung von der Teilnahme an Kriegen dispensiert war.

Gab es also auch zu allen Zeiten und in allen Formen überall Kriege, so wurde deren Ausmaß durch den Druck der Kosten in steigendem Maße "begrenzter"; es soll sogar Feldzüge gegeben haben, bei denen kein einziger Schuß gefallen ist. Die letzte derartige "Schlacht" war die von Valmy im September 1792, nach der Goethe erklärte: "Hier und heute beginnt eine neue Ära der Weltgeschichte, und Sie alle können sagen, Sie seien dabei gewesen!" Marschall Foch präzisierte ein Jahrhundert später. "Die Kriege der Könige waren zu Ende, und die Volkskriege begannen."

Wehrpflicht - keine deutsche Erfindung

Es war ein grausamer Beginn. Denn als der Konvent der Großen Französischen Revolution die Zwangsaushebung von einer halben Million Soldaten verfügte, gab es einen großen Volksaufstand in der Vendée, der mit blutigster Brutalität niedergewalzt wurde. Der kommandierende General berichtete darüber: "Ich habe die Kinder unter den Hufen der Pferde zermalmt, die Frauen niedergemetzelt...die...nie mehr Räuber gebären werden. - Ich brauche mir nicht vorzuwerfen, einen einzigen Gefangenen gemacht zu haben. Ich habe alle ausgetilgt...die Straßen sind mit Leichen bedeckt...Wir wollen keine Gefangenen, denn wir müßten sie mit dem Brot der Freiheit ernähren..."

Im August 1793 bestimmte das Gesetz zur Levée en masse, "daß alle Franzosen ständig für den Dienst in der Armee herangezogen werden." Diese Wehrpflicht änderte die Form der Kriege. Das "Soldatenmaterial", das bislang sehr teuer war und mit dem man daher bislang behutsam und sparsam hatte umgehen müssen, war nun billig geworden. Das ermöglichte Napoleon die barbarische menschenverachtende Handhabung seiner Kriege.

Das erbarmungslose Massakrieren sogar eigener Landsleute wurde auch jenseits des Ozeans Sitte. Nämlich im amerikanischen Sezessionskrieg, den Amerikas Norden angeblich zur Befreiung der Negersklaven gegen die konföderierten Südstaaten führte (1861 - 1865). Als sich in der letzten Phase der Sieg der Nordstaaten abzuzeichnen begann, bekam General Sherman den Befehl, die Südstaaten zu vernichten: "kill and destroy!"

Er befolgte den Befehl wortwörtlich. Er durchquerte die Südstaaten, indem er seine Heerschlange, die er auf den Namen der Giftschlange Anaconda taufte, in einer Breite von 100 km alles in Schutt und Asche legen ließ.

Er selbst berichtet in seinen Memoiren, daß sich seine Soldaten bald derart an das Brandschatzen gewöhnt hatten, "daß das Haus, in dem sich mein Hauptquartier befand, oft schon brannte, ehe ich es verlassen hatte."

Sherman führte seinen Krieg mit der gleichen Härte gegen seine zivilen Landsleute wie gegen das "feindliche" Heer. An seinen Stabschef schrieb er: "Wenn sich die Leute über meine Barbarei und Grausamkeit beklagen wollten, werde ich antworten, daß Krieg eben Krieg ist."

An anderer Stelle: "Ich werde mich nicht darum bemühen, meine Armee zu zügeln." Oder: "Der einzige Weg, diesen Konflikt zu beenden ist, ihn über jedes vorstellbare Maß hinaus furchtbar zu machen."

Am Ende war das Land verwüstet. Eine halbe Million Tote blieben auf den Schlachtfeldern. Moltke urteilte: "Das sind keine Soldaten mehr. Das ist eine Bande von entfesselten Marodeuren."

Einige Generationen später wurde ein neuer US-Panzer auf den Namen Sherman getauft. Die Tradition seiner "Anaconda" lebte 1943 in den Terrorbombern der US Air-Force wieder auf.

Ich glaube, es mit diesen punktuellen, historischen und grundsätzlichen Hinweisen und Bemerkungen bewenden lassen zu können. Sie unterstützen und erhärten, was schon mehrfach bewiesen worden war: Von der Alleinschuld Deutschlands kann so wenig gesprochen werden wie von einem spezifisch deutschen Hang zum Entfesseln grausamer Kriege.

Wer erfand die "Herrenrasse"?

Bleibt ein Vorwurf übrig, der auch heute noch ernsthaft gegen uns geltend gemacht wird: Wir sähen in den Deutschen eine Herrenrasse, die bereits als solche den Anspruch darauf erheben könnte, zum Herrn der Welt zu werden. Nun hat zwar zu Wilhelminischen Zeiten ein deutscher Dichter (E. Geibel) davon gesprochen, daß an deutschem Wesen einmal die Welt genesen werde. Es hat, unter dem Ausschluß der Öffentlichkeit, auch manchen Spinner gegeben, der dem Deutschtum besondere Vorrechte zugewiesen sehen wollte. De facto aber galt (und gilt), was Goethe einst zu Eckermann sagte: "Während die Deutschen sich mit Auflösung philosophischer Probleme quälen, lachen uns die Engländer mit ihrem großen praktischen Verstande aus und gewinnen die Welt."

Man rekapituliere doch nur einmal kurz die Geschichte des letzten Halbjahrtausends und schaue dabei auf die mehr als bescheidene Rolle, die Deutschland währenddessen gespielt hat, also seit dem Beginn der Kolonisation, die etwa 1402 begann:

Ein Kapitel Kolonialgeschichte

Als Portugal seine Großmacht aufbaute und Spanien sein Reich, "in dem die Sonne nicht unterging"; und wie sie beide die neuentdeckte Welt und die noch unbekannte unter sich nach päpstlichem Geheiß "von Pol zu Pol" vertraglich teilten.

Als nach Untergang der "unbesieglichen Armada" 1588 die Führung in der Kolonialpolitik auf Holland, England und Frankreich überging.

Als sie einander mit Lug und Trug und Gewalt Konkurrenz machten und wie England und Frankreich über 300 Jahre lang in ihren Kolonien mit nur kurzen Pausen gegeneinander Kriege führten.

Als Friedrichs des Großen Siege im Siebenjährigen Krieg von England genutzt wurden, den französischen Todfeind vom amerikanischen Kontinent zu verdrängen und dadurch sich selbst den Weg zur ersten Kolonialmacht der Welt zu ebnen.

Als England dann 1780 an Holland den Krieg erklärte, um in den niederländischen Kolonien "gründlich aufzuräumen" und anschließend auf der ganzen Erde feindlichen, befreundeten und neutralen Staaten weitere Kolonialgebiete abzunehmen.

Als England sich "bedroht" fühlte, da Rußland, Preußen und die skandinavischen Staaten 1800 einen Bund bewaffneter Neutralität schlossen: so bedroht, daß es sich am Kleinsten in diesem Bund blutig rächte und 1801 sowie 1807 Kopenhagen bombardierte...

Das alles ist nicht nur ein faszinierendes Kapitel europäischer Weltgeschichte; es beweist auch pragmatisch, daß es in der großen machtpolitischen Auseinandersetzung der Reiche und Staaten nur darauf ankommt, wer stärker ist; daß ethische Grundsätze für Politiker nur eine façon de parler darstellen, nie aber eine façon d'agir; und daß endlich Verträge nur so lange anerkannt und beachtet werden, wie sich die Umstände nicht ändern, unter denen sie abgeschlossen wurden.

Nicht weniger faszinierend war das Ausgreifen der östlichen amerikanischen Gründerstaaten in den Westen des Kontinents und dann in alle Himmelsrichtungen; war die entsetzliche "Christliche Unbefangenheit", mit der die Urbevölkerung zu Millionen ausgerottet wurde, zu schweigen vom Sklavenhandel und der diskriminierenden Behandlung von Negern, Latein-Amerikanern und anderen Minderheiten.

Wie in den USA, so haben viele auch in der Sowjetunion keine Kolonialmacht gesehen. Tatsächlich hat sich aber Rußland aus den ersten Anfängen des Fürstentums Moskau, in wechselhaften Schicksalen durch Kriege, Erpressung und "ungleiche Verträge" seinen Spitzenplatz erkämpft. Mit 22,4 Millionen km^2 hat es bis 1989 mehr als 15 % der Erdoberfläche mit 174 Völkern und 270 Millionen Einwohnern unter das Joch der Zaren und des Sowjetsterns gebeugt.

Von besonderem Interesse dürfte noch sein, auch das Wachstumstempo zu vergleichen, da es ahnen läßt, wieviel Gewaltpotential dabei eingesetzt wurde: die USA wuchsen seit ihrer Gründung von 1 Million qkm auf 9,3 Millionen. Großbritannien wuchs seit dem Jahre 1400 bis zum Ausbruch des Zweiten Weltkrieges von 220.000 qkm auf 40.000.000 also auf das 132fache. In derselben Zeit schrumpfte die Fläche des Heiligen Römischen Reiches Deutscher Nation von 950.000 auf 635.000 qkm, minderte sich also um 30 %.

Wo würde man bei der Suche nach Großmannssucht und "Alleinschuld" wohl eher fündig werden?

"Deutschland über alles"?

Angesichts solcher Fakten wirft man uns allen Ernstes als "typisch" und selbstverräterisch unsere Nationalhymne vor, die von den deutschen "Progressiven" denn auch ängstlich gemieden und verächtlich gemacht wird.

Warum nur interpretieren die Progressiven "DEUTSCHLAND, DEUTSCHLAND ÜBER ALLES" ausschließlich im machtpolitischen Sinne? Textdichter und Melodienschöpfer taten es bestimmt nicht. Auch nicht Reichspräsident Friedrich Ebert, der das Lied am Verfassungstag 1922 zur Nationalhymne bestimmte, desgleichen nicht Adenauer und Heuss, die 1952 dasselbe beschlossen. Sollte das Empfinden aller dieser großen Deutschen weniger bestimmend sein als der kurzfristige Mißbrauch im Reiche Hitlers?

Wohingegen niemand etwas gegen Frankreichs temperamentvolle, aber doch sehr viel blutrünstigere Marseillaise einzuwenden hat. Oder gegen die Hymne vom wellenbeherrschenden RULE BRITANNIA. Oder gegen die sowjetische über den "von Siegen zu Siegen" fortführenden Hort der Völkerfreundschaft. Oder gegen das US-Lied von der gefährlichen Schlacht, in der Raketen und explodierende Bomben zeigen, daß das Sternenbanner noch da ist. Oder etwa gar gegen das NOCH IST POLEN NICHT VERLOREN, das zum Schwert ruft, wieder zu holen, was tückisch geraubt...

Vernünftigerweise hat niemand etwas dagegen. Nur den Deutschen unterschiebt man dabei den Anspruch, ein "Herrenvolk" zu sein. Ein anmaßender Titel, der uns viel öfter angehängt, als von uns getragen wurde. -

Niemand aber hat an der Anmaßung folgender Slogans etwas auszusetzen, die einige Nationen von jeher bewußt rühmend für sich in Anspruch nehmen:

DAS AUSERWÄHLTE VOLK
LA GRANDE NATION
GOD'S OWN COUNTRY
DAS REICH DER MITTE
DAS VATERLAND DER ARBEITER

Nun stellen alle diese Hymnen und Werbesprüche ja nicht einmal nur kurz dahergeredete Weisheiten und Imperative dar, die mit dem Wind verfielen, in den sie gesprochen werden.

"Triumph der arischen Rasse"?

Führende Geister, Staatsmänner, Dichter, Heerführer haben den Zeitgeist für derartige Schlagworte und Leitbilder mit geschaffen und gepflegt. Leider haben wir nicht genügend Raum, um alle ausreichend zu zitieren.

Hören wir z.B. den britischen Historiker Thomas Carlyle, der England die Aufgabe zuwies, "die Hälfte oder mehr dieses Planeten" zu erobern und "die Frucht dieser Eroberung zu verteilen und anderen Völkern zu zeigen, wie das gemacht werden kann."

Oder den Sozialphilosophen John Ruskin: "Als Rasse sind wir noch nicht degeneriert, sind ein Gemisch aus bestem nordischen Blut...England...muß Kolonien gründen, so schnell und in so entfernte Gebiete wie nur möglich...und dann seine Kolonisten lehren, daß ihre Haupttugend in der Treue zu ihrem Land besteht und daß ihr stetes Streben sein muß, die Macht Englands zu Wasser und zu Land zu fördern..."

Oder den weltberühmten englischen Kolonialpionier Cecil Rhodes: "Ich behaupte, daß wir die erste Rasse in der Welt sind und daß es um so besser für die menschliche Rasse ist, je mehr von der Welt wir bewohnen... Da Gott offenkundig die englischsprechende Rasse zu seinem auserwählten Werkzeug formt, durch welches er einen Zustand der menschlichen Gesellschaft hervorbringen will, der auf Gerechtigkeit, Freiheit und Frieden gegründet ist, muß er offensichtlich wünschen, daß ich tue, was ich kann, um jener Rasse soviel Spielraum und Macht wie möglich zu geben."

Oder den französischen Kolonialhistoriker J. Darcy: "Man scheint allmählich zu begreifen, daß die Ausdehnung einer Rasse über ihre Grenzen hinaus die Garantie ihrer Dauer ist, die moderne Form des Kampfes ums Dasein.

Ernest Renan stellte die weißen Herren- und Kriegerrassen, deren Angehörige die geborenen Soldaten und Eroberer sind, den schwarzen und gelben Arbeiterrassen gegenüber, deren Unterwerfung durch die edleren Europäer im Sinne der Geschichte liege.

Th. Roosevelt betrachtete das imperialistische Zeitalter als Triumph der arischen Rasse und Beweis ihrer Überlegenheit, insbesondere der für die Demokratie am vorzüglichsten geeigneten Angelsachsen.

Diese rassistischen Ansprüche aus dem Munde hochangesehener englischer, französischer und amerikanischer Persönlichkeiten sind um Generationen früher artikuliert worden, als ähnliche uns zum Vorwurf gemacht wurden.

Ausrottung geschichtsgesetzlich notwendig?

Die Staatsmänner und Politiker im 19. und 20. Jahrhundert dachten und handelten im Sinne ihres Zeitgeistes.

Woher der kam und wohin der wehte, schildert uns besonders plastisch der Historiker Johannes Scherr, der kompromißlose Vorkämpfer für Demokratie und Menschenrechte, der sich 1848 durch Emigration einer langjährigen Kerkerhaft hatte entziehen müssen: "Die Weltgeschichte arbeitet ja nicht mit Moral, sondern mit Notwendigkeiten und Interessen. Diese werden durch die menschlichen Leidenschaften flüssig und für die große, das Dasein der Menschheit beseelende Entwicklungsidee nutzbar gemacht.

"Es ist also eine geschichtsgesetzliche Notwendigkeit gewesen, daß Amerika gefunden, erobert, besiedelt und die eingeborene Bewohnerschaft unterjocht und geradezu ausgerottet werden mußte, damit der Europäismus seine Kulturherrschaft über dem Erdball antreten und feststellen konnte. Da half und hilft kein sentimentales Mitleid mit dem 'Letzten Mohikaner'.

Schon jetzt läßt sich mit sozusagen mathematischer Bestimmtheit voraussehen, wann die rothäutige Rasse ein von der Weltgeschichte gänzlich verarbeiteter und beseitigter Völkerstoff sein wird."

Dieser Zeitgeist, aus dem heraus und in dessen Richtung große und kleine Politik gemacht wurde, macht erklärlich, wenn auch nicht entschuldbar, daß überall auf der Welt und warum Bestialitäten und Grausamkeiten verübt worden sind.

Hätten die Engländer nicht die indischen Aufständischen vor die Kanonenrohre binden und zerfetzen lassen; hätten sie nicht mindestens ein Zehntel des Burenvolkes in Konzentrationslagern elend umkommen lassen; hätten "die Amerikaner" nicht die indianischen Völker dezimiert und in Reservate eingesperrt, so hätte es weder ein solches Britisches Weltreich gegeben, noch existierten heute die USA in der gegenwärtigen Gestalt. Wahrscheinlich hätte es auch nicht die Kriege von 1914/18 und von 1939/45 gegeben. Beide "Kreuzzüge", um der Welt Frieden und Demokratie zu bescheren.

Jedermann weiß, daß weder Moralpredigten, noch völkerrechtliche Verträge, noch Drohungen den Ausbruch von Kriegen haben verhindern können.

So hat es denn auch, seit das Internationale Tribunal zu Nürnberg 1946 seine Urteile gefällt und vollstreckt hat, auf der Welt schon wieder an die zweihundert Kriege gegeben. Grausame Kriege, denen Millionen Soldaten und Nichtsoldaten, Kinder, Frauen und Greise zum Opfer gefallen sind. Oft über Jahre sich hinziehende Kriege, deren Ende auch heute noch nicht abzusehen ist. Kein Ankläger, kein Richter, kein Vollstrecker ist jemals eingeschritten; niemand ist "zur Rechenschaft" gezogen worden. Liegt das daran, daß man niemandem die Alleinschuld hat zuschieben können?

Deutschland war ja an keinem dieser zweihundert Kriege beteiligt....- Soll die Alleinschuld für alle Zeit ein deutsches Monopol bleiben?

7.) Die Tragödie der Juden

Dieses wichtigste, tragischste und traurigste Kapitel der Zeitgeschichte figuriert als das vorletzte Kapitel dieses Buches. Ich hätte dessen Aussagen auch chronologisch in den Inhalt der vorgehenden einflechten können, wie ich das übrigens auch in meinem Buch DIE VERSTRICKUNG getan habe.

Ich hätte es tun müssen, hätte die rassistische Komponente der sogenannten nationalsozialistischen Weltanschauung im Bewußtsein des deutschen Volkes ein nennenswerte Echo gefunden gehabt. Hätte sie sich also z.B. auf dem fruchtbaren Mutterboden eines genuinen Judenhasses oder wenigstens eines vitalen Antisemitismus zu einer eigenständigen Kraft entwickelt, in Begleitung, als Verstärkung, als getriebener oder als treibender Partner des NS-Staates oder der NSDAP. Da solche dialektischen Zusammenhänge nicht bestanden, entziehen sie sich einer chronologischen Analyse ebenso wie der Einordnung in Verschuldenskategorien.

Wenden wir uns also den Fragen zu, warum und wie das Judentum seit vorbiblischen Zeiten zu einem weltweiten Problem hat werden können; und aus welchen Gründen ausgerechnet dem deutschen Volk als dem fremdenfreundlichsten aller Kulturvölker der Mord an sechs Millionen Juden angelastet wird.

Wer ist Jude?

Logischerweise beginnt das Thema JUDE mit der Untersuchung, was denn JUDE eigentlich sei. Jeder weiß, daß hierzu ganze Bibliotheken von Büchern geschrieben worden sind. In diesem Zusammenhang mag der Hinweis genügen, daß, um Jude zu sein, zweierlei vorausgesetzt wird: die Zugehörigkeit zur mosaischen Religion oder/und die Abstammung von einer jüdischen Mutter, nach Möglichkeit auch von einem jüdischen Vater. Diese genealogische Voraussetzung öffnet die Tür zum Thema RASSE, über das gleichfalls Unmengen von Büchern zusammengeschrieben wurden. Wer sich diese "jüdische Rasse" aus orientalischen, vorderasiatischen, chasarischen und anderen Elementen zusammenpuzzelt, hat ebenso recht wie der, der wegen dieses Vielerlei das Bestehen einer Rasse überhaupt bestreitet. Nur tut sich dieser schwerer, hat er doch damit die Pflicht, für den Begriff RASSE einen anderen zu erfinden.

Jedenfalls ist es mit der mosaischen Religionsgemeinschaft allein nicht getan. Jeder Konvertit führt Klage darüber, wie schwer es ihm gemacht werde, sich dieser Gemeinschaft anzuschließen.

Andererseits steht es mit der übergroßen Mehrheit der Juden nicht anders als mit der übergroßen Mehrheit der Christen: sie schrumpfte im Nu zu einer unterkleinen Minderheit, prüfte man die alltägliche Lebensgestaltung nach den Maßstäben und Kriterien der überlieferten Glaubenslehre.

Was also bliebe übrig, träte man aus dieser Glaubensgemeinschaft aus?

Kurt Tucholsky schrieb in seinem letzten Brief an Arnold Zweig: "Ich bin im Jahre 1911 aus "dem Judentum" ausgetreten, und ich weiß, daß man das gar nicht kann..." Viele Juden sind gleich ihm ausgetreten, obgleich sie dasselbe wußten.

Bliebe dann also "nur" noch die Rasse übrig?

Aber auch dieser Weg bringt uns nicht weiter: die starke Mischung heterogener Elemente hat so verschiedene Typen ausgebildet, daß sogar Juden aus geographisch benachbarten Gegenden (z.B. russische und polnische Juden) sich deutlich voneinander unterscheiden; zu schweigen von jemenitischen Juden und solchen aus skandinavischen Ländern oder von "semitisch" aussehenden spanischen Gesichtern und sephardischen.

Hierbei ist auch das ganz erstaunliche Rassenparadoxon anzusprechen, das seit Jahrzehnten bei der jungen, in Israel geborenen Generation beobachtet werden kann: sie ist größer, von robustem Bau, meist stumpfnasig, blond und blauäugig. Mit anderen Worten, sie hat ein völlig "unjüdisches" Aussehen. Auch die Mentalität hat sich gewandelt: sie zeigt Furchtlosigkeit bis zur Verwegenheit, Anmaßung und Extravertiertheit und, damit offenbar zwangsläufig verquickt, eine offene Geringschätzung des Intellektuellentums. Daher war sich William S. Schlamm in seinem Buch "Wer ist Jude?" bei einem jungen Israeli "gar nicht mehr so sicher, daß er ein Jude ist."

Was also in aller Welt ist das letzthin entscheidende Kriterium dafür, Jude zu sein, wenn auch Rasse und Aussehen nichts Entscheidendes mehr aussagen können? Wenn bei Sprache und Kultur jeweils die des "Wirtsvolkes" bestimmend sind? Wenn uns auch der "Charakter", da kontrovers definierbar, nicht weiter hilft?

Denn weder verkörpert der Jude alle guten Eigenschaften, noch alle schlechten. Vielmehr bleibt hier wohl Heinrich Heines Erkenntnis gültig: "Die Juden, wenn sie gut sind, sind sie besser, wenn sie schlecht sind, sind sie schlimmer als die Christen." (Ludwig Börne IV. Buch).

Die älteste Religion

So bleibt als endgültig unterscheidendes Charakteristikum die kleinste und älteste Religionsgemeinschaft: die mosaische, die sich im Unterschied zu allen anderen als eine innige, gottgewollte Verbindung eines historischen Volkes mit eigenem Land versteht. Hatte doch Gott selbst am Berge Sinai dem Volksführer Moses offenbart, daß er unter allen Völkern der Erde die Israeliten zu seinem Bundesvolk auserwählt und ihnen Kanaan, also das spätere Palästina, als ihr Land zugewiesen habe.

Göttlicher Weisung folgend, eroberten die Israeliten nun ihr Land, indem sie dort alle Einwohner ausrotteten, deren Städte ausraubten und brandschatzten.

Das Alte Testament, vor allen die Bücher Mose, dokumentieren häufig und deutlich genug diese Gebote und Befehle, die Völker Palästinas auszurotten, keine Gnade gegen sie zu üben, sich nicht mit ihnen zu verschwägern: "Eure Töchter sollt ihr nicht geben ihren Söhnen und ihre Töchter sollt ihr nicht nehmen für eure Söhne."

Nach weit einem Jahrtausend friedlicher Perioden, dramatischer Kriege und Wanderungsbewegungen und nach der Zerstörung ihres Tempels durch die Römer (70 n.Chr.) verließen sie ihr gelobtes Land und flohen in alle Welt, in der Zerstreuung (Diaspora, Galuth), über die Mittelmeerländer nach Norden und dann über polnische in russische Gebiete.

Überallhin nahmen sie ihre Religion mit, ihr 'portables Vaterland'. Denn zum Zeichen des Bundes war ihnen Gottes Wille in einer Gesetzesurkunde von 613 Geboten und Verboten verbrieft worden, die in der Thora (oder Pentateuch, den fünf Büchern Mosis) niedergelegt sind.

Diese über lange Zeiten streng gewahrte und behütete volksmäßige Abschließung bezweckte und erzielte letzten Endes mit der religiösen auch eine nationale und blutmäßige Kohärenz, die das Volk Israel für seinen Marsch über die Welt durch die Jahrhunderte seelisch, geistig und körperlich ausgestattet hat.

Nahum Goldmann, der grand old man des internationalen Judentums, (er war von 1927 bis 1977 in führenden Spitzenpositionen der jüdischen Weltorganisation tätig und verantwortlich für die Durchsetzung der materiellen Wiedergutmachungsansprüche), zitiert Heinrich Heine mit der Frage: "Wie kann man das Mysterium des Überlebens der Juden, ohne Heimat, ohne Staat, ohne irgend etwas erklären?" Und Heines Antwort: "Weil sie im Schulchan Aruch (Sammelwerk der jüdischen Gesetze und Vorschriften) eine regelrechte tragbare Heimat besitzen."

Das Judentum kennt keine dogmatischen Normierungen seines Glaubensgutes. Seine Feiertage sind nicht so sehr sakralen, sondern weltlich historischen Charakters. Im Mittelpunkt stehen Marksteine seiner nationalen Geschichte, etwa der Aufstand der Makkabäer, der Auszug aus Ägypten, die Zerstörung des Tempels usw. Mit Recht folgert Arthur Koestler: "Die Behauptung, das Judentum sei eine 'Religion wie andere Religionen, eine Privatangelegenheit, die mit Politik und Rasse nichts zu tun hat', ist entweder Heuchelei oder Widerspruch in sich selbst. Der jüdische Glaube zwingt dazu, sich selbst in nationaler und rassischer Hinsicht abzusondern. Er schafft seine eigenen kulturellen und ethnischen Ghettos."

Juden erfanden das Ghetto

Gegenüber der gängigen Anschauung, die Juden seien mit Gewalt durch ihre jeweilige Umwelt ins Ghetto und in ihre eigenen Lebensformen hineingezwungen worden, unterstreicht auch

Nahum Goldmann, als Präsident des Weltzionismus, wiederholt, "daß das Ghetto, historisch gesehen, eine jüdische Erfindung ist. Es ist falsch zu behaupten, daß die Gojim die Juden gezwungen haben, sich von der übrigen Gesellschaft zu trennen."

"Die Juden sind das separatistischste Volk der Welt. Der Glaube an den Begriff des auserwählten Volkes ist die Basis ihrer ganzen Religion. Im Laufe der Jahrhundertwende haben die Juden ihre Trennung von der nichtjüdischen Welt verstärkt. Sie verwarfen - und tun es noch - die Mischehen. Sie haben eine Mauer nach der anderen errichtet, um ihre Existenz nach außen abzusichern, und sie haben ihre Ghettos selbst erbaut."

"Das Ghetto war zunächst keine von Nichtjuden aufgezwungene Lebensgestalt, sondern, wie die Geschichte beweist, eine von Juden freiwillig geschaffene Eigenwelt. Als mittelalterliche Machthaber das Ghetto zur Norm machten, war es bereits eine längst eingebürgerte Tatsache, die die Juden selber geschaffen hatten."

Der ebenfalls landläufigen Meinung, die Juden seien von jeher als Ausgestoßene gedemütigt und daran gehindert worden, sich zu assimilieren, wird ebenfalls von führenden jüdischen Köpfen widersprochen: So sagt Arthur Koestler: "In Wirklichkeit ist Assimilation unmöglich, wenn man am mosaischen Glauben festhält; und der mosaische Glaube wird bei ethnischer Assimilation unhaltbar. Die jüdische Religion setzt die nationale Absonderung weiter fort."

Ja, meint Koestler, man habe die Juden nicht nur nicht an der Assimilation gehindert, sie selbst seien es gewesen, die sich über ihre Umwelt sogar erhoben hätten: "Die Haltung der Juden gegenüber den Nichtjuden schließt ein ursprüngliches Element der Ablehnung ein, das geschichtlich älter ist als die Ghettos und das aus der alten Stammesexklusivheit der mosaischen Religion stammt. Das hebräische Wort "Goi", das den Nichtjuden bezeichnet, bedeutet nicht allein "Heide" oder "Ungläubiger"; es entspricht eher dem "Barbaren" der Griechen, unserem "Eingeborenen" oder Ureinwohner. Es trifft nicht nur eine religiöse Unterscheidung, sondern zugleich auch eine rassische und ethnische Unterscheidung. Trotz gelegentlicher, ziemlich lauer Gebote, zu den Fremden in Israel freundlich zu sein, wird der Goi im Alten

Testament mit einer Mischung aus Feindseligkeit, Verachtung und Mitleid behandelt, als entspräche er nicht ganz der eigentlichen menschlichen Norm."

Auch Nahum Goldmann bestätigt Koestlers Auffassung: "Im Städtchen lebte der Jude in seinem eigenen Reich. Er stellte die Mehrheit dar. Ringsum waren die Bauerndörfer, gegenüber deren Bewohnern sich der Jude des Städtchens mit Recht überlegen fühlte."

"Der Jude hatte nichts von den Empfindungen eines Ausgestoßenen. Im Gegenteil, er entschädigte sich für seine Galuth-Situation durch ein übertriebenes Überlegenheitsgefühl. Das "auserwählte Volk" zu sein, war für ihn nicht eine Phrase, sondern eine selbstverständliche Wahrheit."

Wo immer in der Welt sie sein mochten und wann immer in den zweitausend Jahren ihrer Wanderschaft und Zerstreuung, stets waren sie sich der Verheißung bewußt. "Denn Du bist ein heiliges Volk dem Herrn deinem Gott. Dich hat der Herr, dein Gott auserwählt zum Volk des Eigentums aus allen Völkern, die auf Erden sind (5 Moses 7/6). Nur durch diesen stets buchstabengetreu gepflegten und gelebten Glauben hat sich das jüdische Volk am Leben erhalten können, während andere große, glorreiche Nationen aus jener Frühzeit inzwischen gänzlich verschwunden sind.

Mochten sie auf ihrer Wanderschaft um die Welt auch oft genug verfolgt, unterdrückt und gequält worden sein, so wirkte nach Schopenhauers Wort ihr "Patriotismus sine patria begeisternder als irgend ein anderer."

Begegnungen mit Juden

Tatsächlich ist sich der normale Durchschnittsdeutsche der "jüdischen Existenz" kaum bewußt geworden. Meiner Mutter geschah dies z.B. erst 1919, als sie, damals knapp 39 Jahre alt, mit mir in der "Elektrischen" zum Berliner Alexanderplatz fuhr. Kurz bevor wir ausstiegen, kamen wir durch das sogenannte Scheunenviertel, in dem die frisch zugewanderten "Ostjuden" Quartier bezogen hatten.

Mit geheimem Gruseln sahen wir diese fremdartigen, oft unheimlichen Gestalten, aus deren hageren Gesichtern, umrahmt von langen Haaren und vollen Bärten, dunkle Augen scheu nach Gefahren und Geschäften zu spähen schienen. An ihren Kaftanen schienen noch Not und Schmutz ihrer östlichen Herkunft zu haften. Bizarre Gestik und jiddisches Sprechen gaben ihnen vollends einen exotischen Charakter.

Das sollten die gleichen Juden sein, wie unsere heimatlich vertrauten Ärzte, die durch Niederschönhausens Straßen zu ihren Patienten eilten? So wenigstens erzählte es uns der Nachbarssohn aus dem Freikorps. Und er klärte uns auch auf, daß diese Ostjuden kleine Kinder schächteten und daß sie sich gegen das deutsche Volk verschworen hätten. Durch Betrügereien verdienten sie sich eine goldene Nase und richteten den ehrlichen Mittelstand zugrunde. Alles sehr aufregend, fanden wir, aber mit unseren paar jüdischen Doktoren konnte das doch wohl nichts zu tun haben. Zumal unser Doktor Bratz als Ehrenmitglied aller örtlichen Vereine und Institutionen und Mittelpunkt der evangelischen Kirche auch gar kein Jude sein konnte....

Diese Ostjuden vom Scheunenviertel waren mein erster leibhaftiger Eindruck vom Judentum, an den ich mich nach mehreren Straßenbahnfahrten gewöhnte und den ich auf diese Berliner Gegend lokalisierte. Ein Eindruck allerdings, der mich Jahre hindurch bewog, diese Gegend nicht zu Fuß zu passieren. War das eine erste Regung von Antisemitismus? Schwer zu sagen, hatte das Scheunenviertel doch sowieso von jeher den Ruf eines Verbrecherviertels. Erst später sollte ich erfahren, daß die alteingesessenen Juden sich über die neuzugewanderten nicht minder mißbilligend geäußert hatten wie die sonstige Bevölkerung.

Mein zweiter leibhaftiger Eindruck war die Begegnung mit Frau Asch und deren Tochter. Sie wohnten in einem Miethaus, wenige Minuten von unseren Beamtenhäusern entfernt, so daß ich ihnen oft begegnete. Einmal, ich war etwa 15 Jahre alt, hatte ich mir eine Hakenkreuznadel angesteckt. Bei ihrem Anblick verzogen beide ihr Gesicht und spuckten mich an. Pfui, riefen sie und gingen weiter. Ich war so überrascht, daß mir nicht einfiel, wie ich mich wohl "richtig" verhalten sollte. Natürlich ärgerte ich mich sehr, aber wohl mehr über meine Einfallslosigkeit. Den Damen Asch bin ich dann nie mehr begegnet. Den Vorfall habe ich für lange Jahre aus meiner Erinnerung verloren.

Als drittes wäre dann noch der bereits erwähnte Sanitätsrat Bratz zu nennen, der meinen doppelten Unterarmbruch kurierte, aber der damals für mich "noch" kein Jude war.

Womit ich nur andeuten will, daß direkte Begegnungen mit Juden zu den Seltenheiten gehörten, daß es noch wesentlich unwahrscheinlicher war, Erkenntnisse aus eigener Anschauung zu gewinnen. Sehr viel wahrscheinlicher war es, daß sich objektiv normale Eindrücke aus der Distanz der Fremdheit in schauerliche Begebenheiten verwandeln konnten.

Die entsetzlichsten Schilderungen erzählten uns Soldaten, die von der Ostfront kamen, und auch Rußlanddeutsche, die den Bolschewisten entkommen waren. Für sie war die Oktoberrevolution 1917 das blutige Werk der Juden*, die auf dem Rücken

---

* Es war lange Zeit "herrschende Meinung", die Nazis hätten sowohl erfunden wie verbreitet, die russische Oktoberrevolution 1917 sei, wie das bolschewistische System, das Werk der Juden gewesen. Daß diese herrschende Meinung falsch war, beweist neben vielem anderen der ausführliche Artikel des "Rt. Hon. Winston S. Churchill", den dieser am 8. Februar 1920 (!) im Illustrated Sunday Herald unter dem Titel Zionism Versus Bolshevism mit dem Untertitel "Ein Kampf um die Seele des jüdischen Volkes" veröffentlichte. Churchill ging von der Einsicht aus, daß der allgemeinmenschliche Konflikt zwischen Gut und Böse nirgendwo eine solche Intensität erreicht wie in den Juden, der "zugleich furchtbarsten wie ausgezeichnetesten Rasse". Dieser gleichen Rasse hätten wir unsere heutige Zivilisation als den köstlichsten Besitz der Menschheit zu verdanken wie aber auch den gegenwärtigen Prozeß unwiederbringlicher Zerstörung christlicher Werte. Diese Bande aus der Unterwelt der europäischen Großstädte habe das russische Volk bei den Haaren gepackt und damit die unbestrittene Herrschaft über das riesige Imperium erlangt. "Der Anteil dieser internationalen, größtenteils atheistischen Juden an der bolschewistischen Revolution kann gar nicht überschätzt werden usw. usw."

der Bauern und Arbeiter zur Macht ritten. Diese Version galt für uns damals als reine Wahrheit. Erst lange Jahre später mauserte sich das System der Massenmorde zu einem Paradies der "fortschrittlichen" Menschheit, aus dem es sich sofort wieder rückmauserte, als es sich dem Dritten Reich verband. Sobald es dagegen kämpfte, wurde es wieder fortschrittlich, bis der "Kalte Krieg" begann.

Im Zeichen von Glasnost und Perestroika gelangten dann, erst vereinzelt, später häufiger, aus dem Bereich des zerfallenen Sowjetreiches Teilwahrheiten ans Licht der Öffentlichkeit, die auch die überragende Rolle des Judentums in der bolschewistischen Revolution enthüllten und sie zugleich verstehbar machten; als die logisch, massenpsychologisch und soziologisch zwangsläufige Folge des Generationen lang andauernden Außenseiterstatus, in den die Juden trotz ihrer weit überdurchschnittlichen intellektuellen Kapazitäten gepreßt waren. Ab 1917 nahmen und nützten sie alle Chancen, auch mit List und Gewalt. "Die Juden waren die Elite der Revolution, und sie waren ihre Gewinner", so schrieb kürzlich die russische Jüdin Sonja Margolina, und: "Die Juden waren die Würze in der Suppe der europäischen Kultur. In Rußland haben sie sie versalzen. Die Suppe ist ungenießbar geworden."

Natürlich waren diese Juden meist nicht mehr religiös gebunden. Im Gegenteil organisierten sie wahre Hetzjagden auf hebräische Institutionen, taten sie alles, um die Werte der jüdischen Gemeinschaft zu zerstören. All dies geschah im Rahmen der totalen Ausmerzung aller Kirchen und religiösen Einrichtungen und machte die Juden ebenso verhaßt, wie dies ihre führende Rolle bei der Entkulakisierung und Kollektivierung der Landwirtschaft bereits getan hatte. Kein Wunder, daß die vorwiegend gegen Juden gerichteten großen Säuberungen und Liquidationen der Dreißiger Jahre (und später) von breiten Volksschichten enthusiastisch bejubelt wurden; daß im Zweiten Weltkrieg vor dem Einmarsch der deutschen Truppen in Galizien und im Baltikum unter den Juden entsetzliche Blutbäder angerichtet wurden; und daß nach dem Einmarsch in den besetzten Gebieten die Juden massenweise an die Deutschen ausgeliefert wurden.

Womit ich der Zeit meiner anfänglichen Schilderung weit vorausgeeilt bin. Im Deutschland der Zwanziger Jahre begegnete der Jude dem normalen Durchnittsbürger nur in Zeitungsberichten, z.B. über die Ermordung des Reichsaußenministers Walther Rathenau durch überspannte Offiziere oder über die Korruptionsskandale der Gebrüder Barmat und Kutisker. Dennoch ist nicht zu leugnen, daß solche Affären oft die Wirkung eines Katalysators hatten. Empfängliche Gemüter sahen in ihnen keine Einzelfälle, sondern typische Symptome. "So sind sie nun mal, die Juden", schlußfolgerten sie mit der zufriedenen Miene eines Jägers, der gerade wieder ein Rebhuhn erlegt hat.

Mit welcher Diagnose, bereits damals wie heute wie in uralter Zeit, das offenbar unlösbare Problem angesprochen ist, wie denn "antisemitische Gesinnung" überhaupt zu erklären ist. Im Grunde ist sie die Reaktion auf das "Fremde", das ja immer auch das Feindliche sein kann.

Nun empfinden wir das Fremde als ein Feindliches immer erst dann, wenn es bedrohlich zu werden scheint, wenn es ein bestimmtes Quantum überschreitet oder, wie Theodor Herzl, der Begründer des Zionismus, sagte: "Die Judenfrage besteht überall; wo Juden in merklicher Anzahl leben... durch unser Erscheinen entsteht dann die Verfolgung."

Ähnlich äußerte sich Chaim Weizmann, der allseits geliebte Führer des Weltzionismus, den viele "König der Juden" nannten und der als erster Staatspräsident von Israel wurde: "Der Antisemitismus ist eine Krankheit, die sich offenbar nach ihren eigenen Gesetzen verbreitet. Ich glaube, die einzige fundamentale Ursache für den Antisemitismus besteht darin - es mag wie eine Tautologie aussehen -, daß es Juden gibt. Wir scheinen den Antisemitismus in unserem Ranzen mitzubringen, wo immer wir hingehen."

Und er erkannte auch: "Wann immer die Anzahl der Juden in einem Land den Saturationspunkt erreicht, reagiert das Land gegen sie... dies kann man nicht als ordinären oder vulgären Antisemitismus betrachten."

Und wieder Theodor Herzl: "Ich begreife den Antisemitismus. Wir Juden haben uns, wenn auch nicht durch unsere Schuld, als

Fremdkörper inmitten verschiedener Nationen erhalten. Tatsächlich ist der Antisemitismus die Folge der Juden-Emanzipation... Der Antisemitismus, der in der großen Menge etwas Starkes und Unbewußtes ist, wird aber den Juden nicht schaden. ich halte ihn für eine dem jüdischen Charakter nützliche Bewegung."

Und Arthur Koestler: "Eine verfolgte Minderheit hat gewiß gute Entschuldigungsgründe, wenn sie Feindschaft und Verachtung mit gleicher Münze zurückzahlt. Aber ich möchte unterstreichen, daß wir vor einem circulus vitiosus stehen: daß eine Religion mit dem säkularen Anspruch rassischer Exklusivität zwangsläufig säkulare Rückwirkungen auslösen muß."

Derartige Rückwirkungen - hinüber und herüber - ergaben sich Jahrhunderte hindurch aus "religiösen" Gründen. "Die Juden" hätten Gottes Sohn ermordet, so hieß es, nämlich den Juden Jesus Christus. Sie schändeten heilige Hostien, verübten an Kindern rituelle Schächtungen, täten Gift in die Brunnen. Man solle sie totschlagen und ihre Synagogen in Brand setzen, so hetzte Martin Luther von der evangelischen Seite; und die katholische Kirche betete (Karfreitags) weltweit noch bis vor wenigen Jahren "pro perfidis judaeis".

Hier hatte der Antisemitismus die Gestalt religiöser Wahnvorstellungen angenommen; allerdings würde der christliche Gott die Bekenner des jüdischen sofort pardoniert haben, hätten diese ihrem Glauben abgeschworen. Eher zum Lachen wäre das Ganze, hätten sich nicht geistliche und weltliche Mächte dieses "religiösen" Zwistes bedient, um an den Juden für deren angebliche Verbrechen Rache und Sühne zu vollziehen. Unzufriedene Volksmassen und bestialischer Pöbel waren stets überall bereit, auf Kommando die Rolle der blutigen "Rächer" zu spielen und den Juden zu rauben, was die geistlichen und weltlichen Herren denen noch nicht weggenommen hatten. Zehntausende Menschenleben fielen diesen Pogromen zum Opfer. Zehntausende flüchteten in die scheinbar größere Sicherheit des Ostens. Nicht ahnend, daß ihnen auch hier der Antisemitismus in den verschiedensten Formen begegnen würde.

Erscheinungsformen des Antisemitismus

Sind nun die Erscheinungsformen des Antisemitismus ebenso klar und präzise zu erkennen, wie seine Ursache? Hier kann die Antwort keineswegs immer eindeutig sein.

Zum Beispiel bei Rainer Werner Fassbinder, dessen Leben und Werk doch gewiß meilenweit von allem entfernt sind, was man Antisemitismus nennen könnte. Dennoch gab und gibt es immer wieder langanhaltende, lautstarke Proteste und Skandale, sobald ein Theater sein Bühnenstück "Der Müll, die Stadt und der Tod" auf die Bühne bringen wollte. Es zeigt einen Juden als reichen Häusermakler, der seine Geschäfte mit fiesen Methoden betreibt. - Was zweifellos antisemitische Handschrift ist. - Nur wurden alle diese fiesen Methoden von Nichtjuden ersonnen und dem Juden zur Verwirklichung zugeschoben. Warum? - "Weil ein Jude heutzutage seit 1945 tabuisiert ist und auch juristisch als unangreifbar gilt!" Nicht also gegen den Juden, sondern gegen dieses Tabu hatte Fassbinder angehen wollen. In denen, die sein Stück absetzen und verbieten lassen wollten, sah er daher keine Kämpfer gegen den Antisemitismus. Im Gegenteil schrieb er: "... die, die sich gegen ein Aufreißen dieser Vorgänge wehren, sind die wahren Antisemiten, sind die, deren Motive man genauer untersuchen sollte". Diese Absicht und Fassbinders Lebenswerk reichten also aus, um ihn von jedem Verdacht zu befreien.

Nicht ganz so leicht hatten es zwei westdeutsche Bürgermeister. Der eine hatte so nebenbei geäußert, der Gemeindehaushalt lasse sich nur ausgleichen, wenn man "einige Juden erschlage". In dieser flapsigen Bemerkung sah man eine ernstgemeinte "Anstiftung zum Mord" und erzwang trotz aller Entschuldigungen den Rücktritt.

Vergebens hatte sein benachbarter Amtskollege ihm zur Hilfe kommen wollen. Er fand, die jüdischen Repräsentanten, "die glaubten, hier ein Exempel statuieren zu müssen, haben sich hiermit keinen Gefallen erwiesen" und bat, derartige Auseinandersetzungen nicht zu wiederholen, denn: "Auch in Zukunft werden Pannen und unglückliche Äußerungen nicht zu vermeiden sein."

Diese gutgemeinte Stellungnahme führte zu noch stürmischeren Protesten. Alle Entschuldigungen und Erklärungen wurden zurückgewiesen; alle Hinweise auf des Bürgermeisters Familiengeschichte, wonach diesem "jegliches antijüdisches Denken wesensfremd sei", verhallten ungehört.

Wie vielseitig und vielschichtig das Thema Antisemitismus von jeher ist, zeigt jedes offene freie Gespräch hierüber. Schon 1893 veröffentlichte Hermann Bahr im Jüdischen Verlag sein Buch "DER ANTISEMITISMUS" mit einem paar Dutzend Interviews europäischer Persönlichkeiten: Künstler, Wissenschaftler, Offiziere, Journalisten verschiedenster gesellschaftlicher und politischer Herkunft, darunter Mitglieder der ehemaligen Pariser Kommune: Auch hier zählt der hundertprozentige Gegner des Antisemitismus zu den sehr spärlichen Ausnahmen. Zwar lehnen die meisten den "grundsätzlichen" Antisemitismus ab, sind viele sogar Freunde und Bewunderer von Juden, doch hat fast jeder seinen Vorbehalt, kann er "eine gewisse leichte unbestimmte Abneigung nicht verhehlen".

Vollends zur Unmöglichkeit gerät die Entwicklung des antisemitischen Syndroms, wenn wir den Umkreis des "jüdischen Selbsthasses" betrachten, den Theodor Lessing zum Thema seines wohl bekanntesten Werkes gemacht hat. Für ihn gehörte es zu einer der "tiefsten und sichersten Erkenntnisse der Völkerpsychologie", daß das jüdische Volk vielleicht "das einzige Volk war, welches die Schuld am Weltgeschehen einzig in sich selber gesucht hat". So wird jedes Unglück zur Strafe für eigene Schuld, denn wen Gott lieb hat, den züchtigt er; womit auch der Ansatz zum Phänomen "Selbsthaß" gegeben ist. Für sich selbst spricht die Tatsache, "daß die jüdische Geschichte durch fast dreitausend Jahre nur eine Leidensgeschichte gewesen ist".

Als Beispiele für jüdischen Selbsthaß bringt Theodor Lessing sechs Lebensgeschichten, u.a. von Otto Weininger und Maximilian Harden. Er hätte leicht ein Vielfaches anführen können, so z.B. die Arbeiterführer bzw. marxistischen Politiker Trotzki, Sinowjew und Radek; Adler, Bauer und Singer, Leviné, Eisner und Luxemburg; endlich auch Lassalle und vor allem Karl Marx, der sie alle mit haßgeladenen Antisemitismen übertrumpfte: Selbst sein Kampfgenosse Lassalle war für ihn nur der "Itzig" oder das "Jüdchen"; die Juden vermehrten sich wie die "Filzläuse", die Ostjuden seien die "schmutzigste aller Rassen", usw. Marx fragt. "Welches ist der weltliche Grund des Judentums? - Das praktische Bedürfnis; der Eigennutz. Welches ist der weltliche Kultus der Juden? - Der Schacher. Welches ist sein weltlicher Gott? - Das Geld".

Nicht frei von jüdischem Selbsthaß war sogar ein Walther Rathenau, der frühe Warner seines Volkes und spätere deutsche Außenminister. Sein Wirken für das Deutsche Reich während des Ersten Weltkrieges und danach war ebenso erfolgreich wie von Tragik überschattet. Ein symptomatisches Schlaglicht vermittelt der Bericht des Zionisten Kurt Blumenfeld über ein Fünfstundengespräch, das er in Begleitung Einsteins im April 1922 mit Rathenau hatte, also kurz vor dessen Ermordung. Beide wollten Rathenau bewegen, sein Amt als Außenminister aufzugeben, da er kein Recht habe, als solcher "die Angelegenheiten des deutschen Volkes zu leiten." Es gebe eine "objektive Judenfrage, der Sie durch kein Argument entgehen können." -

Rathenau aber wollte das Beispiel Disraelis wiederholen und die Barrieren durchbrechen, "mit denen die Antisemiten uns isolieren wollen." Am Ende wurde er nachdenklich und gab zu, daß er zur deutschen Welt "nur sehr bedingt und nicht unbedingt gehöre..."

Er verehrte das Deutschtum aus politischen und physischen Gründen, hegte eine "romantische Bewunderung für die nordische Rasse" und "blonde Siegfried-Typen" (die ihn bald auf der Straße niederschossen). Für Rathenau bestand die "unbestreitbare Wahrheit, daß die besten Deutschen einen tiefen Widerwillen gegen jüdisches Wesen und Treiben hegen". Er fand, "das Ziel, der Verjudung des öffentlichen Wesens entgegenzuarbeiten, ist berechtigt." Warum? - "Seht euch im Spiegel. Leider ist nichts daran zu ändern, daß ihr einander zum Erschrecken ähnlich seht und daß daher jedes einzelnen Unart auf die Rechnung gesetzt wird."

Alles in allem ist es also rein faktisch nicht möglich, auch nur annähernd genau zu bestimmen, wo Antisemitismus i.e.S. beginnt oder wo er aufhört. Nur allzu oft glaubt man, ihn erkannt zu haben, wo es sich nur um eine Kritik handelt, die zum Besten der jüdischen Sache dienen soll.

Tucholsky hatte sich über den Opportunismus und die Indolenz seiner "Wendriner" den Bauch so voll geärgert, daß er über die abgrundtiefe Feigheit dieser Gesellschaft nur noch hemmungslos schimpfen konnte, wie z.B. auch in seinem Abschiedsbrief an Stefan Zweig. Im gleichen Atemzuge aber bekennt er: "Antisemitismus habe ich nur in den Zeitungen zu spüren bekommen, im Leben nie... Auch nicht die Spur eines Hauches einer Idee!" War er nun selber ein Antisemit? Oder war er ein Dickhäuter? Oder sind es Hysteriker, Verfolgungswahnsinnige, die ständig eine "neue Woge des Antisemitismus" heranrollen sehen?

Assimilation oder Zionismus?

Wie auch immer er sich geäußert haben mochte, so hatte der Antisemitismus in den vergangenen Jahrhunderten genug Haß und Ängste, Mord und Totschlag, Raub und Vertreibung, Menschenverachtung, Unterdrückung und Entwürdigung verursacht. Im Zuge der Aufklärung und der französischen Revolution war es dann schrittweise zur Emanzipation und zur rechtlichen Gleichstellung der Juden gekommen, gleichzeitig aber auch zu einem Verblassen der Einheit von Religions- und Volksbewußtsein.

Mit der Verleihung der bürgerlichen Rechte hatte eine Annäherung durch Prozesse stufenweiser Assimiliation begonnen, von allen großen Geistern begrüßt. Für sie alle spreche Artur Schopenhauer: "Den vernünftigen Juden, welcher, alte Fabeln, Flausen und Vorurteile aufgebend, durch die Taufe aus einer Genossenschaft heraustritt... muß ich durchaus loben, selbst wenn es ihm mit dem christlichen Glauben kein großer Ernst sein sollte: ist es denn ein solcher jedem jungen Christen, der bei der Confirmation sein Credo hersagt?" Und "...das beste Mittel, daß man die Ehe zwischen Juden und Christen gestatte, ja begünstigte... Dann wird es über Hundert Jahre nur noch sehr wenige Juden geben, und bald darauf das Gespenst ganz gebannt, der Ahasverus begraben sein, und das auserwählte Volk wird selbst nicht wissen, wo es geblieben ist."

An die hundert Jahre später erkennt auch Arthur Koestler: "... Der jüdische Glaube setzt die Zugehörigkeit zu einem historischen Volk voraus, mit einem eigenen Land, aus dem es zeitweilig vertrieben wurde...", "eliminiert man die Idee des "auserwählten Volkes", ... so ist das, was zurückbleibt, nicht viel mehr als eine Reihe archaischer Speisevorschriften und Stammesgesetze." Und endlich: "Die einzige Alternative zu einer Verewigung des jüdischen Separatismus für diese nicht klassifizierbare Mehrheit, die sowohl dem jüdischen Nationalismus als auch der jüdischen Religion entwachsen ist, besteht darin, beide aufzugeben und sich gesellschaftlich und kulturell von ihrer Umgebung absorbieren zu lassen."

Jedoch stießen alle diese Überlegungen und Vorschläge weder im 19. noch im 20. Jahrhundert auf nennenswerte Gegenliebe bei den Juden. Je größer deren Freiheiten wurde, Industrie und Wirtschaft sich entfalteten, um so stärker wurden auch die Konkurrenzverhältnisse, weiteten sich die Grundlagen des Antisemitismus vom Religiösen hin zum Ökonomischen und Biologischen. Auch blieb der assimilierte Jude ein Bürger zweiter Klasse, unterprivilegiert, durch unausrottbare Vorurteile belastet, ja selbst noch durch Pogrome bedroht.

So bildete sich im 19. Jahrhundert zögernd so etwas wie eine national-jüdische Bewegung: Überall in Europa hörte man Stimmen, die für eine Kolonisationsarbeit in Palästina warben. Zunächst blieb es nur bei einem diffusen Stimmengewirr, bis 1895, unter dem Eindruck der Dreyfus-Affäre, der bis dahin unbekannte Theodor Herzl sein schnell berühmt gewordenes Buch DER JUDENSTAAT schrieb, das dann zur Programmschrift der zionistischen Bewegung wurde.

Indem er alle religiösen und geistig-kulturellen Komponenten ausklammerte, legte er 1897 dem von ihm in Basel einberufenen Kongress ein Programm vor, als Grundstein für eine "öffentlich-rechtlich gesicherte Heimstätte in Palästina". Hierhin sollte sich jeder Jude zurückziehen, hier sollte er Schutz finden können vor Pogrom und Verfolgung. Religiöse Probleme aller Art, auch die Sprachenfrage, das Verhältnis zwischen Orthodoxen und Saekularen sollten später geklärt werden. Herzl selbst war weder "rechtgläubig" noch überhaupt religiös sonderlich interessiert, noch konnte er Hebräisch, noch nahmen er oder seine ersten Mitarbeiter zur Kenntnis, daß Palästina von Arabern bewohnt war.

Vielleicht könnte man sagen, daß die mangelnde Verwurzelung in Kultur, Geschichte und Sprache des jüdischen Volkes es waren, die es Herzl überhaupt erst ermöglichten und erleichterten, die Idee des Judenstaates so unbeschwert in Angriff zu nehmen, der ja nach seiner Vorstellung keineswegs als conditio sine qua non in Palästina angesiedelt werden mußte. Gehört nicht eine über die reine Gläubigkeit hinausgehende Besessenheit dazu, seinen jetzigen Anspruch auf ein Land damit zu begründen, daß man es vor 2000 Jahren habe verlassen müssen, obgleich Gott persönlich es einem vor weiteren 2000 Jahren versprochen habe?

Selbst dem großen jüdischen Staatsmann Nahum Goldmann scheint es dabei nicht immer ganz geheuer gewesen zu sein: "Man kann behaupten, diese Idee (des politischen Zionismus) sei irrsinnig oder grandios, aber in beiden Fällen bleibt sie einzigartig. Stellen Sie sich vor, was geschehen würde, wenn alle Völker der Welt die Gebiete zurückverlangten, die ihnen zweitausend Jahre zuvor gehört hatten. Könnten Sie sich das Chaos vorstellen? Nun gibt es ein Volk, das die Kühnheit hatte, es zu tun, und die Welt hat es anerkannt."

Daß Herzl zu seiner Idee ausgerechnet in Paris angestoßen wurde, war ebenso wenig Zufall wie die Tatsache, daß sich der Fall Dreyfus im Frankreich jener Tage zutrug. Obgleich seit Jahrhunderten "judenfrei", galt es als "klassisches Land des Antisemitismus". Niemanden wird es wundern, daß Adel und Großbürgertum, daß Grundbesitz und Klerus seine Träger waren; wohl aber, daß freiheitliche, revolutionäre Geister, daß fortschrittlich und "links gesinnte" Schriftsteller und Politiker dezidierte Antisemiten waren, so z.B. Voltaire, Diderot, Fourier, Proudhon, Bossuet, Pascal, Rousseau, Lamennais. Und daß sich unter den führenden Männern der französische Revolution kein Freund der Juden befand. Nicht ohne Grund konstatierte der berühmte jüdische Soziologe und Publizist Raymond Aron. "Der Antisemitismus wuchert in Frankreich seit mindestens tausend Jahren."

In diesem brodelnden Hexenkessel von Vorurteilen und Aberglauben, von Angst, Haß, Zorn und Wut konnte der französische Generalstab seine Giftsuppe kochen, durch die er Hauptmann Dreyfus zugrunderichtete. Mit gefälschten Dokumenten "bewies" man dessen "Verrat an die Deutschen". Trotz Emile Zolas mutigen Appells an den französischen Präsidenten dauerte es lange Jahre, bis Dreyfus aus seiner Verbannungsinsel entlassen und rehabilitiert werden konnte.

Diese Hinweise auf Frankreich als das "Mutterland des westlichen Antisemitismus", die Friedrich Heer (GOTTES ERSTE LIEBE) mit seitenlangen Zitaten belegt, bringe ich, weil ich sie der oft geäußerten Auffassung entgegenstellen will, das Deutschland vor Hitler sei "Weltzentrum des Antisemitismus" gewesen. Vielmehr ist das genaue Gegenteil richtig: Nirgends hatten die Juden so günstige Chancen, wichtige Schlüsselstellen und Beraterpositionen einzunehmen wie bereits im Kaiserreich; man denke nur an Ballin, Rathenau oder Friedländer, die Wilhelm II. persönlich im Schloß empfing, um ihren Rat zu hören.

Über die Befindlichkeit der Juden im Deutschen Reich der Vor-Hitlerzeit schrieb Nahum Goldmann in seinen Erinnerungen: "Von wirtschaftlichen Positionen her gesehen, konnte sich keine jüdische Minderheit in anderen Ländern, ja nicht einmal die amerikanische mit den deutschen Juden messen. Sie waren mitführend in den Großbanken, wofür es nirgends eine Parallele gibt, und durch die Hochfinanz waren sie auch in die Industrie eingedrungen. Ein erheblicher Teil des Großhandels lag in ihren Händen, und selbst in Wirtschaftszweigen, die sich sonst kaum in jüdischem Besitz befinden, wie Schiffahrt oder Elektroindustrie, waren sie in Deutschland führend; Namen wie Ballin oder Rathenau bezeugen das.

Ich kenne kaum ein emanzipiertes Judentum, weder in Europa noch auf dem amerikanischen Kontinent, das so tief in der allgemeinen Ökonomie des Landes verwurzelt gewesen wäre wie das deutsche. Die heutigen amerikanischen Juden sind zwar sowohl absolut wie relativ reicher, als es die deutschen Juden waren, aber selbst in Amerika mit seinen unbegrenzten Möglichkeiten ist es ihnen nicht gelungen, in dem gleichen Maße in die zentralen Sphären der Wirtschaft (Stahl, Eisen, Schwerindustrie, Hochfinanz, Schiffahrt) einzudringen, wie das in Deutschland der Fall war. Auch ihre Stellung im Geistesleben des Landes war beinahe einzigartig. In der Literatur waren sie durch glänzende Namen vertreten. Das Theater lag zu einem erheblichen Teil in ihren Händen. Die Tagespresse, vor allem ihr international einflußreicher Sektor, war weitgehend in jüdischem Besitz oder wurde journalistisch von Juden geleitet."

Der Antisemitismus der NSDAP

Diese Tatsachen sagen mehr aus als alle Worte, als alle Zahlen es könnten. Selbstverständlich waren auch antisemitische Regungen spürbar. Selbstverständlich nützten die Parteien sie aus, die rechten, sogenannten nationalen Parteien, mehr als die linken.

Am meisten die NSDAP, deren Programm in seinen Punkten 4 und 5 als Staatsbürger nur "Volksgenossen deutschen Blutes" anerkennen und Nicht-Staatsbürger unter die Fremdengesetzgebung stellen wollte. Diese Forderung kam dem Empfinden mancher Deutschen ebenso entgegen wie, vica versa, den zionistischen Juden. Selbst Theodor Heuss machte noch zu Weimarer Zeit öffentlich kund, eine Ausschließung der Juden von den staatsbürgerlichen Rechten schlage mengenmäßig "nicht allzu sehr zu Buche. Sie trifft kaum ein Hundertstel der Deutschland bewohnenden Bevölkerung."

Wenn selbst ein so erfahrener Wissenschaftler und Politiker wie Heuss, der kühler Beobachtung immer den Vorrang vor Emotionen gab, sich mit dem wenig humanen Hinweis auf "kaum ein Hundertstel" der Bevölkerung zu beschwichtigen vermochte, wodurch sollten sich durchschnittliche Zeitgenossen beunruhigt fühlen? Hatte Hitler nicht oft genug in dieser Frage zu beruhigen versucht? Wie z.B. 1930 gegenüber dem amerikanischen Journalisten Karl Wiegandt: "Ich bin nicht dafür, daß die Rechte der Juden in Deutschland beschnitten werden." Oder 1931 zu Hans Grimm: "Wenn wir an die Macht kommen, werden wir darauf drängen, daß die Juden ihren eigenen Staat erhalten." Oder 1933 zu seinem Rechtsanwalt Hans Frank: "Ich wünsche, daß in der Judenfrage alles gesetzlich verankert ist, daß wir dem Ausland und dem internationalen Judentum keinerlei Vorwand für Greueltaten liefern."

Auch Goebbels, der als Gauleiter von Berlin Tag für Tag den Polizeivize Dr. Bernhard Weiss als "Isidor" durch den Kakao zog, rief zur Mäßigung auf. Als 1929 ein Graf Pückler vorschlug, man solle die Juden prügeln, ausweisen oder in die Spree werfen, polemisierte er gegen diese "barbarisch-mittelalterliche Methode, gegen die wir uns seit Jahren auf das heftigste zur Wehr setzen, weil die den Antisemitismus diskreditiert. Dieser Graf Pückler war übriggeblieben aus dem Mittelalter. Er schlug Methoden vor, die im Dreißigjährigen Krieg angewandt werden konnten, als die Menschen noch roh, gemein, brutal und inhuman waren."

Auch ein so kritischer Beobachter wie der britische Journalist Sefton Delmer, der später während des Zweiten Weltkrieges die antideutsche Kriegspropaganda leitete, schrieb damals, er hätte wie andere Kollegen den Entschuldigungen führender Nazis Glauben geschenkt, daß es sich bei den radikal judengegnerischen Forderungen "um bloße Propagandaparolen handele; die man nicht ernst zu nehmen brauche; daß die einzigen Juden, die leiden würden, die kommunistischen Juden seien."

Selbst die objektiv bedrohtesten Menschen in Deutschland, die Juden, witterten keine greifbaren Gefahren in der antijüdischen NS-Propaganda. Ein Beispiel für alle mag genügen, 1930 schrieb Tucholsky: "Die Hitlerleute! - Halb so schlimm. Furchtbar viel Geschrei, Brutalitäten; Freude am organisierten Radau, Freude an der Uniform, den Lastwagen und dem Straßenaufmarsch, ... halb so schlimm. Wie sie regieren werden? Viel harmloser als die maßlos enttäuschten, aber bald gebändigten Kleinbürger glauben. Deren radikale Flügel werden bald unterdrückt."

Auf die besorgte Frage, was die Nazis mit ihren Gegnern tun, wenn sie einmal die Macht hätten, winkt Tucholsky lässig ab: "Nicht, was Sie denken. Ein paar Zuchthausstrafen, ein paar Roheiten gegen die Juden, gegen eine Handvoll Republikaner, Beschränkung des Reichsbanners, Verbot der KPD, weiter nichts."

Wenn alle judenfeindlichen Proklamationen selbst von deren künftigen Opfern so wenig ernst genommen, ja nur mit herablassender Ironie beantwortet wurden, warum hätten "unbeteiligte" Bürger, warum hätten selbst Anhänger oder Mitglieder der NS Bewegung in ihnen die Absicht auf einen Millionenmord erkennen müssen?

Der durchschnittliche deutsche Normalbürger war offenbar nicht einmal für eine Partei zu begeistern, die ihm die "Lösung der Judenfrage" versprach. Bis 1930 hatten es die Nazis daher auch schwer genug, sich aus dem Dunkel der Anonymität ins Licht der Öffentlichkeit erheben zu können. (Siehe auch S. 69)

Aber auch ihre großen Wahlerfolge nach 1930 zeigen, daß sie mit Antisemitismus ursächlich nichts zu tun haben.

Franz Oppenheimer, Rechtsanwalt aus Washington, hat sich in mehreren Studien (The American Spectator, FAZ) sehr ausführlich auch mit dieser wichtigen Frage auseinandergesetzt. Er weist darin u.a. auch auf die wissenschaftliche Untersuchung von Prof. Sarah Gordon hin (HITLER, GERMANS AND THE JEWISH QUESTION) und schreibt u.a.:

"Die Angaben von Professor Gordon über den Antisemitismus sollten die üblichen Gescheitheiten zum Verstummen bringen. Sie belegt, daß selbst unter dem ergebenen Kern der Parteimitglieder vor Hitlers Machtergreifung die wütenden Antisemiten nur eine kleine Minderheit von 12,5 Prozent waren, und selbst diese Minderheit eingetragener Parteimitglieder 'schien nicht die Vertreibung der Juden aus Deutschland ins Auge gefaßt zu haben und noch weniger geplanten Rassenmord oder Ausrottung'. Ein Drittel dieser Nazis der früheren Zeit war entweder gemäßigt antisemitisch oder gegenüber der 'jüdischen Frage' gleichgültig."

"Angesichts der Tatsache, daß selbst der harte Kern der Nazipartei in der Weimarer Republik nur eine kleine rabiat antisemitische Minderheit enthielt, finde ich es schwierig, irgendeine über die Erbsünde hinausreichende Schuld dem durchschnittlichen Wähler der Nazipartei zuzuschreiben. Hitlers Wahltaktik von 1928 bis zur Machtergreifung 1933 läßt erkennen, daß er wußte, daß der Antisemitismus beim deutschen Wähler keinen Anklang fand. Sarah Gordon zitiert mehrere Historiker, nach deren Urteil der Antisemitismus zu dieser Zeit kein Wahlkampfthema war."

So spielten sich auch die große Umwälzung von 1933, die Übernahme der Macht, die allgemeine Gleichschaltung ohne nennenswerte antisemitische Ausschreitungen oder gar Pogrome ab. Viele jüdische Persönlichkeiten fühlten sich ermutigt, der Hitlerregierung Grußadressen und Sympathieerklärungen zukommen zu lassen. Rabbiner Dr. Baeck, Präsident der "Reichsvereinigung der Juden in Deutschland" erklärte seine Übereinstimmung im Kampf gegen den Bolschewismus und sagte, "Die Erneuerung Deutschlands ist ein Ideal und eine Sehnsucht innerhalb der deutschen Juden." Auch der "Verband Nationaldeutscher Juden" erließ einen Aufruf zugunsten der Hitlerregierung. Der Rabbiner Elie Munk bekannte sich sogar zum Nationalsozialismus, "natürlich ohne seine antisemitische Komponente". Der Reichsbund jüdischer Frontsoldaten protestierte am 24. März 1933 bei der USA-Botschaft in Berlin gegen die antideutsche Hetze: es seien zwar vereinzelte Ausschreitungen vorgekommen, wie sie "in keiner Umwälzung vermeidbar" seien, jedoch sei hiergegen in allen Fällen energisch eingeschritten worden.

Zwei Kriegserklärungen

Am gleichen Tage erschien der DAILY EXPRESS mit einer sensationellen Schlagzeile über die (sieben Spalten) volle Breite seiner ersten Seite: JUDEA DECLARES WAR ON GERMANY. Hier hieß es: "Das ganze israelische Volk der ganzen Welt erklärt Deutschland wirtschaftlich und finanziell den Krieg... Vierzehn Millionen Juden stehen wie ein Mann zusammen, ... um sich zu einem heiligen Krieg gegen die Leute Hitlers zusammenzuschließen... "überall in den USA waren große Plakate mit dieser Kriegserklärung zu lesen, überall wurde die Parole ausgegeben, ab sofort keine deutschen Produkte und Waren mehr zu kaufen,... das Weltjudentum hat sich entschlossen nicht stillzuhalten... usw."

Hiergegen wurden wiederum Proteste des deutschen Judentums laut, man möge solche Terrormaßnahmen unterlassen, da sie letzten Endes vor allem den deutschen Juden schaden würden. Im Deutschen Reich wurde ab 1. April ein eintägiger Antiboykott proklamiert und organisiert, um die deutsche Bevölkerung zu veranlassen, ab sofort nicht mehr in jüdischen Läden zu kaufen. Alle Gewalttätigkeiten und Sachbeschädigungen wurden streng verboten und unter Strafe gestellt. Obgleich nun jüdische Geschäfte keineswegs so strikte boykottiert wurden, wie erwartet, flaute der jüdische Boykott doch so schnell ab, daß die deutschen Gegenmaßnahmen abgeblasen werden konnten, wenn auch, wie Goebbels notierte, "weiterhin als ständige Drohung in der Hinterhand."

Sie ist auch zunächst in der Hinterhand geblieben; selbst dann, als am 7. August 1933 die zweite Kriegserklärung erfolgte: NEW YORK TIMES berichtet, daß Samuel Untermeyer, der Präsident der "International Jewish Economic Federation" mit Unterstützung Chaim Weizmanns an Deutschland den Heiligen Krieg erklärt habe, den er "bis zum siegreichen Ende zu führen gelobte."

Das Haavara-Abkommen

Von 1933 bis 1935 begannen sich zweierlei deutsch-jüdische Fronten zu formieren. Einmal die breite, öffentliche, auf der sich Nazideutschland und Judentum beschimpften und bekämpften. Zum anderen die mehr oder weniger vertrauliche, schmale Front, in der Beauftragte des Deutschen Reiches, der NS Gliederungen und des zionistischen Judentums miteinander zum Besten aller Beteiligten verhandelten.

Verständlicherweise harmonierten die zionistischen Juden am meisten mit den rassischen Vorstellungen der NSDAP. Nur auf den Wellen des "internationalen", seit 1933 vor allem des deutschen Antisemitismus, konnten sie ihr Ziel erreichen: "Die den Juden durch die Balfour-Erklärung von 1917 versprochene "Heimstätte" zu einem souveränen Staat zu entwickeln." Wer hätte sich wohl auch sonst, nur durch Versprechungen und gute Worte bewegen lassen, seine gegenwärtige Heimat zu verlassen und ausgerechnet nach Palästina auszuwandern? Fühlbar naher Antisemitismus war denn doch sehr viel effektiver, zumal, wenn der (deutsche) Heimatstaat selbst alles daransetzte, mit allen Mitteln möglichst schnell möglichst vielen Juden zur Auswanderung zu verhelfen. Und wenn er sich zudem bemühte, durch wirtschaftliche und finanzielle Maßnahmen den Auswandererstrom gezielt nach Palästina zu lenken und nicht, wie es die meisten Auswanderer eigentlich vorgezogen hätten, nach Amerika oder in westliche Länder ziehen zu lassen. Nun fehlte es "nur noch" an Geld.

In intensiven Beratungen kam es, nach Überwindung heftiger innerjüdischer Bedenken und Widersprüche, im August 1933 zum Haavara-Transferabkommen, das am 4. September 1933 durch den 18. Zionistenkongreß in Prag gutgeheißen wurde. Es ermöglichte 50 000 deutschen Juden die Auswanderung; jeder von ihnen erhielt die von der britischen Mandatsmacht geforderten 1000 Pfund (20 000 Mark) in bar ausgezahlt und dieselbe Summe zur Investition in die Entwicklung Palästinas gutgeschrieben. Mit den transferierten Geldern wurden die Grundlagen für das heutige Israel geschaffen und die Mittel bereitgestellt, arabische Einwohner durch Ankauf ihrer Ländereien zu verdrängen.

Bemerkenswert ist, daß unter den Auswanderern nach Palästina strenge Selektionen stattfanden. Denn für die geplanten Aufbauarbeiten hatte man alte oder kränkliche Personen nicht brauchen können. Mit Billigung Himmlers und Heydrichs entstanden sogar Handwerkschulen und Ausbildungslager, in denen deutsche Juden zur Vorbereitung ihrer Umsiedlung mit landwirtschaftlichen, handwerklichen und militärischen Grundbegriffen vertraut gemacht wurden.

Dies war gewiß auch für jüngere Menschen kein Honiglekken. Denn, wie Francis R. Nicosia in seiner grundlegenden wissenschaftlichen Untersuchung feststellte: "Die zionistische Kibbuz-Bewegung ahmte bis in die kleinste Einzelheit die Praxis des Bundes der Artamanen in Deutschland nach, eines Bundes, dem bekanntlich Heinrich Himmler für einige Zeit angehörte."

Rabbi Prinz anerkannte, "daß es kein Land gebe, das sich so ernsthaft der Lösung des jüdischen Problems annehmen würde", und in einem zionistischen Memorandum an die Reichsregierung hieß es: "Boykottpropaganda, wie sie gegenwärtig in allen Arten und Weisen gegen Deutschland geführt wird, ist ihrer Natur nach unzionistisch, denn der Zionismus will nicht kämpfen, sondern überzeugen und aufbauen...."

Andererseits trat zum ersten Mal die Person Adolf Eichmanns in den Vordergrund, der sich bemühte, "eine andere Linienführung des "STÜRMER" zu erreichen; wie überhaupt die Führung der SS den radikalen emotionellen Antisemitismus durch "rationale" Auswanderungspolitik ersetzen wollte. So nahm der Leiter des Judenreferats die Einladung zu einem fünfmonatigen Palästinabesuch an, blieb dort sogar sechs Monate und verfaßte über seine Erfahrungen und Eindrücke viele Artikel in zionistischem Sinn.

Auch Dr. Goebbels tat sein übriges. Er veranlaßte, daß seine Zeitung DER ANGRIFF eine zwölfteilige Artikelserie über den Zionismus in Palästina veröffentlichte, mit dem Tenor: "Dieser Jude wird ein neues Volk!"

Regierung und Partei taten alles, das Gefühl jüdischen Selbstbewußtseins zu wecken und zu stärken; jüdische Schulen, Sportvereine und Kultureinrichtungen wurden gefördert, alles im Hinblick auf das Ziel rascher Auswanderung. Den Zionisten wurde sogar erlaubt, zu ihren Umschulungen auch Lehrkräfte aus Palästina heranzuziehen und dabei hebräisch zu sprechen. Während einerseits jüdische Schüler von den Staatsschulen entfernt wurden, wurden andererseits jüdische Schulen gefördert und bezuschußt; bis 1939 bezahlte der deutsche Staat sogar die Pensionen für jüdische Lehrer.

Die Nürnberger Rassegesetze

Alle diese Maßnahmen wurden am 15. September 1935 durch das "Gesetz zum Schutz des deutschen Blutes" auf den Punkt gebracht: Ab sofort waren nun "zwischen Juden und Staatsangehörigen deutschen oder artverwandten Blutes" sowohl Eheschließungen wie außerehelicher Verkehr bei strengen Strafen verboten. Wenngleich derartige Rassengesetze aus heutiger Sicht als unmenschlich oder doch mittelalterlich anmuten mögen, und obgleich diese Nürnberger Gesetze damals wie heute immer wieder den Abscheu der ganzen "gesitteten Welt" heraufbeschwören, war und ist die Reaktion gläubiger Zionisten wie auch objektiver Beobachter grundlegend anders. Hierfür zwei gewichtige Beispiele:

Der Präsident der staatszionistischen Organisation, Georg Kareski, äußerte in einem Interview vom 23. Dezember 1935: "Ich habe seit vielen Jahren eine reinliche Abgrenzung der kulturellen Belange zweier miteinander lebender Völker als Voraussetzung für ein konfliktfreies Zusammenleben angesehen... Die Nürnberger Gesetze scheinen mir... ganz in die Richtung auf diese Respektierung des beiderseitigen Eigenlebens zu liegen. Wenn das jüdische Volk sich zwei Jahrtausende nach dem Verlust seiner staatlichen Selbständigkeit, trotz fehlender Siedlungsgemeinschaft und sprachlicher Einheit bis heute erhalten hat, so ist das auf zwei Faktoren zurückzuführen: seine Rasse und die starke Stellung der Familie im jüdischen Leben. Die Lockerung dieser beiden Bindungen in den letzten Jahrzehnten war auch für die jüdische Seite Gegenstand ernster Sorge. Die Unterbrechung des Auflösungsprozesses in weiten jüdischen Kreisen, wie er durch die Mischehe gefördert wurde, ist daher vom jüdischen Standpunkt rückhaltlos zu begrüßen."

Einige Jahrzehnte später schrieb die weltbekannte Soziologin Hannah Arendt: "Die Unbekümmertheit, mit der der Ankläger im Eichmannprozeß (die Nürnberger Gesetze) anprangerte, verschlug einem einigermaßen den Atem, da in Israel, wo der Personalstatus jüdischer Bürger durch rabbinisches Gesetz bestimmt wird, kein Jude einen Nichtjuden heiraten darf." Und: "Die israelischen Bürger, ob religiös oder nicht, scheinen sich darüber einig zu sein, daß es erstrebenswert ist, ein Gesetz beizubehalten, das die Eheschließung mit Nichtjuden verbietet."

Mehrere Bücher ließen sich füllen, wollte man alle Stimmen zitieren, die, mehr oder weniger gewichtig, vor Mischehen warnen.

Angefangen mit dem Alten Testament (Buch Esra 10), wo es heißt: "Wir haben unserem Gott die Treue gebrochen, als wir uns fremde Frauen von den Völkern des Landes genommen haben. ... Und Esra, der Priester, stand auf und sprach zu ihnen: Ihr habt dem Herrn die Treue gebrochen, als ihr euch fremde Frauen genommen - scheidet euch von den Völkern des Landes und von den fremden Frauen..."

So geht der erbitterte Kampf gegen das Fremde - theologisch begründet, biologisch geführt - über mehr als zwei Jahrtausende bis zu den gegenwärtigen Kibuzzim, die keine Freiwilligen mehr aufnehmen, da der Einfluß fremder Kulturen "Entwurzelung unserer Jugend, Mischehen und Auswanderung" bewirkte. Er geht weiter über den langen Aufruf des Direktoriums des Zentralrates der Juden in Deutschland von 1985, der empfiehlt, in Mischehe lebenden Juden keine Führungspositionen mehr in jüdischen Gemeinden anzuvertrauen. Bis zu dem weitverbreiteten Grundsatzurteil des Rabbiners H.I. Grünewald aus London, der das Judentum in unserer Zeit bedroht sieht durch "Judenhaß, Geburtenrückgang, aber vor allem und in erster Linie durch die Mischehe, von der in der jüdischen Welt fünfzig und mehr Prozent bedroht sind." Denn immer müsse man bedenken: Kinder nichtjüdischer Mütter sind auch dann Nichtjuden, wenn der Vater Jude ist." Auch Kinder jüdischer Mütter könnten "verlorengehen", wenn der Beitrag des Vaters zur jüdischen Erziehung fehle.

Emigration - aber wohin?

Die Nürnberger Gesetze trugen dazu bei, den Auswanderungswillen aller Juden zu beleben. Bald wurden die Einwanderungszahlen in Palästina so hoch, daß die dort ansässigen Araber unruhig wurden. Nach einigen kleineren Angriffen kam es am 19. April 1936 in Jaffa zu einem ernsthaften Aufstand mit anschließendem Generalstreik. Auch in den arabischen Nachbarstaaten bildeten sich Ausschüsse zur Verteidigung Palästinas, das selbst zum Brennpunkt und Sinnbild für arabischen Nationalismus wurde. Immerhin war die jüdische Bevölkerung in Palästina von nur 55 000 Seelen im Jahre 1919 auf 400 000 im Jahre 1937 angewachsen. Die parallel hierzu verlaufenden Landkäufe begannen, die wirtschaftliche Existenz der Palästinenser zu bedrohen. Seitens der Mandatsmächte wurde ihnen nicht einmal die Selbstverwaltung zugestanden, wenn man von der kommunalen Ebene absieht. Auf der anderen Seite konnte sich Großbritannien nicht dazu entschließen, für die Juden die versprochene "Heimstatt" zu etablieren. "Im Gegenteil wurden immer mehr Stimmen laut, die Bedenken gegen den Plan äußerten. So heißt es in der

TIMES vom 6. Juli 1938: "Man muß zugeben, daß die Anwesenheit einer großen Zahl von Juden innerhalb eines Staates in gewissen Ländern schwere Probleme aufwirft, besonders, wenn die Juden eine ihrer Zahl nicht entsprechende Bedeutung gewinnen."

Es begann nun ein Gerangele, das über die Konstituierung Israels 1948 hinaus im Grunde bis zum heutigen Tage andauern sollte. Ein Gerangele auf dem Boden einer ausweglosen tragischen Situation, da sowohl Araber wie Juden gegeneinander Rechte in Anspruch nahmen, die sowohl durch historische Überlieferung wie durch neuerliche Verbriefung sanktioniert waren. Jede Seite hatte recht, gewiß. Aber welcher auch immer es zugesprochen werden mochte, für die andere mußte es als bitteres Unrecht erscheinen. Reduzierte die britische Mandatsmacht die Einwanderungsquote nach Palästina, jubelten die Araber und protestierten die Juden - vice versa. Auf arabischen Druck setzten die Engländer die Zahl der Einwanderungszertifikate im März 1939 für die nächsten 5 Jahre auf ganze 15 000 herab.

Deutschlands Verhalten in dieser Frage war schwankend, beeinflußt einerseits durch den gleichbleibenden Willen, alle Juden möglichst schnell emigrieren zu lassen, andererseits durch die Furcht vor den "Machenschaften der Weisen von Zion", die ja nun durch die jüdische Konzentration in Palästina eine immer stärker werdende "Operationsbasis" erhalten würden. Trotz aller Bemühungen waren bis Anfang 1938, also fünf Jahre nach Hitlers Machtübernahme, erst 130 000 Juden ausgewandert, gab es im "Altreich" sogar noch 40 000 jüdische Unternehmungen, war die Judenfrage noch immer ein Weltproblem geblieben.

So trat denn im Juli 1938 im französischen Evian-les-Bains eine internationale Konferenz zusammen, an der 32 Staaten aus Europa, Nord- und Südamerika und den britischen Dominions sowie Vertreter jüdischer Vereinigungen teilnahmen. Indessen sahen sich die 32 Staaten nicht in der Lage, die in Deutschland noch verbliebenen rund 350 000 Juden oder auch nur einen Anteil davon bei sich aufzunehmen. Alle brachten ihre "gewichtigen" Gründe dafür vor, ihre Einwanderungsquoten nicht erhöhen zu würde." Die bald folgenden Kriegsereignisse machten alle transkontinentalen Lösungsversuche unmöglich, obgleich die deutschen Bemühungen hierum noch bis 1941 weiterliefen.

Hitler droht mit Vernichtung

Am 30. Januar 1939 hielt Hitler seine berüchtigte Reichstagsrede über die Vernichtung der jüdischen Rasse in Europa. Zunächst zählte Hitler die Leiden auf, die das Judentum dem deutschen Volk angeblich zugefügt habe und die es jetzt wiedergutmachen müsse.

Die Juden hätten "sämtliche Führungsstellen an sich zu reißen gewußt", jetzt sollen sie abgeschoben und Deutsche dafür eingesetzt werden. Wäre das Mitleid der Welt um das Schicksal der Juden echt, könne sie diese ja jederzeit bei sich aufnehmen, zumal die Weltreiche pro Quadratkilometer nur 10, Deutschland aber 135 Einwohner habe. Wären die Juden kulturell wirklich so wertvoll, wie behauptet, müsse "man uns dankbar sein, daß wir diese herrlichen Kulturträger freigeben und der anderen Welt zur Verfügung stellen." Stattdessen lehne man deren Aufnahme "unter allen nur möglichen Ausflüchten" ab.

Die Juden hätten einst seine Prophezeiung verlacht, er werde die Führung des Staates übernehmen; dieses "damalige schallende Gelächter" sei ihnen "unterdeß wohl schon in der Kehle erstickt." Und dann der berühmt-berüchtigte Satz:: "Ich will heute wieder ein Prophet sein: Wenn es dem internationalen Finanzjudentum in und außerhalb Europas gelingen sollte, die Völker noch einmal in einen Weltkrieg zu stürzen, dann wird das Ergebnis nicht die Bolschewisierung der Erde und damit der Sieg des Judentums sein, sondern die Vernichtung der jüdischen Rasse in Europa."

Welchen Zuhörer würde bei solchen Worten nicht der Schauder packen? Und wer würde darin nicht einen weiteren untrüglichen Beweis für eine Richtung sehen, die zwangsläufig nach Auschwitz führen mußte? Eine Schlußfolgerung, die sich heute einem jeden geradezu aufdrängt. Auch in jener Zeit waren das unheildrohende Worte. Aber wer sprach damals nicht von Vernichtung, Auslöschen, Ausmerzen, Zerstörung, Zerschlagung, Austilgung, Liquidieren, Erwürgen, Totschlagen... Derartig letale Drohungen wurden auf allen Seiten, in allen Lagern geäußert, ohne daß sie auch unbedingt wörtlich gemeint oder aufgefaßt werden mußten.

Nach Alexander Mitscherlichs richtiger Erkenntnis traut auch nur der Zwangsneurotiker nicht "unserer Trennung zwischen Wortsymbolen und tatsächlichen Folgen, kann nur für ihn der Satz "ich könnte Dich umbringen" die Qualität einer solchen Realgefahr annehmen".

Auch heutzutage ruft manch wütender Vater, beim nächsten Male werde er seinen Sohn totschlagen. Ginge, wer das hört, immer gleich zur Polizei, so würde man ihm sicher nicht danken, sondern ihn auslachen.

Wenn also schon der Hörer damals durch nichts gehalten sein konnte, aus diesen Worten Schlüsse auf ein damals noch lange nicht existentes Faktum Auschwitz zu ziehen, konnte und mußte nicht wenigstens Hitler damit eindeutig seinen systematischen Massenmord gemeint haben? Auch diese Folgerung ist zwar möglich, aber nicht zwingend. Versetzen wir uns in die psychopathische Psyche eines von fanatischem Antisemitismus Besessenen, für den ja das internationale Judentum zugleich auch der "ewige Kriegsbrandstifter" war. Was mußte in dieser Vorstellungswelt wohl das wirksamste Mittel sein, den Ausbruch eines Krieges zu verhindern? - Das konnte nur die Drohung sein, es zu vernichten, die das "Weltjudentum" dazu bewegen mußte, einen Krieg lieber erst gar nicht anzufangen.

Wem diese Argumentation als zu weit hergeholt erscheint, sollte seinerseits plausibel erklären, warum ein Massenmörder seinen alten "Plan", von dem er bislang nie gesprochen, plötzlich bekanntgibt; warum er den angedrohten Mordplan trotz eingetretener "Vorbedingung" nicht nur nicht ausführt, sondern dadurch aufs Spiel setzt, daß er dessen mutmaßliche Opfer weiterhin scharenweise laufen läßt?

Denn noch fast drei Jahre nach der Drohrede geht die jüdische Auswanderung legal weiter. Bis zum Stichtag der letzten Zählung, dem 31. Oktober 1941, wandern insgesamt 537 000 Juden aus dem Großdeutschen Reich aus. Das heißt; auch während zweier Jahre, da der Weltkrieg im vollen Gange ist, da auch "das Weltjudentum" selbst an Deutschland den Krieg erklärt, ihn in Millionenstärke auch führt * und damit an Hitler das unübersehbare Zeichen gibt, jetzt seine Drohung wahrzumachen.

Chaim Weizmanns Kriegserklärung

Tatsächlich hatte der Präsident der Jewish Agency, Chaim Weizmann, schon vor Ausbruch des Zweiten Weltkrieges, öffentlich auf dem 25. Zionistenkongreß in Genf erklärt und am 29. August 1939 durch Note an den britischen Ministerpräsident bestätigt: "Ich wünsche in nachdrücklichster Form die Erklärung zu bestätigen, daß wir Juden an der Seite Großbritanniens stehen und für die Demokratie kämpfen werden. Aus diesem Grunde stellen wir uns in den kleinsten und größten Dingen unter die zusammenfassende Leitung der britischen Regierung. Die jüdische Vertretung ist bereit, in sofortige Abkommen einzutreten,

---

* Der jüdische Historiker Arnold Paucker, jahrzehntelanger Direktor des Londoner Leo Baeck-Institut, schrieb in BEITRÄGE ZUM WIDERSTAND 1933 - 1945, Heft 37: "... steht fest, daß fast alle waffenfähigen Juden, wo sie es nur konnten, eine Pflicht erfüllten, die auch eine jüdische war. Hunderttausende haben sich freiwillig gemeldet, und sie kämpften ferner in den Partisaneneinheiten aller europäischen Länder".

"... deutsche Juden konnten wohl - nach ihrer Emigration - den Kampf gegen Nazideutschland aufnehmen. Und das haben sie auch getan, zehntausende von ihnen dienten in den Armeen der Alliierten ... eine ganze Generation deutscher Juden kämpfte an allen Fronten gegen den Faschismus."

"Ungefähr 10 % aller Juden (d.h. 1,6 Millionen von den 16 Millionen Juden in der Welt bei Kriegsausbruch) kämpften gegen Hitlerdeutschland. Diese Schätzung wird von den meisten Historikern akzeptiert. Über eine halbe Million Juden diente in der Roten Armee, mindestens 700 000 in den Armeen der westlichen großen Alliierten. In Palästina meldeten sich 35 000 Juden freiwillig zur britischen Armee, von denen später 10 000 die Jüdische Brigade bildeten."

um alle menschlich-jüdische Kraft, ihre Technik, ihre Hilfsmittel und alle Fähigkeiten nützlich einzusetzen."

Nach Kriegsausbruch veröffentlichten viele jüdische Zeitungen diese Kriegserklärung, z.B. der Jewish Chronicle vom 8. September 1939.

Wer etwas von Völkerrecht versteht, wird jetzt seine Zweifel anmelden: Darf hier überhaupt von einer "Kriegserklärung" gesprochen werden, da doch das "Weltjudentum" gar kein Völkerrechtssubjekt war. Da es weder über eine reguläre Regierung verfügte noch über ein souveränes Staatsgebiet. Da es weder rekrutieren, noch adäquate militärische Strukturen und Waffenvorräte mobilisieren konnte. Hatte es Weizmann demgemäß nicht auch schon rein formal an jeder Legitimation gefehlt, namens aller Juden Verpflichtungen einzugehen, die ein großer Teil mit Sicherheit ablehnte? Täte man mit einer formalen Anerkennung der "Kriegserklärung" nicht etwa allen jenen Juden bitteres Unrecht, die mit einem Krieg gar nichts im Sinn hatten?

Demgegenüber war das Deutsche Reich zweifellos ein Völkerrechtssubjekt, formal durch ein legal gewähltes Staatsoberhaupt repräsentiert. War dieses, also war Hitler, damit aber auch wahrhaft legitimiert, sein Volk in einen Krieg zu schicken? Wer das damalige Deutschland von innen erlebt und gekannt hat, wird eine solche Legitimation ohne Zögern verneinen. Dem einzelnen Deutschen ist sein Kriegsschicksal mindestens genauso aufgezwungen worden wie dem einzelnen Juden, ob er es wollte oder nicht. Nur hatte dieser anfangs die größere Freiheit der Wahl, dem Ruf seines Führers zu folgen oder nicht. Und dieser war nun mal Chaim Weizmann, der frei gewählte Präsident der Zionistischen Weltorganisation und Vorsitzende der Jewish Agency, in dessen überragender Persönlichkeit fast alle politisch maßgebenden Juden (wie z.B. Golda Meir) den "König der Juden" verehrten.

Aber mag man dessen "Kriegserklärung" auch noch so viele formal-völkerrechtlich bedeutsame Ingredienzien absprechen: de facto war sie eine. Selbst der Gerichtspräsident Halévy sagte im Eichmann-Prozeß: "Es gab tatsächlich eine Erklärung von Professor Chaim Weizmann aus dem Jahre 1939, die man als Kriegserklärung des Judentums an Deutschland verstehen könnte."

Daß das Weltjudentum sich im Zweiten Weltkrieg gegen Hitler gestellt hat, wird sicher nicht in erster Linie auf Weizmanns Aufrufe zurückzuführen sein. Die Mehrzahl der anderthalb Millionen, die in den alliierten Heeren mitkämpften, wird spontan zu den Fahnen geeilt sein.

Alle aber sind durch diese internationalen Anrufe stimuliert worden. So auch, von den weltweiten Medien abgesehen, das "trojanische Pferd", die Judenheit im deutschen Machtbereich. So rief z.B. das deutsch-jüdische Wochenblatt "Aufbau" mehrmals dazu auf, Baedeker, Straßenverzeichnisse, Fotos, Landkarten, Listen mit Beamtennamen usw. zur Information der alliierten Stäbe einzusenden. Mit dem Erfolg, daß der "Aufbau" im Januar 1943 melden konnte: "Die Alliierten wissen heute mehr über Hitlers wunde und verwundbare Stellen als er selbst."

Roosevelts einflußreicher jüdischer Mitarbeiterstab, der schon seit Jahren einen Krieg gegen das Deutsche Reich vorbereitet hatte, sowie die ungeheuerlichen Ausrottungspläne, die mit den Namen Nathan Kaufmann, Cherwell-Lindemann und Henry Morgenthau verbunden waren, seien hier nur noch der Vollständigkeit halber genannt.

So wenig man Weizmanns Kriegserklärungen überbewerten sollte, so wenig darf man sie unterbewerten. Daß er damit alle Juden der Welt öffentlich und auch formal in das Kriegsgeschehen hereinholte, spricht übrigens nicht dafür, daß er Hitlers Drohrede vom 30. Januar 1939 ernstlich als Ankündigung einer physischen Massenvernichtung verstanden haben kann. Andernfalls hätte er mit seinen Kriegserklärungen völlig unnötigerweise "amtlich bestätigt", nunmehr persönlich die von Hitler anvisierte Voraussetzung zur Vernichtung geschaffen zu haben. Schließlich wußte er, daß eine erhebliche Anzahl Juden das Deutsche Reich noch nicht verlassen hatte; auch hatte er voraussehen können, daß durch den Krieg im Osten eine noch viel größere Zahl in Hitlers Machtbereich gelangen mußte.

Natürlich hatten die armen jüdischen Menschen in Deutschland, Polen und der UdSSR mit diesen politischen Deklarationen und sonstigen propagandistischen und militärischen Großoffensiven genausowenig zu tun wie die Bürger anderer Staaten mit den Plänen und Taten ihrer Regierungen, Generalstäbe und Großkonzerne. Seit jeher als Geiseln in der Verfügungsgewalt Hitlers, bekamen sie dessen Würgegriff um so grausamer zu spüren, je mehr sich im totaler werdenden Kriege Terror und Gewalt steigerten und überschlugen.

Jüdisch-deutsche Kollaboration

Zunächst aber wurde die Auswanderungspolitik aller ja nun im Kriegszustand befindlichen deutschen Juden fortgesetzt. So wurde nach dem Ende des Frankreich-Feldzuges Reichsminister Schacht erneut mobilisiert; er sollte die Möglichkeit verfolgen, in Madagaskar einen Judenstaat mit einer lebensfähigen Nationalwirtschaft zu etablieren. Schacht versuchte sein Bestes, scheiterte aber an der Weigerung der Weltbanken, die hierfür nötigen Milliarden-Anleihen zur Verfügung zu stellen. Rein technisch stellten sich dem Juden-Transfer auch insofern unüberwindliche Hindernisse in den Weg, als England ein "freies Geleit" für die Auswandererschiffe verweigerte. Und das, obwohl die Schweiz und auch Schweden sich nach Intervention des Weltkirchenrates als Transferländer zur Verfügung gestellt hatten.

Den in und um Palästina kämpfenden Zionisten waren die deutschen und internationalen Bemühungen um Judentransfers in alle Welt naturgemäß unheimlich. Nicht umsonst hatte Chaim Weizmann schon seit Jahren alle deutschen Angebote durch unerfüllbare Gegenforderungen zu Fall gebracht, da sie immer auch Ziele außerhalb Palästinas in Betracht zogen und damit die Gründung des ersehnten Staates Israel gefährdeten. Schon Ende 1934 hatte Weizmann Deutschland "den Bolschewismus oder die Cholera" gewünscht und bekannt: "Eher will ich den Untergang der deutschen Juden sehen als den Untergang des Staates Israel für die Juden".

So auch die Juden "vor Ort", die praktisch mit den Dienststellen des Deutschen Reiches, der NSDAP und der SS zusammenarbeiteten und die in deren judenfeindlichen Maßnahmen nur willkommene Impulse zu vermehrter Auswanderung erblickten.

Sie richteten über ihre Nationale Militärische Organisation (NMO) am 11. Januar 1941 einen Vorschlag an die deutsche

Regierung, der "die Vorbedingung der Lösung der jüdischen Frage" nur in einer "Evakuierung der jüdischen Massen aus Europa" sieht und in deren Niederlassung in Palästina. Im Hinblick auf den guten Willen "der Reichsregierung gegenüber den zionistischen Aktivitäten" sollte in gemeinsamer Zusammenarbeit ein "historisch-jüdischer Staat auf nationaler und totalitärer Basis" errichtet werden. "Von diesen Voraussetzungen ausgehend, würde die NMO in Palästina...aktiv an Deutschlands Seite in den Krieg eintreten." Dieses sensationelle Dokument, das ja sozusagen alles billigend in Kauf nahm, was bis dahin von deutscher Seite mit Juden geschehen war, befindet sich im Bundesarchiv Koblenz, Akten AA, E 234 158.

Leider erhielten sie auf dieses Angebot keine Antwort. Wäre es angenommen worden, so ist nicht vorstellbar, welchen Verlauf der Krieg genommen haben könnte. Aber auch für sich bleibt das Dokument ein wichtiges Indiz für die Mentalität eines großen Teiles der jüdischen Führerschaft und für deren Gespaltenheit in ein zionistisches und in ein Diaspora-Lager.

Eskalation

Daß die Juden beider Lager auch außerhalb der militärischen Einheiten (siehe Anmerkung S.297) alles daransetzten, im Kriege aktiv kämpferisch mitzuwirken, zeigt der amtliche Bericht des Anglo Russian Parliamentary Committee über die Internat. Conference of Jews in Moskau am 24. August 1941: Hier wurde "ein mitreißender Appell an die Juden der ganzen Welt angenommen, der sie zum Aufstand gegen die faschistischen Mörder aufruft..." "Unterwandert die meisten lebenswichtigen Zweige der todbringenden Industrien der Hitlerischen Henker und lähmt sie mit allen Mitteln! Boykottiert ihre Produkte überall... Tut Eure Pflicht in diesem Heiligen Krieg!"

Die JEWISH AGENCY FOR PALESTINE antwortete: "... Euer Appell an das Weltjudentum... hat uns erreicht, und wir stimmen ihm von ganzem Herzen zu."

Und Chaim Weizmann sagte bei der Tagung des Jüdischen Weltkongresses in New York am 3. Dezember 1942:

"Wir leugnen es nicht und haben keine Furcht, die Wahrheit zu bekennen, daß dieser Krieg unser Krieg ist und zur Befreiung des Judentums geführt wird... zu sagen, daß ohne uns der Erfolg der Alliierten nicht denkbar wäre... Stärker als alle Fronten zusammen ist unsere Front, die Front des Judentums. Wir geben diesem Krieg nicht nur unsere ganze finanzielle Unterstützung... Die Sicherung des Sieges baut sich hauptsächlich auf der Schwächung der gegnerischen Kräfte, auf der Zerschlagung in ihrem eigenen Lande, im Inneren ihrer Festung des Widerstandes auf. Und wir sind das trojanische Pferd in der Festung des Feindes. Tausende in Europa lebende Juden sind der Hauptfaktor bei der Vernichtung des Feindes."

Nachdem alle deutschen Bemühungen um einen Zufluchtsort ebenso erfolglos blieben wie die entsprechenden Konferenzen auf internationaler Ebene, verbot und stoppte Hitler ab 1. Oktober 1941 die jüdische Auswanderung und befahl das Tragen eines "Judensterns", damit jeder Jude als potentieller "Reichsfeind" erkennbar sei. Auch ordnete er die Internierung aller Juden an, wie ja auch nach Beginn des Krieges mit Japan der US-Präsident Roosevelt alle Staatsbürger japanischer Herkunft sogar sofort in Lager konzentrieren ließ.

Genau zur gleichen Zeit fielen nun auch die letzten kümmerlichen Reste von "Rechten" und "Rücksichten", die man den Juden noch eingeräumt hatte. So wurde jetzt z.B. auch der Jüdische Kulturbund aufgelöst, der 1933 gegründet wurde, nachdem für alle Kulturberufe das "Arierprinzip" eingeführt worden war. Hier hatten ab 1933 die plötzlich arbeitslos gewordenen Künstler ihre Spielstätte gefunden und das Publikum sein Theater. Mit dem September 1941 verschloß man den Juden auch diese letzte Quelle seelischer Erbauung.

In den Betrieben wurde immer eifriger gezählt und gerechnet, auf wieviel Juden verzichtet werden könne, um sie in Richtung Osten abzutransportieren. Immer ungeduldiger forderte Goebbels, daß Berlin nun endlich "judenfrei" werden müsse. Immer wieder mußte er sich anhören, daß Arbeits- und Wirtschaftsministerium sich dagegen ausgesprochen hätten. So meldete man ihm auf seiner "Ministerkonferenz" vom 17. September 1940 noch 72 327 Juden für Berlin und etwa 4 Millionen für das

Altreich und alle vom Reich besetzten Gebiete im Osten und Westen. Sofort nach dem Kriege sollten hiervon 3 1/2 Millionen nach Madagaskar gebracht werden - ein Plan, der noch bis zum Frühjahr 1942 zur Debatte gestanden hat. Ein Plan, der ein in jeder Hinsicht geeigneteres Territorium anbot, als es Palästina war: nämlich 22mal größer, mit reichen Bodenschätzen und nur knapp vier Millionen Einwohnern. Hatte Frankreich als Kolonialhausherr auch schon vor dem Kriege eine wohlwollende Prüfung des Plans zugesagt, so hatte Großbritannien als Herr der Meere auf seinem "no" beharrt, um Madagaskar dann seinerseits am 5. Mai 1942 überfallartig zu besetzen und den Plan damit endgültig zum Fall zu bringen.

Daß sich alle Staaten der Welt einhellig weigerten, emigrierte deutsche Juden aufzunehmen, bzw. ihre Einwanderungskontingente heraufzusetzen, daß selbst die USA ihre Kontingente nicht einmal ausschöpften, daß das militärische Übergewicht auf allen Ebenen sich immer deutlicher der alliierten Seite zuneigte, zerstörte natürlich die geringste Auswanderungsmöglichkeit. Andererseits wurden auch die letzten Arbeitskräfte für die deutsche Kriegsindustrie genützt. Diese war inzwischen planmäßig in jene Regionen verlagert worden, die der feindlichen Luftoffensive am wenigsten ausgesetzt waren.

Es mußte also ebenso logisch wie plausibel erscheinen, Arbeitskräfte in diese östlichen Gebiete in Marsch zu setzen. Darum wurden alle zuständigen Reichsbehörden am 20. Januar 1942 zu einer Sitzung zusammenberufen, die später unter dem berüchtigten Namen "Wannseekonferenz" bekannt wurde. Hier faßte man die nötigen Transfermaßnahmen unter dem vieldeutigen Namen "Endlösung" zusammen, unter dem sie uns dann in einem mehr als fragwürdigen sogenannten "Protokoll" wiederbegegnen. Aber leider nicht im Original, sondern nur als Fotokopie eines sogenannten 16. Exemplars, das weder Stempel, Datum, Unterschrift noch ein sonstiges Attribut eines Protokolls aufweist.

Daß die Diffamierung und gewaltsame Vertreibung aller Juden samt ihrer Verbringung in entfernte Gegenden als unmenschlich empfunden wurden und werden, ist absolut nachfühlbar. Nur wird dabei immer vergessen, daß diese Maßnahmen erst volle drei Jahre nach den Kriegserklärungen gegen Menschen getroffen wurden, die sich nach dem Willen ihres "Führers und Königs" im Kriegszustande befanden. Gleiche Maßnahmen trafen die USA nicht Jahre, sondern nur wenige Monate nach Kriegsausbruch gegenüber Hunderttausend US-Bürgern japanischer Herkunft, obgleich kein Tenno sie "mobilisiert" hatte.

Als man Ende 1941 der ersten Juden mit dem gelben Stern ansichtig wurde, blickte die deutsche Bevölkerung meist scheu und verlegen beiseite, viele zeigten ihr unverhohlenes Mitgefühl, niemand zeigte aggressive oder gar feindselige Reaktionen. Nicht anders war es, wenn frühmorgens in Berlin oder den anderen großen und kleineren Städten große Lastautos der Polizei bereitstanden, hinter deren Planen man Juden erkennen konnte, die schweigend nebeneinander auf ihren Bänken saßen, in Erwartung noch weiterer Schicksalsgenossen und einer ungewissen, düsteren Zukunft.

Was wußten die Passanten?

Für jeden Passanten war es offensichtlich, daß hier inhaftierte Juden auf ihren Abtransport warteten. Warum, wohin und mit welcher Bestimmung, wußte, ahnte niemand. Abtransport irgendwohin nach Osten, das allein war für jeden schauerlich genug. Aber war es auch ausreichend, um zu einer Befreiungsaktion zu motivieren? War die Chance zu befreien, praktisch nicht gleich Null, das Risiko, sein eigenes Leben zu verlieren, aber absolut sicher? Und übrigens: war dieser Transfer nach Osten für die Juden etwas Schlimmeres als für unsere eigenen Männer, Väter und Söhne, die uniformiert in dieselbe Richtung geschickt wurden? - Diese und ähnliche Gedanken machten sich natürlich nur wenige Passanten, aber selbst die entschlossensten Feinde des NS-Regimes kamen zu keiner anderen "Lösung". Zumal auch sie von Auschwitz samt Gaskammern nichts wußten oder auch nur hatten wissen können.

Die überwiegende Mehrheit der Passanten tat und dachte dasselbe, was die Passanten in den Straßen anderer Großstädte der Welt zu tun pflegen, wenn neben ihnen ein Raubüberfall geschieht: sie schaut in die andere Richtung, froh, nicht selbst betroffen zu sein. - Eine bittere Erkenntnis eines allgemein menschlichen Phänomens, das auf das Schuldkonto der gesamten Menschheit gehört oder aber auf gar keines.

Zu den "Passanten" zähle ich nicht nur die Fußgänger, die an den Polizeiautos vorbeigingen, sondern alle, die - vor den Toren des Mordgeschehens und in dessen Unkenntnis - mit dem Judenproblem zu tun hatten. Und die projizierten es auf den Hintergrund der immer wüster werdenden alliierten Terrorangriffe und des für Deutschland immer kritischer werdenden Kriegsgeschehens. Dabei vollzog sich ein fast eigengesetzlicher, gruppendynamischer Prozeß, von dem der Sozialpsychologe Peter R. Hofstätter sagt:

"... daß die Angehörigen der an sich schon minderbewerteten Minorität in den Verdacht geraten, mit der feindlichen Außenwelt zu sympathisieren, was an sich ja auch kaum verwunderlich wäre. Sollte der Krieg mit der feindlichen Außengruppe einen unbefriedigenden Verlauf nehmen, so läßt sich voraussehen, daß die Minorität in den Augen der Majorität zu einem inneren Feind wird. Es kann dann zu Katastrophen kommen, deren wir uns ungern erinnern..."

In unserem Falle hatte sich ja nun diese Minorität durch den Mund ihres eigenen erwählten Sprechers sogar selbst zum kriegführenden Feind erklärt und dies auch schon volle drei Jahre durch die Tat bestätigt (siehe Anmerkung S.297). Faktisches und gruppendynamisches Geschehen bestätigten und erhärteten damit scheinbar alles, was der Sprecher der Majorität, also Hitler, schon immer verkündet hatte.

Bildete sich nun etwa im Zuge dieser eskalierenden Entwicklung ein Klima, in dem die Bereitschaft der Deutschen zu tödlicher Rache an den Juden, zu einem Holocaust hätte heranreifen können? Auch diese Frage wird jeder verneinen müssen, der diese Zeit auf deutscher Seite miterlebt hat. Die von den "breiten Schichten" der Deutschen ersehnte und gewünschte "Rache und Vergeltung" beschränkte sich auf den Ruf nach neuen Wunderwaffen.

Wie aber konnte es zum Holocaust kommen, wenn das Fundament hierzu, wenn das Klima, wenn die Stimmung hierfür fehlte; denn wie anders sollte es möglich sein, auf dem europäischen Kontinent Millionen über Millionen Menschen zu suchen, zu jagen, einzufangen, abzutransportieren, zu internieren und dann am Ende zu vernichten? Bedurfte diese gewaltige Aktion nicht wiederum eines Millionenapparates, bedurfte dieser Apparat nicht einer ständig erneuerten Motivation? Wer so fragt, übersieht, daß alle diese Aktionen in dem totalitären Regime und während eines totalen Krieges abliefen; er übersieht, daß sich jede Aktion dem Beteiligten als Einzeltat darstellte, als Glied einer Kette, deren allerletztes Ende ihm verborgen blieb; er übersieht, daß jeder Beteiligte den für ihn sichtbaren Teil dieser Kette einschließlich seines eigenen Anteils als eine bedenkenfreie, plausible, normale Handlungsabfolge betrachten konnte.*

Schließlich werden in jedem Krieg Gefangene gemacht, transferiert, interniert. Was das Ende war, blieb geheim und auf nur noch eine kleine Anzahl unmittelbar ausführender Täter beschränkt.

Und hier war wiederum der Anteil an Deutschen, die als Mitwisser und Täter in Betracht gekommen wären, verschwindend gering. Leon W. Powers, Richter am 4. amerikanischen Militärgerichtshof, bezifferte, nach seinen Erfahrungen beim IMT, diese Zahl auf "höchstens einhundert Personen".

Hannah Arendt ergänzte und bestätigte Powers Aussage: "Auf dem ganzen Weg in den Tod bekamen die polnischen Juden kaum mehr als eine Handvoll Deutsche zu sehen."

H. Arendt berichtet weiterhin ausführlich, daß ungezählte Juden in Sonderkommandos, Judenräten und Gemeindevorständen beim Vernichtungsprozeß mitgewirkt hätten, teils um sich selbst zu retten, teils um "schlimmere Folgen zu verhüten".

In den Ghettos, schreibt sie, ja sogar in Berlin selbst seien die jüdischen Polizisten der schlimmste Schreck gewesen, da sie für

---

* Der Auschwitz-Experte Hilberg schreibt wörtlich: "Aber was 1941 begann, war ein Prozeß der Vernichtung, der nicht im voraus geplant, nicht zentral von irgendeiner Stelle organisiert worden war. Es gab keine Blaupause und kein Budget für Vernichtungsmaßnahmen. Sie wurden Schritt für Schritt getroffen, ein Schritt nach dem anderen."

die "rücksichtslose Deportation" sorgten und auch Flüchtlinge ausfindig und dingfest machten.

Von den Zeugenaussagen im Eichmannprozeß berichtet sie neben grauenhaften Einzelheiten "die bekannte Tatsache", daß in den Todeslagern die direkten Handreichungen zur Vernichtung der Opfer im allgemeinen von jüdischen Kommandos verrichtet wurden."

Daß diese unglücklichen Handlanger dann am Ende selbst umgebracht wurden, verminderte den Kreis der Mitwisser nochmals radikal und verhalf der Geheimhaltung zu fast absoluter Dichte.

Nun würde eine hundertprozentige Geheimhaltung des Holocaust-Geschehens alle "Beteiligten" dieser Handlungskette, mit Ausnahme ihres letzten Glieds, von jeder Schuld freisprechen. Daher war und ist man bemüht, dieses Nichtwissen zu bestreiten. Mochte die Zahl der unmittelbaren Täter auch noch so klein gewesen sein, so sei sie in jedem Falle doch groß genug, um Informationen an die Außenwelt zu vermitteln. Wer so denkt, war sicher noch nie in einem System tätig, in dem man Geheimhaltungsvorschriften mit einer an Hysterie grenzenden Pingeligkeit befolgte und deren Verletzung mit barbarischen Strafen ahndete. Wem trotzdem irgend etwas "zu Ohren kam", dem erschien es als ein ungeheuerliches Gerücht, etwa von derselben Art wie die von Deutschen "abgehackten Kinderhände" aus dem ersten Weltkrieg.

Ich weiß das aus eigener Erfahrung: Als ich schon einige Monate eingezogen war, etwa im Frühjahr 1944, erzählte mir ein Kompaniekamerad, in verschiedenen östlichen Orten bringe man Juden zu Hunderten durch Gas um. Näheres wisse er nicht. Er selbst habe nichts gesehen. Aber seine Quelle sei ganz zuverlässig. Da ich gleich danach auf zwei Tage nach Berlin geschickt wurde, suchte ich umgehend meinen Amtskollegen Hans Fritzsche auf, der als Ministerialdirektor das ganze Pressewesen steuerte. Er hörte sich lächelnd meinen Bericht an und nickte bestätigend. Auch ihm war ähnliches zu Ohren gekommen, und so wolle er jetzt in meiner Gegenwart mit Kollegen vom Seehausdienst des AA sprechen, aber auch mit dem Chef des Reichssicherheitshauptamtes der SS. Ich dürfe gleich mithören. Diese

Telefonate brachten nichts Neues, allen war etwa dasselbe "zu Ohren gekommen", aber niemandem war es gelungen, die eigentliche Quelle für diese "Nachricht" ausfindig zu machen. Für uns lag es auf der Hand, daß hier nur schwarze Feindsender ihre Hände im Spiel gehabt haben konnten. Was hätte Fritzsche, was ich nun noch "unternehmen" sollen? Mein Kompaniekamerad glaubte auch, nach meinem Bericht, weiterhin an seine "zuverlässige Quelle", da sie ja nicht konkret hatte widerlegt werden können. Ich glaubte ihr nicht, weil sie noch weniger konkret hatte bewiesen werden können.

Nun kann man ein solches Landsergequatsche als unbeachtliche Bagatelle beiseite schieben und die Nichtinformiertheit des allerhöchsten Pressezentrums als unverschämtes Leugnen anprangern. Warum aber sagte Hans Fritzsche auch nach dem Kriege, als Angeklagter wie auch als Zeuge unter Eid, dasselbe aus? Warum sagte Bundeskanzler Kiesinger, Fritzsches damaliges "Gegenstück im AA", später im Auschwitzprozeß (Juli 1968), er könne sich nicht erinnern, "jemals Meldungen ausländischer Rundfunkstationen auf den Tisch bekommen zu haben, in denen von der Vernichtung der Juden die Rede war."

Warum sollen diese übereinstimmenden Aussagen nur ein "freches Ableugnen" darstellen? Was hätten Kiesinger oder Fritzsche damit "bezwecken" können? Hätte ihnen das "Geständnis" geschadet, derartige Schreckensmeldungen auf ihrem Schreibtisch gefunden zu haben? Ist denn der Gedanke so abwegig, ihre Aussagen könnten der Wahrheit entsprechen? Wird dieser Wahrheitsgehalt nicht doppelt und dreifach durch die Tatsache bestätigt und erhärtet, daß sich in dem Briefwechsel * zwischen Roosevelt und Churchill während des ganzen Krieges kein Wort über Auschwitz und Gaskammern findet? Und daß wir auch in ihren Kriegsreden vergeblich danach suchen?

---

* US Wissenschaftler Loewenheim-Langlex-Jonas veröffentlichten 1975 deren geheimen Briefwechsel: zwischen 1940-45. Von den 548 Briefen spricht nur einer (vom 12.10.1943) von Exekutionen in deutschen KZ's.

Bemerkenswert ist auch, daß der Sender Vatikan während des ganzen Krieges keine Nachricht vom Massenmord an den Juden in Gaskammern ausgestrahlt hat. Der Mordplatz Auschwitz lag schließlich mitten im Polnischen, wo Volk und Priester von jeher ein Herz und eine Seele gewesen sind. Der Hauch einer Andeutung hätte genügt, um noch am selben Tag zum Vatikan geweht und von dort in alle Welt ausgestrahlt zu werden. Oder stak der Papst mit Hitler unter einer Decke? Oder war er zu feige oder zu "diplomatisch"? Immerhin hätte er dann seine Informationen den "unorientierten" Alliierten zuspielen lassen können.

Was wußten die Kriegsherren?

Sollten diese allmächtigen Kriegsherren, im Besitz der allermodernsten Nachrichtentechnik, der raffiniertesten Geheimdienste, der umfassendsten internationalen, auch deutsche Strukturen einbeziehenden und mit ihnen kommunizierenden Verflechtungen, sollten sie während der ganzen Kriegsdauer wirklich ohne jede Information über den Millionenmord geblieben sein - im Gegensatz zum deutschen Volk, dem man die Pflicht zuschiebt, davon gewußt haben zu müssen? Oder sollten diese Kriegsherren es doch gewußt haben, wie es bei einem sich allmählich vollziehenden Jahrhundertereignis ja mehr als wahrscheinlich gewesen wäre? Aber warum sollten sie währenddessen dazu geschwiegen haben? Warum, vor allem, sind sie den in höchster Todesgefahr bedrängten Juden nicht zur Hilfe gekommen?

In den Siebziger Jahren hat Eliahu Ben-Elissar, damals Generaldirektor der Staatskanzlei des Premiers Menachim Begin, seine VERSCHWÖRUNG DES SCHWEIGENS erscheinen lassen, worin er den Nachbarstaaten Deutschlands und vor allem den Alliierten ihre Gleichgültigkeit vorwirft, mit der sie Hitlers ursprüngliche Idee, die Juden aus Deutschland "nur" zu verdrängen, hatten scheitern lassen. Auch hätten sie unter nur dürftigen Vorwänden ganz konkrete Ansiedlungsvorschläge abgelehnt, wie z.B. Angola, Guayana, Haiti, Neu-Kaledonien, Mindanao, aber auch den berühmten Madagaskarplan. Danach erschien und erscheinen noch immer zahlreiche Bücher mit ähnlichen Vorwürfen.

So weist der amerikanische Historiker David S. Wyman (THE ABANDONMENT OF THE JEWS, AMERICA AND THE HOLOCAUST) nach, daß Großbritannien und die USA im gleichen Zeitraum, da sie 100 000 polnische, griechische und jugoslawische Flüchtlinge evakuierten und unterbrachten, nur weniger als 2.000 Juden hatten annehmen "können". 1942 sollten jüdische Flüchtlinge, die in Palästina keine Aufnahme fanden, in britischen Ostafrikakolonien untergebracht werden. Aber England lehnte ab, es gebe dort kein Unterkommen, auch fehle es an Transportschiffen. Ein Jahr später kam auf der Bermudakonferenz dasselbe Problem zur Sprache. Die britische Antwort: unmöglich, da bereits 21.000 nichtjüdische polnische Flüchtlinge auf dem Weg dorthin seien.

Viele ähnliche Vorwürfe und die Tatsache, daß nicht einmal die eingeplanten Einwanderungsquoten auch nur annähernd zugunsten der Juden ausgeschöpft zu werden pflegten, beweisen unwiderlegbar, daß den in der Welt umherirrenden jüdischen Flüchtlingen nirgendwo und zu keinem Zeitpunkt nennenswert geholfen worden ist. Warum nicht? Wyman antwortet: "Der wirkliche Grund war, daß einfach kein großes Interesse an der Rettung der Juden bestand."

Daß sozusagen die ganze Welt nichts getan hat, um den Juden zu helfen, als noch ausreichend Zeit und Gelegenheit dazu waren, ist selbstverständlich keine Rechtfertigung deutscher Verbrechen. Wohl aber müßte man an der ganzen Menschheit verzweifeln, wollte man unterstellen, sie habe damals vom Massenmord an den Juden Kenntnis gehabt und trotzdem nichts getan. Was zunächst nur wahrscheinlich schien, dürfte also der Wahrheit entsprechen: Die Menschheit, wie auch das deutsche Volk selbst, hat damals tatsächlich nichts gewußt.

Die Menschheit wie auch das deutsche Volk wären demgemäß mit der einzigen Ausnahme der unmittelbaren Mörder selbst - von jeder Mitschuld am Holocaustverbrechen freizusprechen. Zur Rechenschaft gezogen und bestraft gehörten der Täterkreis sowie die alliierten Geheimdienste, die so offensichtliche Massenverbrechen in sträflichem Leichtsinn hatten übersehen können; Massenverbrechen in Gestalt einer Vernichtungskampagne, die sich von allen früheren der Weltgeschichte angeblich unterscheidet "durch ihre bewußte, bis in Einzelheiten, reichende Planung ihrer systematischen Durchführung, durch das Fehlen des Faktors der emotionellen Gefühlsentladung, durch den Beschluß, alle, aber auch alle zu vernichten, durch das Vereiteln jeder Fluchtmöglichkeit eines Jeden, dessen Stunde zur Vernichtung gekommen war..." "Massenverbrechen, die nach den Worten des Historikers Jäckel einzigartig * waren, "weil noch nie zuvor ein Staat mit der Autorität seiner verantwortlichen Führer beschlossen und angekündigt hatte, eine bestimmte Menschengruppe einschließlich der Alten, der Frauen, der Kinder und Säuglinge möglichst restlos zu töten und diesen Beschluß mit allen möglichen staatlichen Machtmitteln in die Tat umsetzte..."

Hier ist nicht der Ort, die vorstehenden "wissenschaftlichen" Definitionen auf ihre Stichhaltigkeit zu prüfen. Sie sind nur sekundären Charakters, da abgeleitet aus und fußend auf einer Fülle von Zeugenaussagen und einem Gemisch oft sehr fragwürdiger "Urkunden".

Wohl aber zwingen uns diese "Quellen" die Frage auf, ob die von ihnen bezeugten "Wirklichkeiten" in ihrer Fülle und im Ablauf der geschilderten Details wirklich so geschehen sind, und ob sie sich dann in ihrem Vollzuge den spähenden Blicken aller Geheimdienste hätten entziehen können. Bei auch nur durchschnittlicher Benotung der feindlichen Spionagetätigkeit wird "der gesunde Menschenverstand" diese Frage verneinen müssen.

---

* Einzigartig sind vor allem Jäckels Superlative, für die er keine Beweise erbringt: Mit geradezu chauvinistischer Besessenheit drängt er deutschen Verbrechen den Spitzenplatz auf, in Nichtbeachtung der vielen anderen Genocide, aber in freier Erfindung von verantwortlich beschlossenen und verkündeten deutschen Mordplänen. Siehe auch Anmerkung zu Seite 288 mit den genau entgegengesetzten Forschungsergebnissen des Experten Hilberg. Simon Wiesenthal reiht übrigens auch die Inquisition in die Massenmorde ein, "sie hatte nur noch nicht die Technologie gehabt."

Somit hätten die Alliierten ihre Hilfeleistungen für Juden nicht nur aus Interesselosigkeit unterlassen, sondern - schuldverschärfend - in und trotz ihrer amtlichen Kenntnis vom laufenden Massenmord. Wie würde auf diesen Vorwurf die "gesunde Moral" der Menschheit reagieren?

Sie würde höchstwahrscheinlich - da ohnehin durch ihre fehlende Hilfsbereitschaft in höchster Verlegenheit - heftigst in Abrede stellen, damals irgendwelche, geschweige amtliche Kenntnisse gehabt zu haben. War hierfür nicht allein die Tatsache Beweis genug, daß ihre höchsten Staatsführer damals über Holocaust kein Wort geäußert hatten, weder öffentlich, noch geheim? Welchen Grund sollten sie denn gehabt haben, den Vollzug eines so grausamen Verbrechens durch Nichtstun und Duldung zu unterstützen?

Gewiß könnte man - rein theoretisch - so einen Grund nennen: Da große Politiker weltgeschichtlichen Formates von jeher "vor der Geschichte die Verantwortung für große Menschenopfer" auf sich genommen haben, wäre es ja immerhin denkmöglich, daß die verantwortliche Führung der Juden das Holocaust-Geschehen zwar sehr wohl gekannt, aber ohne Rettungs- und Hilfsmaßnahmen und ohne aktive Abwehr in Kauf genommen haben könnte. Und welchem Ziel könnte diese denkmögliche Untätigkeit gedient haben? -

Wohl keinem anderen als der Schaffung eines weltbewegenden Märtyrerstatus, denn: Wer würde sich angesichts von sechs Millionen Opfern der Schaffung des lang erstrebten Judenstaates noch in den Weg stellen wollen? Wer würde hierzu nicht bereit sein, jede verlangte Mithilfe in Form von Wiedergutmachung zu leisten? Und vor allem: welcher Jude würde sich dem Appell von sechs Millionen Märtyrern entziehen und verschließen können? Würden dem Judentum durch dieses ungestüme Wiederaufleben seiner uralten Leidensgeschichte nicht ganz neue Kräfte zuwachsen? Mochte es tausendmal den Anschein haben, daß altüberlieferte religiöse Weistümer nicht recht in die Welt der Moderne paßten, daß sogar der Gott der Väter in den letzten Zügen liege: Der Holocaust würde ein junges Wir-Gefühl schaffen, eine neue Identität! Und zwar nicht nur für Orthodoxe wie bisher, sondern auch für Aufgeklärte, für Dissidenten, ja sogar für Atheisten.

Wie nun aber, wenn jemand es sowohl für unmöglich hielte, das Millionenverbrechen des Holocaust wasserdicht geheimzuhalten, es aber ebenso wenig fassen könnte, die Judenführung hätte ein solches um strategischer Ziele willen wissentlich in Kauf nehmen können? - - Ergäbe sich für diesen Zweifler nicht vielleicht eine weitere, dritte Denkmöglichkeit? Könnte man vielleicht nur deswegen über den Holocaust nicht geredet oder korrespondiert haben, weil er gar nicht stattgefunden hat? -

Halt, Ihr Herren vom Verfassungsschutz und den Staatswaltschaften! Diese theoretische Denkmöglichkeit verneinte ja nicht den Millionenmord, sondern nur das Holocaustgeschehen, in den heute allseits "bekannten" und durch stetig wiederholte Darstellung "offenkundig" gewordenen Details. Jeder vollsinnige Zeitzeuge weiß nur zu gut, daß die Juden in jener Zeit in unsagbarer Form verunglimpft und geschändet worden sind, daß eine Unzahl gefoltert und hingemordet wurde. Dieses Wissen allein vergällt selbst dem ehemals begeistertsten Nazi jede Erinnerung an Damals. Angesichts dieses furchtbaren Hintergrundes erscheint es mir lediglich als zweitrangig herumzustreiten, w i e das nun alles im einzelnen vor sich gegangen sein solle. Unbestreitbar wäre freilich, daß bei Akzeptanz dieser dritten Denkmöglichkeit sich viele Unklarheiten, Widersprüche, Absurditäten aufklären, mancher Blödsinn und Nonsens ad absurdum führen ließe.

Ebenso unbestreitbar aber ist, daß unter dem Druck der öffentlichen Meinung sowohl Staatsapparat wie Gesetzgeber und Rechtsprechung mit Androhung empfindlicher Strafen darauf bestehen, daß der Judenmord unter keinen Umständen in anderen Formen vor sich gegangen sei, als unsere Medien ihn uns seit Jahrzehnten vorgeführt und geschildert haben. Da die blutige Wirklichkeit sowieso nicht rückgängig oder wiedergutgemacht werden kann, unterlasse ich es, um vermeintlicher "Wahrheitsfindung" willen mich der "Volksverhetzung" schuldig zu machen. Ich bin sicher, daß in ferner Zukunft zu diesem Thema noch viel Neues erforscht und straflos veröffentlicht werden wird.

Wichtiger aber, als das Insistieren auf Pro und Contra in Sachen Holocaust, bleibt meiner Meinung nach, dieser Menschheitskatastrophe mit einem zukunftsträchtigen Aspekt zu begegnen. Aber: Ist ein solcher Aspekt überhaupt vorstellbar?

Tabula rasa!

Statt allseitiger Feilscherei um unbestimmbare Millionenzahlen, statt des Streites um die Existenz oder Nichtexistenz von Gaskammern, sollte sich die Menschheit des lebensklugen Tabula-Rasa-Prinzips entsinnen, das Papst Innocenz I. schon vor mehr als 1 1/2 Jahrtausenden praktizierte, das im Edikt von Nantes formuliert und im Friedensvertrag von Münster zum "Heiligen Grundgesetz" erhoben worden ist: Hiernach sollten alle Grausamkeiten von allen Seiten "ausgelöscht" und begraben sein, wie etwas, das nie geschah."

Das könnte den Deutschen so passen, werden alle "Experten" der Medien einwenden. Alleinschuld an den Weltkriegen und am Judenmord, und das soll, ungesühnt, ausgelöscht werden? -

Ungesühnt? Millionen Deutscher gefallen und verstümmelt; Millionen vertrieben, dabei Millionen ermordet; das Land in Stücke geschlagen, seine Städte in Trümmern... Nennt man das "ungesühnt"? Sühne wofür? Für die Alleinschuld am Kriege?

Nun, was die Kriege anbetrifft, so haben wir zu zeigen versucht, daß an deren Ursachen alle Kriegsteilnehmer mitgewirkt hatten; daß Hitler allein den Anlaß gab, Waffengewalt anzuwenden; und daß das Deutsche Volk, wie alle anderen Völker, in diese Kriege hineingezogen wurde, ohne daran schuldig zu werden, geschweige denn das Verdikt ALLEINSCHULD zu rechtfertigen.

Alleinschuld, Psychopathie!

Daß es aber zum Massenmord an den Juden kommen konnte, lag, abgesehen von der Allmacht des totalitaristischen Staats- und Führersystems, ausschließlich am psychopathischen Judenhaß Hitlers, kontinuierlich dokumentiert in seinen ersten Reden in München, über fast alle seine Verlautbarungen und Tischgespräche, bis zum Testament kurz vor seinem Selbstmord. Allein diese psychopathische Besessenheit trieb ihn an, einen rational erklärbaren, potentiell "vernünftig" steuerbaren gruppendynamischen Prozeß als jüdische Weltverschwörung zu "erkennen": Allein diese war es, die nach seiner Meinung auf die Machtergreifung der antisemitischen NSDAP mit einem weltweiten Boykott und der Kriegserklärung des Weltjudentums antwortete; die auf den deutschen Gegenboykott ihre Kampfaktion einstweilen wieder stoppte; aber jeder Maßnahme, jedem Gesetz, das Absonderung und Auswanderung regelte, mit neuen Gegenaktionen entgegentrat; die es endlich planmäßig darauf anlegte, die ganze Welt gegen Deutschland aufzustacheln und kriegsbereit zu machen. So hochgradig unwahrscheinlich es ist, daß Hitler "von jeher" den Massenmord an den Juden geplant und vorbereitet hat, so einsehbar, ja evident und zwangsläufig erscheint der Weg zu solchen Entschlüssen bei einem psychopathischen Gehirn, das alle Wegemarkierungen nur krankhaft mißdeuten kann. Und das am Ende - nach etwa zwei Jahren Weltkrieg und angesichts drohender Vernichtung - dem krankhaften, todbringenden Endziel der Rache selber zum Opfer fällt.

Zu dieser Racheaktion in Gestalt von Massenmord hatte das psychopathische Gehirn die Zustimmung oder die Mithilfe des deutschen Volkes weder benötigt noch erhalten. Wohl aber hatte Hitler zu verhindern verstanden, daß sein Volk offiziell oder amtlich davon erfuhr. Bleibt mithin, um des Volkes Schuld zu beweisen, nur der Vorwurf, daß es sich diese Kenntnis nicht verschafft und, mutig wie Schindler, die jeweils vom Tode bedrohten Juden nicht befreit habe. Ein Vorwurf, der bekanntlich fast jeder Nation dieser Welt zu machen ist und insofern, schon aus Gründen der Logik, jede Alleinschuld von vornherein ausschließt.

Ganz abgesehen davon, um es noch und noch zu wiederholen, daß das deutsche Volk im Gegensatz zu der weltweit betriebenen Propaganda des Zeitgeistes bei weitem nicht so judenfeindlich war und ist wie andere westliche und östliche Kulturvölker. Im Gegenteil: es hätte sonst nämlich in dem amtlich gebahnten und geförderten judenfeindlichen Klima fortwährend spontan und im Massenmaßstab das getan, was der totale Nazistaat nicht einmal in der "Reichskristallnacht" hatte organisieren können.

Wer trotzdem darauf bestehen will, die Deutschen unterschieden sich von anderen Völkern durch ihre ganz spezifische, stets latente Bereitschaft, Juden zu hassen und zu vernichten, sei an die Einsicht des weltbekannten Wiener Psychiaters Victor E. Frankl erinnert: "Ich wage die Behauptung, daß jedes Volk holocaustfähig ist." (Frankl, Begründer der Logotherapeutischen Schule, wurde von seinem Staatsoberhaupt "der größte lebende Österreicher" genannt. Und Rabbi Meir Kahane gab noch kurz vor seinem Tode der Befürchtung Ausdruck, in den USA würde der Judenhaß bei einer Wirtschaftskrise "schlimmer sein als bei den Nazis...."

Soviel zu den Fragen UNSCHULD-MITSCHULD-ALLEINSCHULD und zu der allein möglichen gerechten Antwort: TABULA RASA! -

Nun wäre dieses Prinzip aber weder gerecht noch auch nur sinnvoll, wollte es ein unheilvolles Kapitel der Menschheitsgeschichte nur abschließen.

Vielmehr müßte es gleichzeitig auch einen Neubeginn einleiten, ohne Rassenhaß, ohne Antisemitismus. Ein Ziel, "aufs Innigste zu wünschen!" Aber leider auch eine Utopie, wenn man Vergangenheit und Gegenwart nüchtern und "cool" anschaut, das heißt unter anderem, wenn man Demonstrationen, Lichterketten und Mahnwachen nicht überbewertet.

Sollte sich auf nichtjüdischer Seite der gute Wille endlich auch einmal im Alltagsleben durchsetzen oder auch nur deutlich bemerkbar machen, so sollte der gute Wille der jüdischen Seite in gleichem Maße hinzukommen. Dieser Wunsch ist keine freche Anmaßung, sondern Ausdruck einer durch vielseitige Erfahrung begründeten Besorgnis. Einer Besorgnis, die weiß, daß hier Gefahren lauern. Gefahren, die nicht nur einer TABULA RASA im Wege stünden, sondern auch nur einem gedeihlichen Neben- und Miteinander. Warum?

Wer hat Interesse am Antisemitismus?

Der ehemalige österreichische Bundeskanzler Bruno Kreisky antwortete: "(Die Zionisten) haben ein kaum zu verhehlendes Interesse daran, daß der Antisemitismus giftige Blüten treibt... Jede Epoche, in der der Antisemitismus keine lebensbedrohenden

Formen annimmt, ist den düsteren Nationalisten in und außerhalb Israels zuwider."

Wir dürfen ergänzend bemerken: Wenn dieser als "lebensnotwendig" betrachtete Antisemitismus aber mal für einige Zeit ausbleibt, so "läßt er sich ja auch herbeireden", wie Kardinal Ratzinger beim Streit um die Oberammergauer Texte bemerkte... Sollte dieses Mittel versagen, so versendet man antisemitische Drohbriefe, schmiert Hakenkreuze, schändet Friedhöfe. Über lange Jahrzehnte besorgte das die Stasi, wie die Gauckbehörde erst 1993 wieder feststellte.

Im gleichen Sinne zitiert der jüdische Schriftsteller Josef G. Burg den Ausspruch Nahum Goldmanns: "Der augenblickliche Verfall des offenen Antisemitismus könnte eine neue Gefahr für das jüdische Überleben darstellen." Er zitiert auch den jüdischen Religionsphilosophen Martin Buber: "Es gibt Parteien im Zionismus, die eine kochende Volksseele brauchen, um ihren Sud daran zu sieden. Ihre beste Chance und manchmal ihre einzige ist die Radikalisierung der Situation: sie sind bereit, dieser Chance auch die Rettung von Menschenleben zu opfern."

Am deutlichsten aber äußert sich wieder Josef G. Burg: "Durch zionistisch gesteuerte Querelen ist seit Kriegsende die statistische Erforschung der Zahl der Juden sehr erschwert. Die Zionisten verstehen... dafür zu sorgen, daß die statistische Forschung aus dem circulus vitiosus nicht herauskommt. Es geht um das Reparationsinkasso für sechs Millionen vergaste Juden, das nicht wie eine Seifenblase platzen soll. Das deutsche Volk - korrekter: die bundesrepublikanische Bevölkerung - soll dagegen täglich, ja stündlich an Auschwitz erinnert werden und die sechs Millionen vergasten Juden vor Augen gehalten bekommen. Diese Horrorkampagne soll Schuldgefühle produzieren, um reparationsfreudiger zu werden."

Daß diese Worte zitiert werden, bedeutet nicht, daß ich sie auch anerkenne. Sie artikulieren jedenfalls eine Denkmöglichkeit, die nicht sofort a limine zurückgewiesen werden kann. Aber, ob JA oder NEIN: An der Notwendigkeit einer Tabula-Rasa-Lösung ist nicht zu zweifeln.

Wenn auch nicht expressis verbis, so machen sich auf jüdischer Seite Stimmen in diesem Sinne hörbar. Von ihnen seien hier nur drei genannt, die gegenwärtig laufend an Gewicht und Akzeptanz gewinnen: Michael Wolffsohn, Professor an der Münchener Universität der Bundeswehr, der den jüdischen Politikern vorwirft:

"Sie brauchen den Holocaust und damit Deutschland als Instrument und Inhalt der Stiftung eines jüdischen Wir-Gefühls..." Den deutschen Politikern wirft er "makabre Geschmacklosigkeiten" vor, sie "pilgern zur Holocaust-Gedenkstätte Jad Waschem in Jerusalem, ihre israelischen und diasporajüdischen Kollegen nach Bergen-Belsen oder Dachau – und das alles zwischen Flugplatz, 'cocktail-party', 'small talk', Verhandlungen und Staatsbanketten, bei denen sich die Tische biegen. Dem Ritual der Gewohnheiten entspricht das Ritual um Begriffe: Normalität? Besonderheit? Besondere Normalität? Schuld? Verpflichtung? Verantwortung? Einmaligkeit? Einzigartigkeit? Und so weiter und so weiter. Inhalte? Nein, meistens Worthülsen!"

Michael Wolffsohn diagnostiziert schon heute: "Gesellschaftliche Entkrampfung ohne geschichtliche Entsorgung bestimmt zunehmend den deutsch-jüdisch-israelischen Alltag; eine Entkrampfung, die – gerade weil sie sich der Geschichte bewußt ist – darauf verzichten kann, sich ihrer als Waffe zu bedienen."

Leider ist Michael Wolffsohns Diagnose noch sehr verfrüht. Denn Krampf lähmt noch immer das Bewußtsein, nicht nur der Weltöffentlichkeit, sondern auch der Deutschen selbst. Nur Krampf stützt beider Rituale der Gewohnheiten, der Begriffe, der Worthülsen. Nur Krampf erhebt sie zur Würde einer "herrschenden Meinung" und entwürdigt sie zugleich als Waffen. Zu Waffen, die sich komplementär bedingen und die den Krampf noch steigern: Holocaust und Alleinschuld, Worthülsen und Waffen zugleich.

Entsorgen wir sie, so entkrampfen wir uns. Wir alle.

Der renommierte jüdische Publizist Henryk M. Broder sieht "an die Stelle der ehemaligen Alldeutschen Volksgemeinschaft ein deutsch-jüdisches Patienten-Therapeuten-Kollektiv getreten, dessen Angehörige aufeinander angewiesen sind, wie ein Blinder und ein Tauber..., wie jener, nach dem Krieg geborene Jude, der mit der Tochter eines ehemaligen SS-Mannes, namens Adolf, ein Kind, namens Sarah, produziert hat. Er hält es für seine Aufgabe, die Tradition des deutschen Judentums fortzusetzen, der deutsch-jüdischen Symbiose neues Leben einzuhauchen. In diesem Sinne gibt es noch viel zu tun. Packen wir es an!"

Möchten doch möglichst viele jüdische Journalisten, Dichter und Schriftsteller sagen können, was Ephraim Kishon in der GESCHICHTE MEINER GESCHICHTEN geschrieben hat:

"Ich bin dankbar dafür, daß meine Werke zur Versöhnung zwischen den Überlebenden und den heutigen Deutschen beigetragen haben, auch wenn ich sie nicht deswegen geschrieben habe. Ich glaube daran, daß die Endlösung des Rassenhasses das Lachen ist."